ゼロから始める

鮎の友釣り入門

基礎から徹底解説！

ゼロから始める

鮎の友釣り入門

CONTENTS

アユの友釣り

おとり鮎

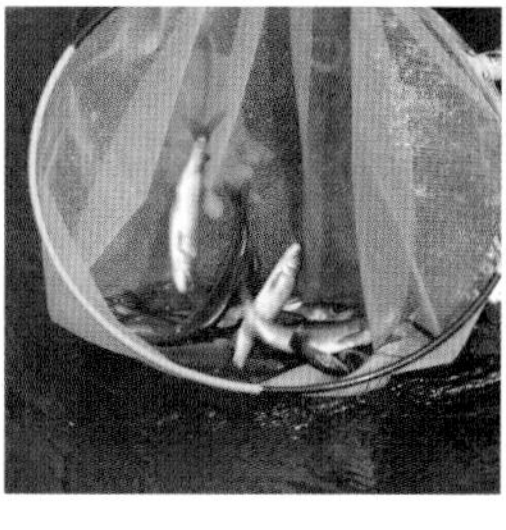

究極に楽しい釣り!?

アユ友釣りの魅力に迫る！

春になると全国の河川で稚アユの遡上が見られるようになる。前年の秋に産卵し、卵からふ化したアユは、直後に河口を下って海に到達。冬を海で過ごし、水温が上がると川を上り始める。地域にもよるが、6月を過ぎれば7～10㎝前後に成長し、若アユの親達が前年に育った場所に帰り、清流の生活が始まるのだ。

やればハマる！ 究極に楽しい釣り！

稚魚時代にアユは、プランクトンや極小の水生昆虫などを捕食して成長する。この段階では群れを形成するが、成魚に届くサイズになるころ、食性が変わり、川底に生えたコケを食べるようになる。同時にそのコケの生えた『石（岩）』の周辺にナワバリを持つようになり、自分のテリトリーに侵入してきたアユを威嚇するようになる。

アユ釣りは、他の魚のようにエサを使って釣ることが困難で、そのため日本独自に進化した釣法が『アユの友釣り』。この、ナワバリを持ってその中に入ってくるアユに体当たりして攻撃する習性を利用し、オトリアユに掛けバリをセット。攻撃してきたアユを引っ掛けて釣り上げるという手法が考案され現在に至る。

アユの友釣りは、それらナワバリを持ったアユ（野アユ）のいるポイントを見つけ、釣り人が思い通りにオトリアユを誘導する技術が必要だ。また、攻撃してきた野アユが、掛けバリにヒットしたときには強烈なアタリがあり、水流とオトリアユをプラスした2尾分の引き込みがあって非常にパワフルだ。それをいなして水面まで浮かせ、『引き抜き』という独特の方法でタモに入れ取り込む。

友釣りの竿は非常に繊細で超高感度に仕上げられている。また、通常は9ｍ前後と非常に長い。仕掛けも極細の糸を用い、パーツごとに繊細に作られている。わずか20～30㎝未満の小さい魚と言えどあなどれず、奥深い駆け引きとやりとりが、アユの友釣りの魅力と言っていいだろう。こんなにも楽しく、醍醐味を味わえる釣りを体感したならば、ハマってしまわない人のほうが不思議なくらいだ。

全国で概ね6月ごろ解禁を迎えるアユ釣り

友釣り禁止令まであった？

現代のアユ釣りは非常に洗練され、システマチックでスマートだが、元来アユの習性を利用した漁法として始まったものであるようだ。古い記録には、釣れすぎるから禁止にして！という訴状や、農業を放ったらかして友釣りにいそしむ釣り人に禁止令が出たという記録もあるほどだ。

アユの友釣りに関する文献で、最も古いものは300年ほど前のデータがあるという。その後『漁』としてアユの友釣りが行われるようになり、静岡県の狩野川では、あまりにも獲れすぎてしまうために、従来の漁法であったヤナ漁の漁師から、友釣り禁止を代官所に訴え、差し止めになった歴史もあるそうだ。

他の魚釣り同様、アユ友釣りも近現代になって主に釣り糸と釣り竿の進化に伴い急速に変化した。仕掛けも、古くは全国各地でさまざまなタイプが考案され、受け継がれていたのだが、大手メーカーによる高度な技術革新と商品開発、加えてそれらを使いこなすための情報や宣伝などにより、多少の地域差はあるものの、ほぼ統一的な釣法として定着してきたと考えられている。

現在のアユ 釣りは非常にシステマチック。仕掛けや竿さばき、所作にも覚えることは多い

もちろん、細かく言えばアユの友釣りは年々進化を続け、最終的な到達点というのはないようにも感じられるが、ハイテク技術だけでなく、アナログ部分も含めてより快適に、より楽しくできるように新しいノウハウが提案されているように思われる。

1970年代中期以降、軽量なカーボン製のアユ竿が続々と市場に現れ、現在その軽さは9mで200g前後を下回るほどの発展を

アユの友釣りの起源

アユの友釣りはいつごろからあるのか？　現在のように進化した竿や糸、その他アイテムがない時代は、やはり現代のように『これからアユ釣りをやってみよう！』と簡単に思う人は少なかったはず。ところが、アユの友釣りに関する記録は今から300年程前の京都八瀬川での記録が最古とされている。それから100年後には伊豆の狩野川、大仁の代官所に友釣りを禁止するように訴えがあった記録もある。そういった記録から伊豆の狩野川が『アユの友釣り発祥の地』の定説になっているようだ。さらにそこから関東の利根川や岐阜の長良川にこの釣り方が伝わり各所に広がって行ったといわれている。

アユの友釣り発祥の地と言われる静岡県の狩野川

釣って楽しく、食べて美味しいアユ。この釣りにハマらないほうが不思議だ

続けている。釣り糸は、馬の尻尾を寄って編んだバス（馬素）と呼ばれる古典的なものからテグス（天蚕糸＝蚕から作る釣り糸）へ、さらに進化し、ナイロン素材やフロロカーボン素材、金属系のハリス（水中糸）へと進化していった。

　そもそも、アユの友釣りは川漁師が行うもの……という歴史があることから、釣り師（漁師）同士の競い合いのような側面を持つ傾向の強い釣種とされる。昭和50年代以降になると、大手釣りメーカーによるアユ友釣りの競技が盛んに行われるようになり、全国規模で誰がいちばん友釣りが上手いのか？　というのを競うようになっていった。当然、それらの大会で上位に名を連ねる名人や著名人が、雑誌やテレビなどを中心に注目され、その技術や新製品を駆使した技法にさらなる注目が集まった。

　現在では、そういったアユ釣り師で、常に競技会で好成績を納めるトップトーナメンターの影響力は非常に大きい。そういったプロ釣り師と、一般の釣り人がいるからこそ、アユの友釣りは進化を続ける日本古来の伝統釣法であり、奥深く、どこまでもこだわって追求したくなる釣りなのだろう。

アユ釣りのユーモア時代劇

　さらに記録として残っているのは、1854年、静岡県の安部川にも農作業をさぼりアユの友釣りばかりする者やギャラリーとして農作業をさぼり釣りの見学ばかりしている者がどんどん増えて困るので、アユの友釣りを禁止しろ！　との訴えがあったという。

　アユが遡上する河川のあちこちで地域の問題として取り上げられ、岐阜の長良川などは鵜匠や川魚屋から献上アユにハリが刺さっていたら大事件になってしまうため、なおのこと友釣りを禁止にしたかった。

　くわえて狩野川の友釣り名人が明治43年に利根川まで遠征した記録や、大正7年にやはり狩野川の友釣り名人が美濃長良川に遠征した記録なども残っている。

中毒性（依存症）の高い釣り

　歴史的にみてもアユは高価な魚で、網漁や鵜飼漁は熟練した技も必要だし、準備する装備が高価なことから農家の人たちには敷居が高すぎた。一方友釣りは用意するものが簡単で農作業の合間にアユを釣って売ることにより、結構な稼ぎになったらしい。農繁期に農作業をほったらかしにして友釣りでのアユ漁に夢中になってしまう農民が続出したとのことだ。現在、時代こそ違えど、やっていることが大して変わりなく、なおかつアユ釣りに夢中になってしまう『中毒性』（＝アユの友釣り依存症）があったという歴史が実におもしろい。

昔も今も、アユ釣りにハマりまくって依存症気味になる人もいる

ここに出てくる大正時代の名人で飯塚利八という人物は、15日アユ釣りをして、卸して稼いだ100円を家へ送ったら家族が盗んだお金ではないか？　と心配されたなどの話も残っている。発祥の地である狩野川の友釣り名人は、日本全国を荒らし回っていたというウワサもあるのだ。当時の公務員の月給が10円の時代に150円も家に仕送りしていたという話もあり驚きだ。宅急便も高速道路も自動車の普及率もまだあまりない時代、狩野川のアユ友釣りのレジェンドはどのような道具を持ち、どのように移動したのか？　非常に興味をそそられる。

最近ではユーモア時代劇、コメディ時代劇というジャンルの邦画も多く制作されている。そんな時代背景の小作人が、アユ釣りに夢中になり農作業をさぼってばかりいて、困り果てた庄屋さんがお代官に訴えに行くと、お代官も隠れアユ釣り名人だった……、なんてストーリーの映画があっても非常に楽しそうだ。

1年を生きるアユ

日本国内の清流に生息するアユ。この魚は1年魚で春に生まれ河口から川を遡上し、一定区域に到達するとそこで成長し、やがて秋が深まると産卵して一生を終えるはかない生態をもつ魚だ。

河口で生まれたばかりの稚魚はプランクトンを捕食して育つが、清流までたどりつくまでには食性が変化する。最初は水生昆虫などの極小の虫を捕食するが、やがて川の石に生えたコケを食べるようになる。

もともと海から遡上するときは群れで生息するが、食性が変わってコケを食むようになるとナワバリ意識を持つようになる。このアユがナワバリを持つ習性を利用した釣りが『アユの友釣り』だ。生きたアユを使って、このナワバリを持つ野アユを刺激し、怒って攻撃してきたところを掛けて釣り上げるというのだ。

オトリアユというが、このオトリは生きたアユそのものであるから、それらを上手い具合に循環させて釣り続けてこそ、1日の釣果を伸ばすことができる。また、生き物であるオトリアユに、あまり無理をさせると弱ってしまう。弱ったオトリアユでは、元気なアユを掛けることが難しくなるので、オトリアユの取り扱い、循環させる技術が、アユの友釣りのすべてと言っていいだろう。

生きたアユを使って野アユを釣る。それらを循環させて数を伸ばすのがアユの友釣りだ

1年で一生を終える「香魚」

アユはどんな魚なのか？

アユの習性と特性を知る

漢字では鮎、独特の香味を持つ魚で「香魚」、1年で一生を終えることから「年魚」とも呼ばれる、キュウリウオ目に分類される魚だ。キュウリウオ目、キュウリウオ科の魚としては、ワカサギやシシャモなどの仲間となるが、アブラビレを持つ特徴は、サケ科の魚との共通点といえる。

海から川へ遡上する1年魚

アユは日本国内ほぼ全土に生息し、中国、朝鮮半島～ベトナム北部の東アジアにも分布するが、大陸の長く広大な川よりも、日本の川によく馴染み適応している魚といえる。産卵は、東北～北海道でおよそ8月下旬～9月。関東近郊で10～11月、南へ下ると12月ごろになるとされる。親アユは川の水温低下とともに流下し、産卵後にその一生を終えるが、その後約2週間程度で卵はふ化する。生まれたての仔アユは、シラウオのように透明で、そのまま海に下って冬を過ごす。

海に下るといっても、その時期のアユは河口付近に留まり、あまり川から離れない範囲を回遊しているとされる。プランクトンを食べて生活し、体長が5～8㎝程度に成長し、水温が上昇すると川を遡上し始める。群れで行動し遡上を続けるが、川の中流域に達するとナワバリを持つようになり、食性も変わる。ここから成長のスピードが早まって17～20㎝前後の成魚になる。川の石についたコケを主食とし、夏前後にはこのコケの繁殖も盛んであるため、さらに成長を続け、大きいモノは「尺アユ」と呼ばれる30㎝を超え、35㎝程度にまで成長するアユもいるという。

1年でその一生を終えるアユ。その年ごとの友釣りのシーズンを存分に楽しみたい

天然遡上だけでなく、全国で釣り人に親しまれる放流のアユ（養殖アユ）もいる。それらを分類すると、海産アユ（海アユ）、琵琶湖産アユ（湖産）、人口産アユに区別される。海産は海で稚魚を捕獲して中間育成し、川に放すタイプ。琵琶湖産は、湖を海として繁殖を繰り返す陸風のアユを放流するもの。人口産は水産試験場や養殖場で飼育されたタイプを放流するパターンがある。

天然遡上の多い河川でも、6月の解禁初期は放流のアユ釣りを楽しむケースが多い

他の魚と異なり、アユの口は石に付いたコケ＝藻類を捕食しやすいような特徴を持つ。舌は垂直に立っており、唇にはザラザラとしたクシ状の歯がある。アユはこの口で川の石のコケを食べるが、頭をこすりつけるような動作を行い、このときアユが食べた石の跡を『ハミアト』という。

アユは石を釣れ！　と昔から言われ、石のコケがアユによって食べられた形跡を見逃すな！という格言だ。コケは藻であり、アユ友釣りの専門用語では『アカ』という

秋が深まり、台風や秋雨で水温が低下してくるとまた川を下り始め、それらを落ちアユと言う。産卵を控えたアユの体色は、婚姻色が出る……という状態になって黒ずんでくるが、これらはサビアユと呼ばれる。

アユの習性と生態を理解する

これからアユ釣りを始めるにあたり、まずこのアユの習性をよく理解してほしい。先にも述べたがアユの一生は1年で、中には温暖な地域で年越しする個体も存在するようだが、基本1年で一生を終える。

秋に産卵して稚魚となり川の流れに乗って下り河口付近の汽水域にとどまりプランクトンなどの有機物を食べ、成長とともに河川を遡上し極

香魚とも呼ばれるアユは、スイカの臭いがする……とよく言われる

小の水生昆虫（ユスリカなど）を食べて生活している。成魚に近くなと石についた垢（アカ＝コケや藻類）を食べるように変化し、動物性の食性から植物性へと変化する。この時期になるとエサ場である石垢にナワバリ意識を持ち始め、自分のエサ場の石に他のアユが近づくとその侵入を許さず、体当たり攻撃をして追い出すという習性が生まれる。

ナワバリを持つアユのテリトリーに、オトリを操作して送り込む。オトリを自在にコントロールできれば、次々にアユは掛かってくる！

全国のアユ釣り河川は6月前後に解禁を迎える。6月1日がアユの友釣り解禁！　というケースが多く、アユ釣り師が待ちに待ったお祭りのようなもの。もっとも昨今では5月中に解禁する河川も多く存在し、日本一早いアユの解禁日は4月末日という河川もある。

また、東北や日本海側の北に位置する河川は7月に入ってから解禁する場所もある。そして、アユの個体がまだ小さいうちは、ナワバリ意識を持ったコケを食む（はむ）植物性の魚というより、小さい虫を捕食する習性が残っているため、釣り方としては虫に似せた毛バリ釣りで釣れてしまう。

しかしながら、この毛バリで狙う釣りを『アユのドブ釣り』というが、この釣法も成立した釣り方であ

シーズン初期はトロ場や深みのあるポイントにアユは群れる

るものの、河川によって許可される場合と禁止されている場合があるので覚えておきたい。多くの場合6～7月のシーズン初期には、食性が完全にコケを食む植物性となっていないケースが多く、アユ自体も群れている場合は、石垢をナワバリ意識を持って水中にいるとはいえない。すなわち、毛バリを用いたドブ釣りでもよく釣れるということなのだ。

地域にもよるが、7月の半ばすぎの梅雨明けごろになると、野アユの食性は完全に動物性から植物性のコケ（垢）を食むようになる。そうなるとアユたちはナワバリ意識がしっかりと芽生え、友釣りのターゲットとして理想的な性質を持つ魚へとなるのだ。

さらに時間が経過するとアユはどうなるのか？　秋の気配を感じるようになるとアユたちは徐々に産卵を意識しはじめる。早い個体は9月中、概ね10月に入るころには魚体が黒ずんで産卵体勢に入るのだ。主に、より婚姻色が出るのはオスの個体で、冷たい雨や台風などの水が出るたびに川を少しずつ降るようになる。

全国の河川でも友釣りのほかコロガシ釣りという釣法が許可されるようになるのが9月。早い河川では8月からであったり、10月にコロガシ解禁というケースもある。コロガシ釣りは伝統的に夜行われる場合もある。また、内水面の河川では夜釣りを禁止とする場合もあるので、その河川のルールにしたがって行う必要がある。

地域によっては11～12月までアユ釣りが可能な河川もあるが、多くの場合10月には終わりを迎える。また翌年の解禁シーズンを思い描きつつ、その年のアユ釣りを終える（納竿する）のがアユ釣り師の年間ルーティンだ。

降りゆくアユを捕らえる『ヤナ場』

現代では漁というよりも観光の一環としてアユの生息する河川に設置されるのがヤナ＝ヤナ場だ。夏の終わりから秋にかけ、徐々に降りつつあるアユを人工的に作った竹製の簡易ダムにアユが次々と捕らえられる仕掛けとなっている。いわゆるトラップ（ワナ）であるが、こちらも我が国のアユの伝統的漁法のひとつだ。多くの場合は漁であるというよりも現在は観光という商業用のヤナであるのが普通だ。

いわゆる観光ヤナ。このトラップに降っていくアユが掛かる

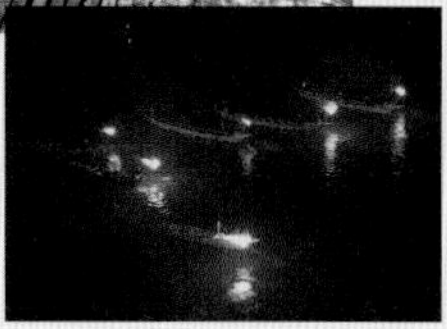

長良川の鵜飼いもアユの伝統漁法。やはりシーズン後半の落ちアユを狙う

どんな道具が必要なの？

アユ友釣りの装備はどうなのか？

アユ釣りは敷居が高い！　などとよく言われる。それは何かにつけ装備にお金が掛かる……というのが理由だが、果たして実際のところはどうなのか？　他の釣りと比較するとどうか？　さらには、初心者でも揃えやすい価格帯の道具は存在するのか？　そういった側面から解説していこう。

上から下までアユ釣り師！快適グッズで揃えるべき？

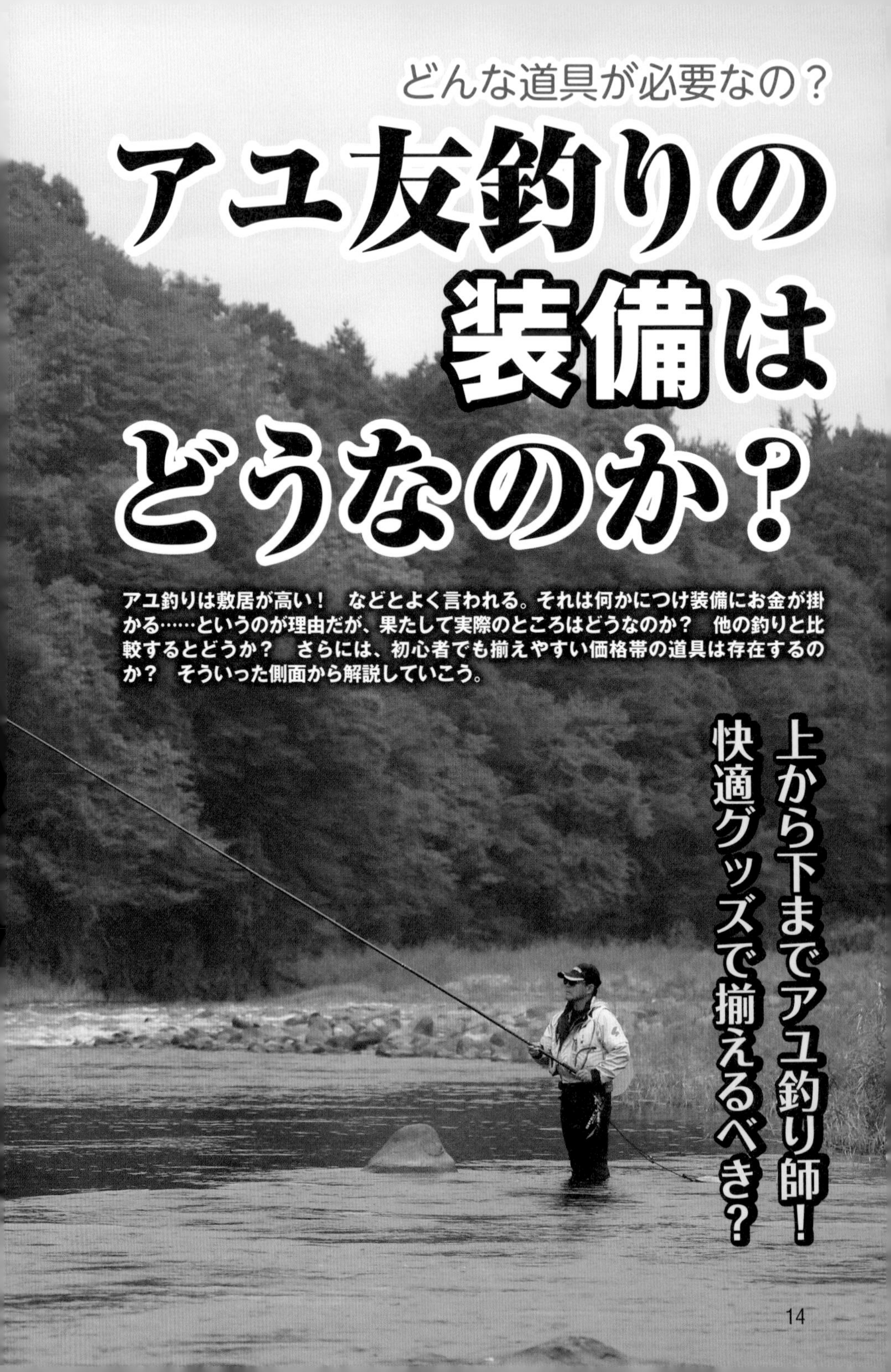

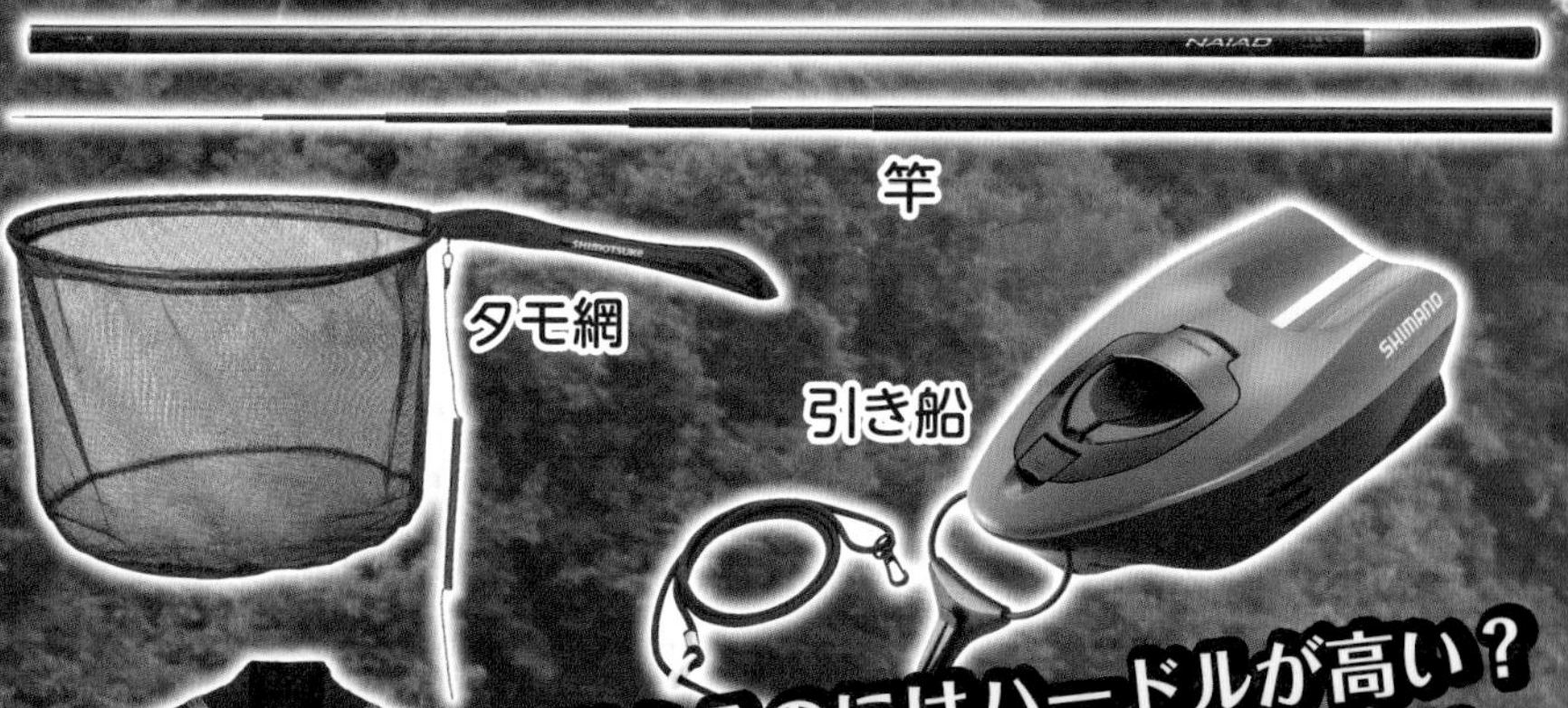

揃えるのにはハードルが高い？ アユ友釣りの装備もピンキリ

まずは最低限でもOK

昔と違ってモノの流通が誰にでもわかりやすくなった。あまり慣れていない人が買い物する場合、ほとんど釣具店に足を運んだことがなくても、スマホがひとつあれば、何がどのくらいの値段で買えるのか？ すぐに調べられる。

もちろん、釣具店のスタッフさんと相談しながら、オススメ商品を買い揃えるのもいいだろう。ただ、必ずしも実店舗には在庫が豊富にあるとは限らない。アユ釣り用品の場合は、トータルな総合ショップよりも、アユ友釣りに力を入れているか否かで品揃えがまったく異なるからだ。関東近郊の量販釣具店は、一部の限定ショップでしかアユ用品を扱わないケースもある。ゼロからアイテムを揃える場合、やはりインターネットを駆使して相場を把握し、自分がいくら程度の予算で揃えたいのか？ それに応じて買い物をしてみよう。最低限、竿、仕掛け、引き船、ベルト、さらにはタビ（ウエーディングシューズ）があれば川に入って釣りは可能。ただ、安全面に配慮するとなると、さらに装備を充実させる必要がある。

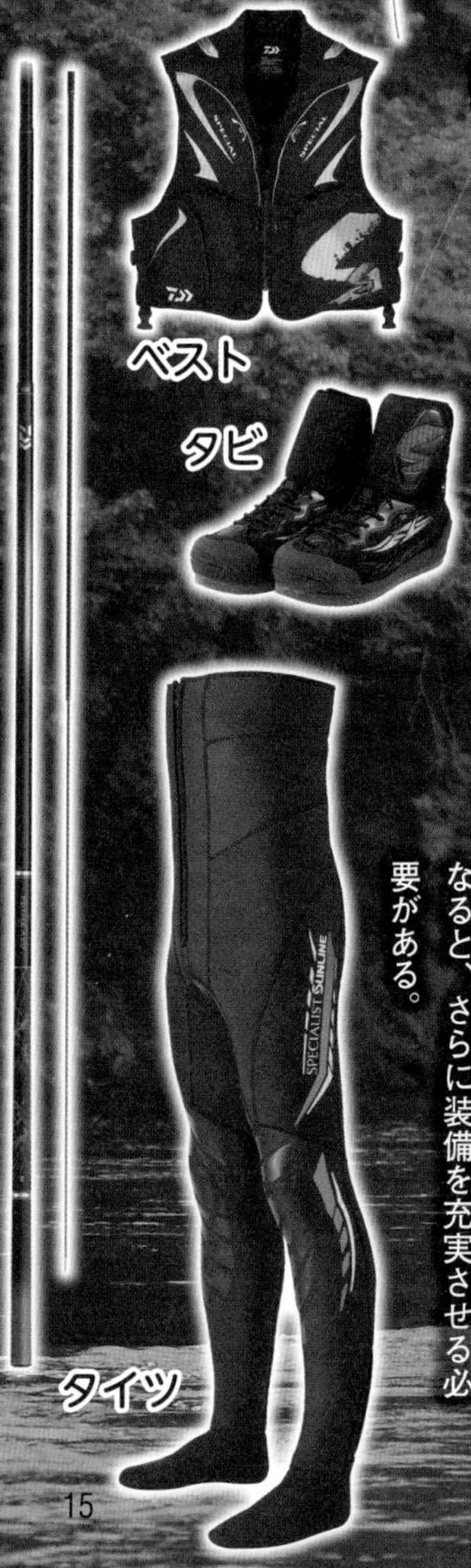

竿選び
失敗しない基礎知識

アユ友釣りを始めよう！

まずは竿選びから最近のアユ竿の相場は？

とにかく高い！　そんなイメージがつきまとうアユ竿。本当にそうなのか？　高い竿でないと釣りは不可能か？　概ね最高峰クラスが30万円以上、最安クラスは3～5万円程度だ。さらに昨今は中古釣具店も街に多く、そういったショップで3～5年前のモデルなら定価の半額以下、本来20万円する竿が、普通に10万円以下で販売されていることも多い。

アユの友釣りの竿 最初の1本は？

アユという魚の特徴や生態、どうやって釣るのか？　という基本概念がわかったら、実際にアユの友釣りに必要な装備を整えていこう。先にも述べたが、この装備を整えるのに数十万円は必要なのか？　魚釣りという括りで言えば、ほかの釣りも多数ある。そういった釣りと比較して、果たしてアユの友釣りはどうなのか？

結論から言えば、正直、安く済まそうと思えばかなり低コストで始めることは可能だ。まずは竿だが、最高級品は30～40万円ほどのモノとなるが、何もこれがないと釣りができない……という理由はどこにもない。安いモノは3～5万円程度からある。しかも、昨今はリールを用いた釣種がほとんどで、竿に5万円、リールに5万円、糸やルアーを揃えて約5万円、もちろんこれらも安く押さえようとすればそれなりに出費は押さえられるが、掛かる経費はアユの友釣りと違いはないように思わ

短い竿にはこんな利点もある！

短い竿にも高級グレードは当然存在する。だがしかし、低グレードでも取り回しのよい短い竿は、中規模河川で軽快に釣りをするだけでなく、渓流相の小規模河川に出向いたときほどその威力を発揮する。大きい川でダイナミックなアユ釣りを！　というならそれなりの竿も必要だが、渓流相のアユ河川では、長いゆえに邪魔になることのほうが多い。生い茂った木々、対岸まで数メートルという規模の河川では、7m以下のアユ竿が理想的だ。将来は竿のグレードを徐々に上げて買い揃えていくにせよ、小～中規模河川用の7mのアユ竿が不要になることは少ない。

7～7.5mという短竿は取り回しがよくビギナーにオススメ。小渓流相の川で活躍し、他の長さの竿を手に入れても不必要になりにくい。シマノ、ナイアード70なら、店頭売価で4万円台。自重も200gを下回る

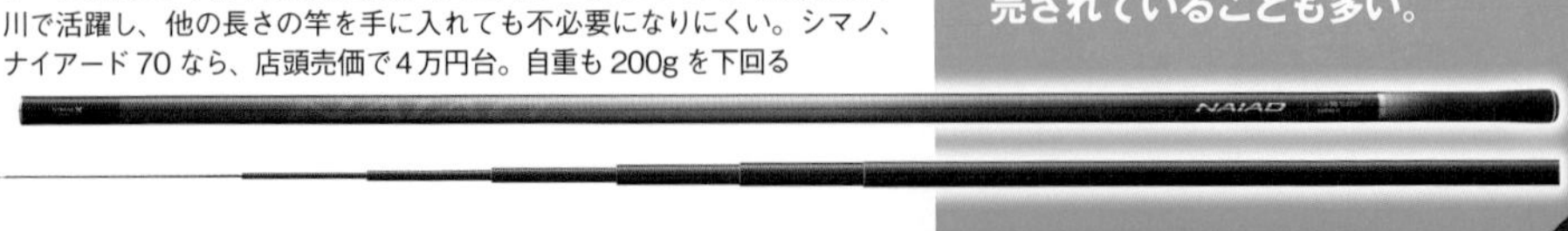

れる。

　竿だけに注目した場合、低価格の竿はなぜ安価なのか？　高級な竿はたくさんアユが釣れるから高いのか？　単純に同じ長さの竿なら、価格の安いモノは重く、高い竿は非常に軽量設計。高級な竿は、水中の様子がわかるように超高感度な作りをしている。素材であるカーボン自体が高級で、手間のかかる作りをしているからこそ高級竿なのだ。

　アユの友釣りの竿に基準となる長さは9m。昨今は若干短い竿が人気で、8〜8・5mといった長さも多様される。当然、長い竿は竿そのものの『自重』が重くなる。9mで高級クラスなら200gプラスαとなるが、低グレードの竿なら300g近い。この重さの違いはそのまま感度の違いに直結する。水中の様子を知るために仕掛けの先のオトリアユがどういう動きをしたのか？　掛かりアユがハリに触れたのか？　掛かったのか？　などなど、そういった情報を的確に伝えてくれる。

　さらには、フィールドでは風が吹くことが多い。長く重い竿はそれだけ風の影響を受けやすく初心者は特に、風に煽られた長い竿を持ち続けたりコントロールするのが難しいと感じるはずだ。竿の長さは自分が行く釣り場＝川の規模や水量、シーズンに応じたアユの平均サイズに応じて変えるというのがセオリー。ただ、ビギナーはそれすらも考慮するのは難しいはずなので、安いグレードの竿でも、ラインナップの中に7〜7・5mといった短いクラスがあるならばそれがオススメだ。低グレードといっても7mの竿なら、自重は200g前後におさえられ、フィールドの風などにもなんなく対処可能だ。

アユ竿の流通の仕組み

　数十万円以上する高級クラスのアユ竿が一定数存在するのは事実。だからといって皆が皆、そういった高級竿を毎年買い替えて釣りを楽しむのか？　といえばそんなことはない。5〜10年前の竿を大切に＆長く愛用するケースは非常に多い。また、そういった高級竿を釣りメーカーも無造作に生産するのか？　といえばそんなこともない。概ねアユが解禁する6月を目標に、その前年から一流メーカーのスゴ腕アユ釣り師（プロスタッフ、プロテスター）たちがテストを繰り返し、シーズンの始まる前にほぼ製品が完成。年明けの1〜2月ごろから宣伝も開始され、2〜3月にはショップなどの展示会を経て受注予約が始まる。その後解禁が近くなる4〜5月ごろ、消費者も元に竿が届くという仕組みだ。最高級のアユ竿が市場に大量流通している？　というわけではなく、多くは予約され受注生産されていることの方が多い。

ダイワ／銀影競技スペシャル MT、ダイワの最高級アユ竿。価格は 40 万円

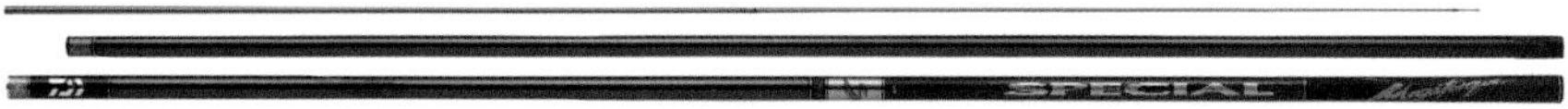

シマノ／リミテッド プロ FW ベリーベスト、シマノの最高級スペックの竿。価格は 30 万円台

アユの竿の長さと硬さの違い

初心者を混乱させるのが、アユ竿の長さの違いは？　どう使い分けるの？　また、硬さやパワーを示す表示がメーカーによって異なり、基準となる表示がなされていない……というのがある。

さらにはメーカーによってわかりやすい表示と非常に難解な表示法というのもないわけではない。正直、これらはそれぞれの特徴を覚えるしかない……というのが実情だ。昔から言われるのは、『早瀬→急瀬→荒瀬』という順に竿のパワー（硬さ）が増す表示方法。もう一つは渓流竿の流れから『中硬→硬中硬→硬調→硬超硬』いった表示法。さらにはアルファベットと数字を用いた『H2・6→H2・75→H2・9→H3・1』といった具合に硬さを表示するメーカーもある。

基本は例えば『急瀬』を標準とした場合、もっと硬い竿がよければ荒瀬（急瀬と荒瀬の間にいくつかのアルファベットを混ぜて段階がある）。H2・75を軸とした場合に柔らかくしたければH2・6、硬い竿が必要ならばH2・9を選ぶ。

アユ竿で最も短いクラスは5m台、5・6～6mという長さはかなり特殊なロケーションで用いる長さ。標準とされるのが8・5～9mで、全国の多くの河川で扱いやすい長さと言える。ただ、9mは長い！　という意見が最近は色濃く、8～8・5mのアユ竿のラインナップが増加傾向だ。さらには10～12mという、より長いアユ竿も存在する。より大きな河川や激流の川で尺（30㎝）クラスの大アユをターゲットにした場合など、特殊な場面で必要となる長さだ。

軽さが正義？　竿のしなり＆粘りとパワー

繊細な釣りにはやはり竿の軽さが武器になる

ビギナーにはやや短く、その分軽い竿の方が取り回しがよく、1日釣りしても疲れない軽さは有利になると述べたが、同じように9mでも軽く軽快な竿なら万能なのか？　といえば、そうとも限らない。軽い分、竿のパワーが削られていることとなり、より繊細な釣りには向くが、その分少し成長したアユ＝23～25㎝程度が相手となるとなかなか上がってこないうえにやり取りが難しい。では逆に硬くてパワーのある竿なら万能か？　といえば、掛かりアユが弾いてしまったり（ケラレという）、掛けバリから身切れを起こしてバレてしまいやすかったりする。川の流れ、水量は常に一定ではないため、その場面で最適の硬さ、長さはケースバイケースということになる。ただし、ある程度の範囲内は、釣り人の経験値でカバーできることもあり、硬さ、長さはやはり釣り人それぞれの『好み』という部分が大きい。

各社アユ竿の硬さ識別表記

　ここから先は、各釣りメーカーのアユ竿がどういう区別で硬さを表記しているかについておさらいしよう。基本、そこまでくわしく知ろうとしたり、無理に覚えなければならないことではない。軽く受け流す程度でOKだ。

　一般的な表記で硬中硬（柔らかい）から、早瀬→急瀬→荒瀬という順番となり、そしてシマノは、H2・5→2・6→2・75→3・0→3・5→4・0と言う表記を採用している。慣れればこの表記はシマノに限ってだが理解しやすくなる。シマノはそれ以外に先調子、胴調子と竿の曲がり方で違う表記を用いたり、軽さや穂先の素材の違いで特徴的な表記をする。

水量と流れの強さ、そしてアユの平均サイズに応じ、引き抜ける竿のパワーが欲しい

　シマノのフラッグシップモデルはリミテッドプロシリーズで、40万円に近い価格。次にスペシャル競いシリーズで25万円〜30万円、プロセレクトというシリーズは16万円〜19万円。その他大アユ用シリーズがドラゴンフォース、トリプルフォース、次いでアドバンスフォース、この他ラシュランという独立アイテム、短竿シリーズの小太刀各種がラインナップされ、低価格帯はナイアードシリーズ、入門用の最安値シリーズは友鮎というシリーズが3〜5万円となっている。

　一方　ダイワではA調子、T調子、MT調子の中に細分化されタイプSという別バージョンがある。さらにA調子の中にAテクニカル、AH、XH。T調子の中にTH、T、テクニカル、TR。MT調子の中に早瀬抜き、急瀬抜き、急瀬抜きH、急瀬抜きXH（荒瀬クラス）、MT大鮎とラインナップされている。

　価格帯別にフラッグシップモデルがグランドスリムというシリーズは、およそ50万円という値段。次に競技スペシャルというシリーズは40万円、競技シリーズは25万円円台、エアーシリーズは15万円〜25万円台。低価格帯はアバンサーシリーズで6〜8万円台。最安で入門者用プライムアユシリーズは3万円台となっている。

　さらに釣りバリのメーカーでもあり、釣具総合ブランド、古くからア

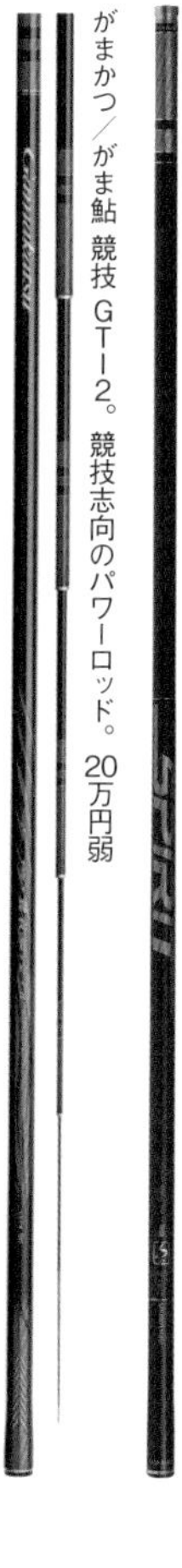

シモツケ／NEB スピリット Type-ZV 85DR 90DR。10万円台で驚きのスペック

がまかつ／がま鮎 競技 GT-2。競技志向のパワーロッド。20万円弱

ユ用品を展開するがまかつは、フラッグシップモデルがエクセルシオノブレスが50万円。ダンシングマスター（最軽量モデル）25万円～28万円。競技V7シリーズで25～28万円、競技GTIシリーズで17～20万円、フレキシア、レスポシアシリーズ18万円台。大アユ用のパワーソニック、パワースペシャルVで22～26万円。ロングレンジシリーズで30万円台、短竿のシューテイングスペシャルⅡ16万円台、ショートスペシャルシリーズ10～13万円。スピカという入門用で13万円台、他1mズームモデルに硬中硬から早瀬、急瀬、荒瀬の他M、MH、HH、XHという表記が追加されている。

WIST／APEX 853 Proto-SR。価格は10万円少々

サンテック／GENKI SP GRANDEL Ⅲ（限定モデル）。ハイスペックなオールラウンダーモデル

アユ竿を長年展開している大手3社ですら、表記は少しずつ変化したり、そのつど新しい表記が生まれたりもするほか、ラインナップも低価格帯からフラッグシップまで、モデルチェンジしたりあるいは廃版になったりとさまざまだ。

　加えて、大手3社に対抗し、少し小さい釣竿メーカーからも各種アユ竿はリリースされており、市場規模からいって順に、サンテック、シモツケ、WISTなどのブランドがある。これらも硬さやラインナップの表記はまちまちで、ここでは割愛する。また、すでにアユ竿から撤退したメーカーやブランドもあり、独自のラインナップと表記、価格帯で市場に出回っていた。

写真左は8～8・5のズームモデル。右はズームなしのモデル

ズーム&ノンズーム

　アユ竿、あるいは渓流竿（ヤマメ、イワナを狙うノベ竿）などでは、フィールドに応じて長さの微調整が行えるズームタイプのモデルがある。アユの場合は例えば8mでも使えるし、8.5mと50㎝長くして使える便利アイテムだ。小河川の場合は8mをメインに使い、少々大きな川やポイントでは少し長くして使える利点がある。しかし、その分ノンズームの竿と比較して自重が増すというのと、仕掛けの全長も現場で調整し直さなければならないデメリットもある。どちらを選んでもなんら問題はないが、特徴やメリット&デメリットを踏まえて選ぶようにしよう。

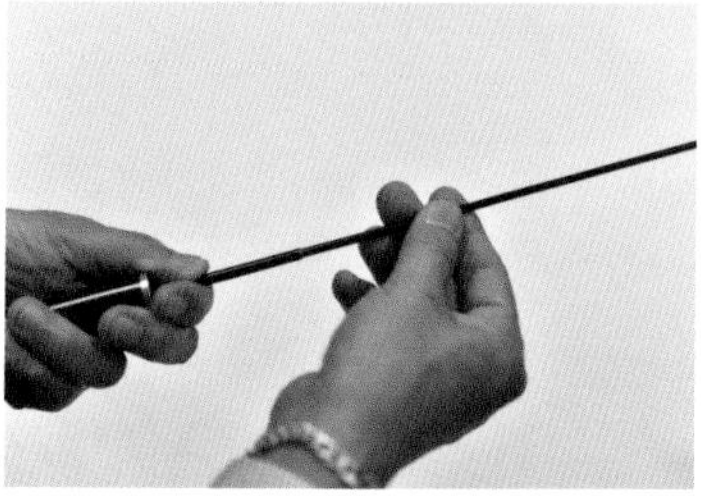

先端から順番に節を伸ばしていく。間違っても根元から出さないように注意！

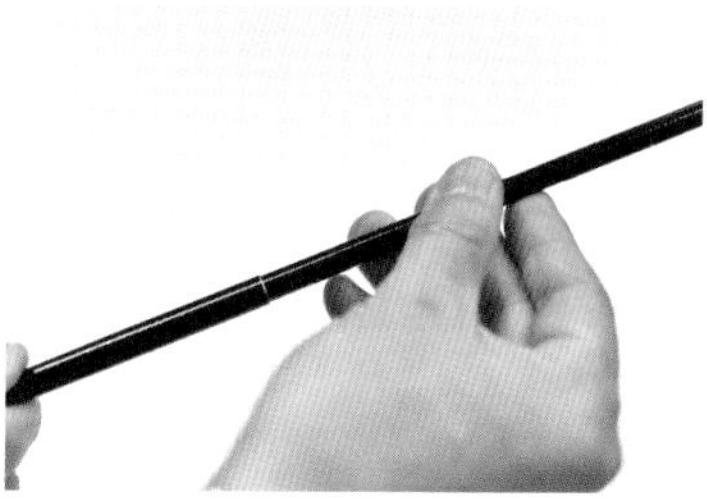

節のジョイント部分は伸ばしつつ少しひねるようにすると抜け落ちにくい

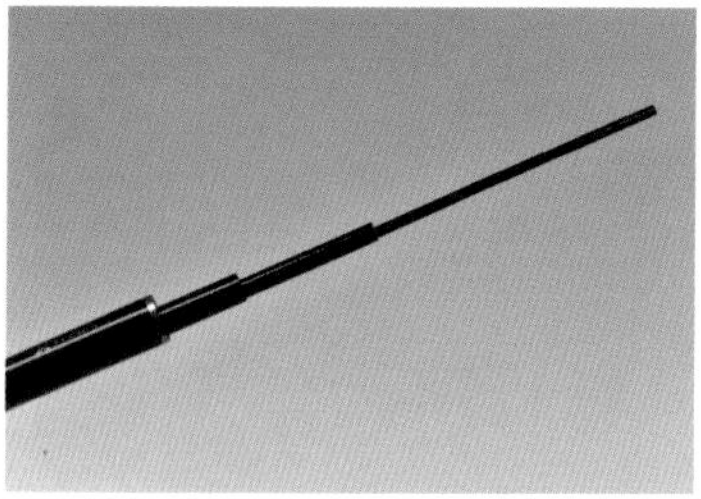

竿の節のジョイント部分が緩んで落ちてくることを『節落ち』という。釣り場でも起こるトラブル

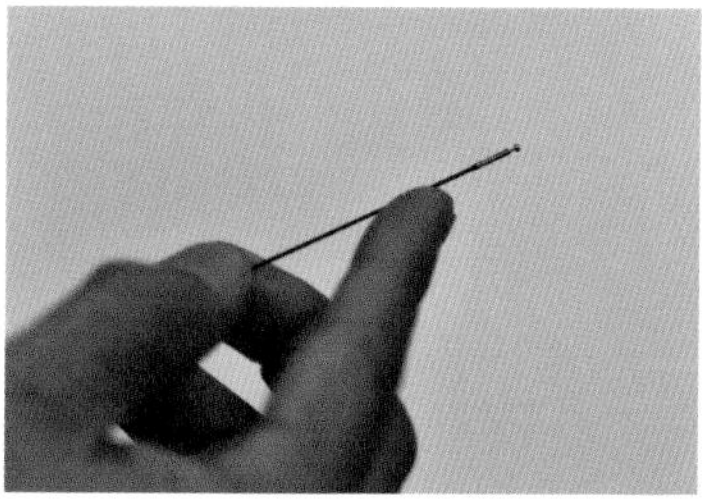

穂先は非常に繊細だ。十分注意して扱う。先端のパーツは糸絡みしにくいように回転する

アユ竿のトラブル①節落ち

アユ竿を扱ううえで、注意しなければならないことがいくつかある。まず代表的なのが釣りをしている最中に起こる『節落ち』という現象だ。竿は『振り出し竿』とよばれる形状で、先端から順に伸ばしていくが、そのときに各竿の節（＝セクション）をキュッと締め込むように伸ばしていく。そうしないとなんらかの理由でそのつなぎ目が緩んで落ちてきてしまうことがあるのだ。それでももし節落ちしてしまったら、その部分をまたもとの状態にまっすぐ伸ばすのが解決方法。順番通りに伸ばしたりたたんだりしないと、竿の内部でそれらが挟まってしまい、最悪の場合に竿を破損してしまう恐れがあるので注意だ。

アユ竿のトラブル②固着

雨の日にアユ釣りをしていて、夕方になって終了、さあ片付けて帰ろう！　となったとき、竿をしまおうとしたら今度は節が固着して元に戻らない！　そんなケースが稀にある。天気がよいときは起こりにくいが、雨で竿全体が濡れているときにこの現象が発生しやすいのだ。そんな場面に備え、当て木と木製かゴム製のハンマーなどがあるとよい。固着した竿の部分を外し、その上下に当て木を添え、少しずつハンマー（必ず木製、ゴム製など）で叩いてやる。力を入れすぎず、コツコツと行うことで固着が治りしまえるようになる。

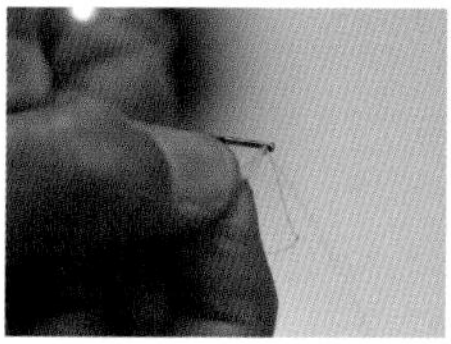

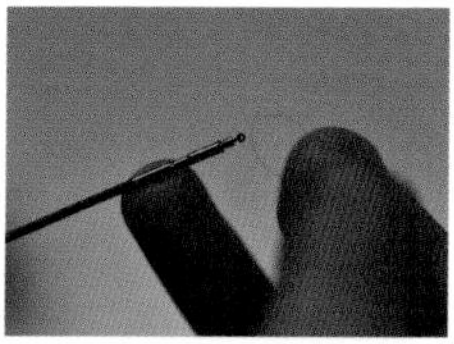

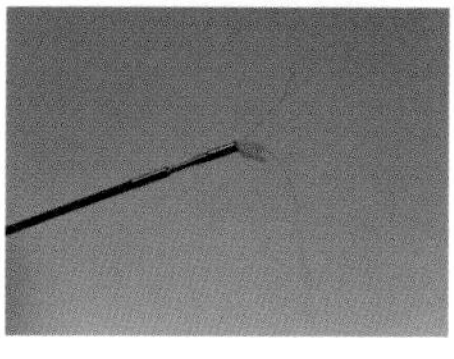

竿の穂先へ天上糸の先端を結ぶ。メーカーによって穂先の形状が異なるので、破損に気をつけて取り扱う

アユ竿の手入れ

川で使用した竿には、砂などの不純物がかなり付着している。これをそのまま放置し、また竿を伸ばしたり縮めたりしていると、竿の表面の塗装を傷つけるし、振り出しの重なる部分にスレ傷ができると、節落ちや固着の原因になったりもする。やはり竿は帰宅後に真水（水道水）でキレイに洗い、よく吹いてからさらに自然乾燥、水気を落とした状態で保管し、次回の釣行に備えたい。

竿は酷使され続けている！
愛情を持って手入れしよう

アユ友釣りに必要な用品を確認！

大切な道具をメンテナンス

釣り道具といってもさまざまあるが、アユ用品も何かと高額品が多い。特に竿はその代表だし、その他身に着けるベストやタイツ、タビなども手入れを怠ると劣化が早まるのでキチンとメンテナンスしよう。

アユタックルのメンテナンス

アユ用品のアイテムで、特に念入りに手入れを欠かせないのはやはり竿だろう。高額なモノだし、せっかく購入した竿には愛着も湧くはずだ。基本的に釣りに行って川で使ったら、家に持ち帰った時点でなるべくすみやかに真水で洗うようにしたい。

まずは上下のキャップ、上栓と尻栓をはずし、節を1本1本バラして抜いていく。このとき転がったり倒したりしないようにはもちろん注意だ。バケツやタライなどを用意して、そのなかに各節を立て、上からホースで真水を掛けてやる。それぞれ表面には川の細かいゴミや汚れ、砂などがあるので、ほどほどの水圧でそれらを洗い流すのだ。

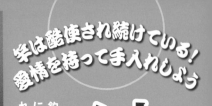

基本的に洗剤などは使わなくてOK。そのまま真水で洗い流し、強く擦ることも避けた方がよい。とりわけ節と節の重なる部分、カーボンが剥き出しになっている箇所は、振り出し竿のデリケートな部分なので、擦りすぎると微調整が狂ってしまうので注意しよう。

基本は水で洗い流すだけでOKだが、その後キレイな乾いた布（タオルなど）で水気を拭き取る。このときも強い力でゴシゴシやるのはよくない。軽く水気を拭き取る程度でOKだ。そしてここからが肝心だが、竿の外面の水気は拭き取れば取れるが、内側部分にはまだタップリ水気が残っているはずだ。軽く上下に振って、落とせる水滴は落としておこう。そこから竿を布カバーなどで縛ってまとめ、倒れない状態にしたまま数時間から1～2日は風通しのよい場所でしっかり乾燥させよう。

水気が残った状態で、節を戻してしまうのはよくないと言われ、場合によっては固着の原因にもなるため、しっかり乾燥させることが重要だ。

内側の水気が完全に飛んだと思ったら、そこで初めて竿を元に戻すと言うのが一般的な竿の手入れだ。川のゴミや砂が残ったまま、次の釣行で竿を伸ばすとき、ジャリジャリと竿の表面に傷をつけてしまうことがあるので、水洗いを徹底しよう。

さらに竿をより輝かせたい！　という場合は、メガネ拭きなどの繊維の細かいクロスで拭き上げる。特に洗剤やクリーニング材は使わない方がベターで、何回かに1回はここまでして手入れするとよいだろう。

スタイリッシュなアユ釣り

よりライトスタイルでキメるならスパッツもいい

タイツ、タビ、タモ、引き船、オトリ缶

竿に関しては入念に手入れを行った方がいいし、また次の釣行のタイミングもあるだろうが、一般的な釣り人の場合は、この程度はいつでもできるだろう。それ以外に汚れやすく手入れが必要な代表選手はタイツとタビ。これらも水洗いが基本で、風通しのよい場所で日影干しが必要だ。そのほかタモも水洗い、引き船、オトリ缶にも砂やゴミ、アユのフンもあるので、しっかり水洗いしておこう。

ウエア類

ベストやドライシャツ、タイツの中着も当然汗まみれだ。これらも普通に洗濯は欠かせない。洗濯機に入れる場合、ベストはポケットの中身、ぶら下がっている各種アイテムを外すのを忘れずに。選択ネットに入れて洗濯機であるのがベターだ。

元気なオトリが釣果を左右する！

アユ友釣りならではのアイテム

生きたオトリアユを元気に保つアイテム

アユの友釣りならではの道具と言えるのが引き船とオトリ缶だ。引き船は釣り人のベルトにセットして、釣りをしながらそのまま川の流れに任せて引いてくるグッズで、釣れたアユ、あるいは購入したアユを生かしておくために必要だ。オトリ缶は引き船に入り切らなくなったアユをストックし、川に浸けて生かしておくために必要なグッズ。

さまざまな形状、容量がある

　引き船というアイテムはアユの友釣りの独特のものだ。それ以外の釣りで使用することはまずない。これは釣りをしながら、釣ったアユを生かしておかなければならない……という条件を満たすために考案されたアイテムだ。

　大昔は木製やブリキ製の引き船などもあったが、現在はより軽量化された強化プラスチック製がほぼ100％だ。釣り上げたアユを入れる小窓があり、中身を全て取り出すときに便利な大きく開閉する大窓を備えるのが一般的だ。小窓はバネ式で自動で閉まるようになっており、1度入れたアユが外に逃げ出さない構造になっている。

　釣り人の腰に巻く『アユベルト』にはこの引き船をセットするフックが付いており、これに引っ掛けてあとは川の流れに乗せて漂わせておくのだ。ただし、どうしてもこの引き船が邪魔になるケースもある。水深が浅すぎたり、岸に上がって竿を出

川の流れを横切るときにも重宝する

　引き船の使い方として、やや強い流れを横切って渡りたいとき、引き船のロープに手をかけて歩くと非常に安定する。川を横切るときは流れを斜め下流方向に移動するとより安全だ。引き船の適度な水の抵抗を感じながら、釣り人は上流側に体重を掛け、ちょうど引っ張りっこする形でテンションを保つと安全に渡ることができる。

強い流れを横切るときに、引き船のロープを頼りにすると安定する

シマノ／
鮎 GAME HIKIFUNE

す場合など、引き船と一緒に岸に上がっては内部のアユが弱ってしまうので、その場合は水中にセットし、ロープを石や岩に固定してアユをストックしておく。

　引き船も価格として5～6千円の安いものから、2万円台の高級品までさまざま。川の流れによく安定し丈夫であること、また多くのアユをストックできる大容量タイプはやや値段が張るようだ。

シマノ／アドバンスパワー２

ダイワ／友舟 RX-450W

川に浸けて アユを生かすボックス

見た目として釣った魚をストックするクーラーと同じようなアイテムか？　と勘違いしそうだが、オトリ缶もアユ友釣りならではのグッズで、釣ったアユを生かしたまま入れ、それを川の流れの中に浸け混み、より多くのアユを生かしておくための専用アイテムになる。

　これも古くはブリキ製のモノが愛用されていたが、昨今はプラスチック製が主流。持ち運びしやすいように肩ベルトも装着されている。川に沈め、重石となる石や岩で流されないようにセットするのがポイントだ。

　車で移動する場合はエアポンプもブクブクを作動させて、アユたちを弱らせないようにする。ただし、あまり多くのアユをストックしようとしても生かしておくのは難しい。オトリになる分を生かし、あとは氷で〆てクーラーで冷凍保存して家に持ち帰ろう。

シマノ／
鮎 GAME OTORIKAN

ダイワ／
友カン TS-1800／TS-2400

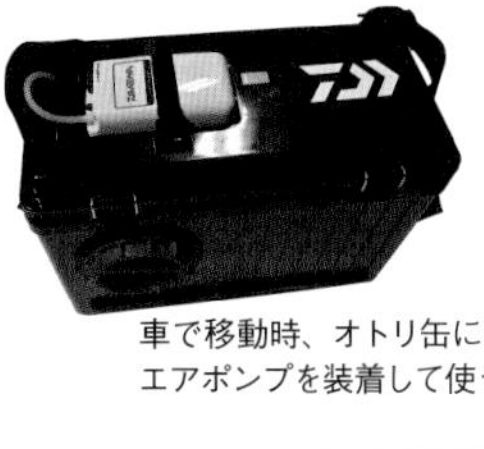
車で移動時、オトリ缶には
エアポンプを装着して使う

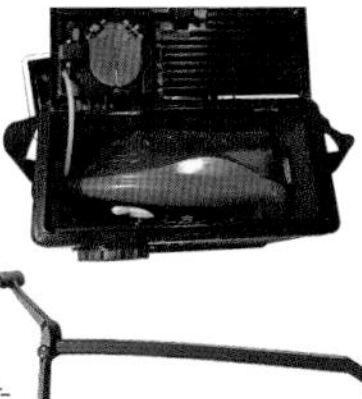
オトリ缶の中に
引き舟をジャス
トサイズで収納
できると便利

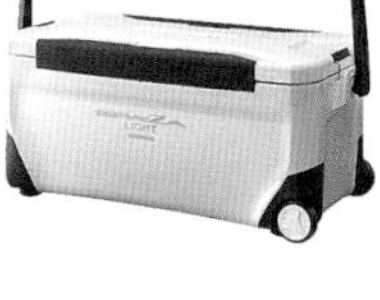
最終的に釣った
アユを持ち帰る
のはクーラーだ

大は小を兼ねる！
ビギナーほど、大きいタモ！

魚を掬うためだけにあらず！

釣れたアユをキャッチ！オトリ交換時にも！

他の釣りでもヒットした魚を安全に取り込むためのアイテムが『タモ』だ。タモ網、あるいはランディングネットなどという。アユ友釣りではアユダモとよぶ。友釣りの場合は、単に掛けたアユを掬うという目的以上に、使いこなさなければならない場面が多い。

掛かりアユを引き抜いてキャッチする

アユダモが最も活躍する場面＝それはオトリアユに野アユが掛かり、その引きをいなしていよいよ取り込み！　数メートル離れた場所からオトリと野アユを水面近くに浮かせたらタモを構える。タイミングよく引き抜くとアユたちは自分のほうに飛んでくる。それをアユダモでしっかりキャッチしてやるのだ。

空中を飛んでくるアユをタモに収める感覚は、キャッチボールをしていてボールをグローブでキャッチする感覚に似ている。もっとも、竿でアユを引き抜くワケだが、このときになにも高速で抜かなくてよい。途中でバウンドさせると衝撃でハリが外れる可能性もあるため、ゆっくり抜いて自分のところまでちょうどよく飛んでくるギリギリのスピードを維持するのがコツ。

慌てたり、体勢の悪いところから無理に抜こうとすると、どうしてもスピードが出てしまう傾向がある。慣れれば少々高速で引き抜こうがタ

タモの大きさは？

基本的にアユダモの大きさは、タモの網の枠の直径で分かれている。枠の直径が最小でも30㎝ほどから、最大で40㎝ほどの範囲内で選ぶことになる。まずはヒットしたアユをキャッチする目的のため、ビギナーでも安全にタモに収めるには１センチでも大きい方が無難だ。また、オトリをセットしたり、仕掛けを交換する場合にもタモは必要となるため、いずれにせよ小さい枠のタモを選ぶ理由はない。

シマノ、鮎 GAME TAMO。39㎝の高性能アユダモ

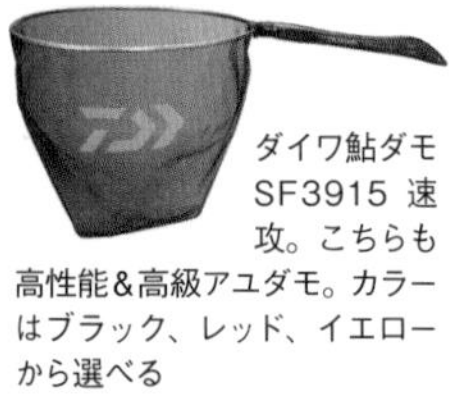

ダイワ鮎ダモ SF3915 速攻。こちらも高性能&高級アユダモ。カラーはブラック、レッド、イエローから選べる

エキスパートともなれば手際よく完璧に引き抜きをこなす

モでキャッチできるが、慣れないうちはなるべくスピードを抑えたほうが成功率アップに繋がる。

　抜いたときは、できればオトリと掛かりアユがまとまってタモに収まって欲しいため、空中を飛んでくる2尾のアユをタモでキャッチする直前、スッと竿を下方に下げると、引力でアユが下がってキャッチしやすくなり、なおかつ2尾はまとまるため、ほぼ同時にタモに収まるようになる。

タモの紛失注意！　カラーも重要

　タモは基本、細いロープでアユベルトと繋ぎ流出防止する。最近のタモであれば、ロープを取り付けるパーツがセットされているので、専用ロープで接続する。また、網の部分はメッシュになっており、素材は水切りがいいナイロンだ。さらに網の目もいわゆる手漉きでなく、機械的に細かく編み込まれている。網の色もいろいろなカラーから選べ、ベテランアユ師の多くはイエロー、レッドなどの目立つカラーをチョイスする。これは川でもし紛失したときも、色が目立てば見つかりやすいという意味がある。

アユダモの役割

　釣れた魚を安全に取り込むためのアイテムがタモだが、アユ友釣りの場合はキャッチするときも少し特殊だが、それ以外にも重要な役割を担っている。まずはオトリアユをセットするときに、このタモの中にストックし、それを手にとってハナカンを通すなど、仕掛けのセットを行うのだ。

　ビギナーのうちはとくに、オトリを思わず逃したり、手を滑らせてロストしてしまう恐れがある。大切なオトリアユの逃亡を避けるためにも、それらの作業はタモの中で行いたい。実際にはハナカンが通せれば逃亡の恐れはないので、タモの外でサカバリ、掛けバリのセットをする。その方がハリが網に引っかかったりせずにスムーズに行える。

　友釣りはオトリを次々循環させ数を伸ばしていく釣り。必要な場面でタモを活用し、捉えたアユを逃がさないように注意してローテーションしよう。

　さらに友釣りでは、川の中に立ちこんでの作業が多い。仕掛けがトラブって交換！　そんな場面では仕掛け巻きや予備の仕掛けスプールなど、小物をベストから出すのだが、陸上のようにちょっと置いておく……というのができない。川の流れになんでも持っていかれてしまうので、必要な小物はとりあえずタモ内に入れて流されないようにする。そういった使い方もでき、アユダモは非常に出番の多いアイテムだ。

落ち着いたブラックも人気だが、目立つカラーで紛失防止に役立てたい。またロープを接続し、ベルトに固定すれば、簡単に流されることはない

アユダモはいろいろな場面で必要になる

安定した『引き抜き』ができるように実践で練習しよう

タモ&引き船を固定する
川で安全をキープ!

川に立ち込むなら必要!

アイテムを安全に保持 ベルト&タビは必要!

アユの友釣りのほか、渓流のヤマメ&イワナ釣りにも専用のベルトを用いると大変便利だ。それほど高い出費にはならないが、あるとないとでは大違い！　基本的に川に浸かって釣りをするスタイルでは、装備アイテムを流されないためにいろいろな工夫をする。大切なタモ、引き船などもベルトとセットで購入しないと使い物にならない。

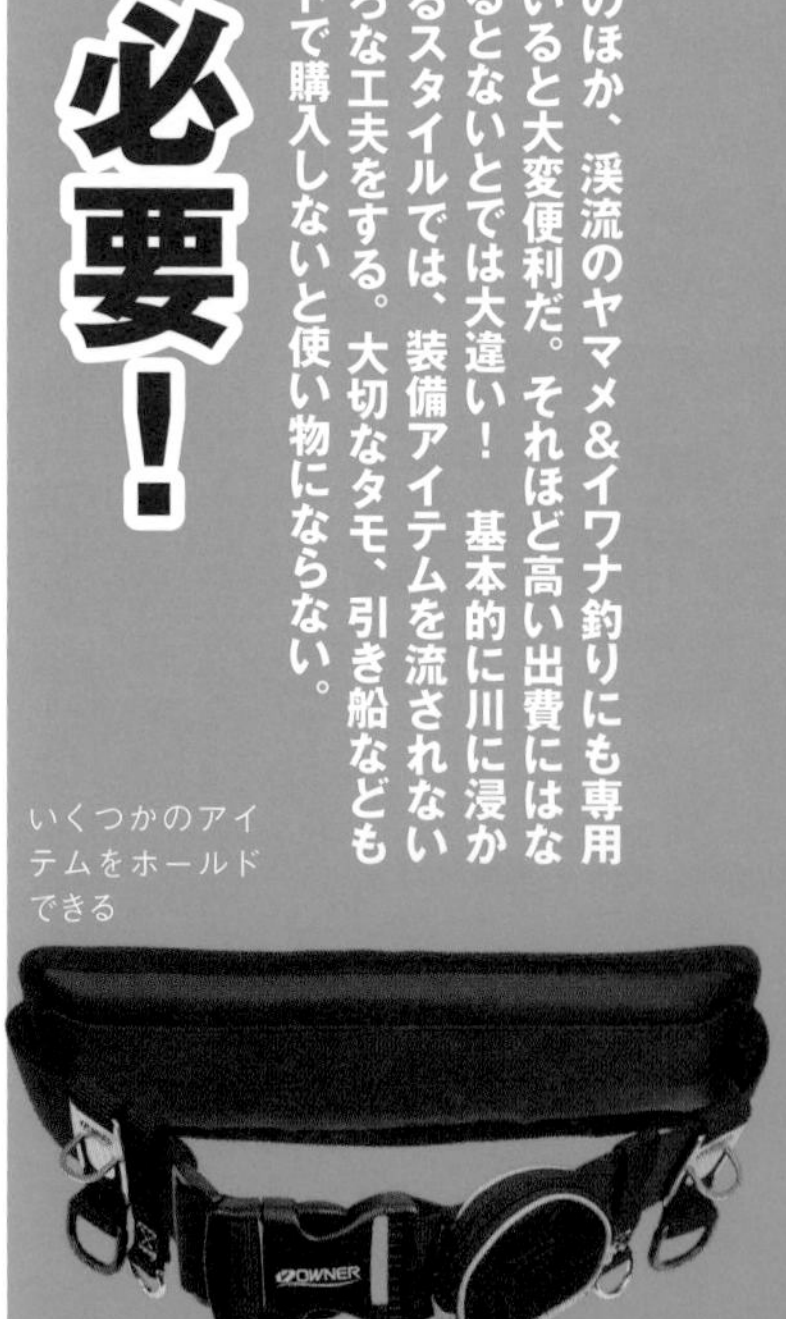

いくつかのアイテムをホールドできる

ベルトなしでは安全に釣りできない!?

竿に始まりアユの友釣りで必要なアイテムを紹介していくが、なくてもいいモノは後回しにしている。ベルトはその中でもあると便利！　というよりは専用がないと安心して釣りができないアイテムとなる。

もちろん、日常生活で使用するベルトを流用することも可能でないこともない。実際にどうしてもアユベルトを忘れてしまった！　という場面で、一般のベルトを代用し、タモを挟んだり、引き船を保持するなどの使い方をできなくもない。ただし、それらを接続する専用のパーツが一般のベルトにはないため、保持するためにもナスカンやカラビナといったアイテムが同時に必要になる。

専用のアユベルトの最大の役割はやはりこの2つ。引き船とタモ網を保持する……という点だ。その他の役割としてペットボトルホルダーの保持、オモリケースの保持、さらにはマナーケース（いわゆるゴミ箱）などをホールドするのにベルトがあ

アユベルトの代用品

先にも述べたが専用のアユベルトがオススメだが、どうしても忘れモノとなりやすいアイテムの1つといえる。普段着で使用しているベルトも代用品になるほか、それも持ち合わせていない場合はクーラーの肩ベルト、あるいはオトリ缶の肩ベルトなども代用できるので覚えておこう。

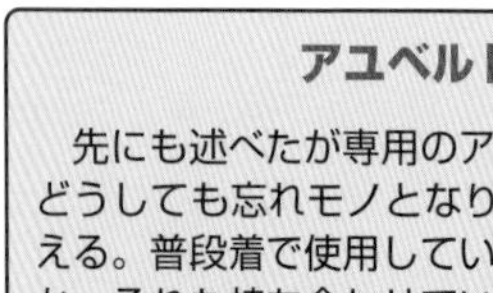

各メーカーから専用ベルトが多数発売中！

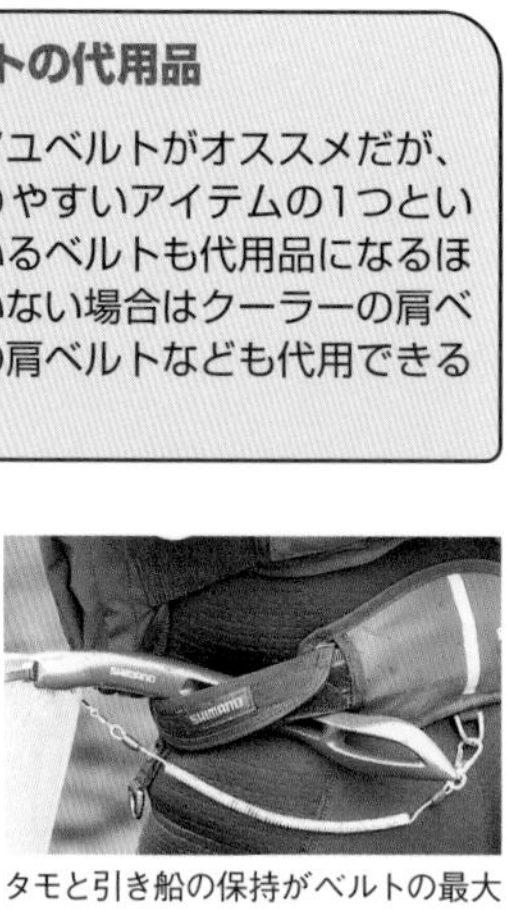

タモと引き船の保持がベルトの最大の役割

れば非常に快適だ。

各メーカーからさまざまなベルトがリリースされている。値段も安いモノで2000円台から5000円台くらいまでとさまざま。一度買ってしまえばそうそう使えなくなることはないし、紛失しない限り壊れることも少ない。

大物がヒット！　川の流れで体勢を崩しそうになるが、ベルトに必要アイテムをホールドし、状況をクリアする！

アユタビ

実際に川に入り、なおかつそこから川の中を歩いたり、あるいは河原の濡れた石や岩の上を歩く場合もそうだが、通常に靴（スニーカーなど）では非常に危険だ。とにかく滑りやすく安心できない。川に入ってほぼ動かない……というなら、なんとかならないこともないが、少なくともアユ釣りをする！　という目的がある場合はほぼ不可能だ。

アユタビはそういった条件の場所で威力を発揮する専用のシューズと考えて欲しい。靴底は基本的にフエルト底になっている。アユタビに限らず、釣りで川に入る場合や、あるいは沢登りなどをする人たちが愛用する沢グツも、このフエルト底になっており、滑りやすい石や濡れた岩盤を歩くときにもグリップ力が強い。

すなわち、最低このフエルト底を持った専用グツがあればOKということになる。ただ、アユタビでもその他渓流釣りに用いられるウエーディングシューズでも、ほぼ値段は変わらず、安いモノもあれば高級なものまである。これからアユ釣りを始めるにあたって揃える！　というならば、専用のアユタビをチョイスしたほうが無難だ。

アユタビの種類と使い分け

とくに使い分ける必要はないが、アユタビには値段の高い、安いのほかに若干形状の違いやフエルト底の異なるタイプがある。まず、そのままフエルトを貼っただけのモデルに加え、ピンソールという金属のピンが打ち込まれたタイプもある。先端は通常のクツのようになっているものと、まさにタビのように親指がセパレートしてあるモデルもある。これらはすべて好みで選べばよい。ピンソールタイプが確実にグリップ力が高いともいえないし、親指がセパレートした先割れタイプが踏ん張りが効いていい！　というのも、人それぞれ好みによって違うのだ。

一般的なアユタビ

高級タビは足のホールド性も抜群！

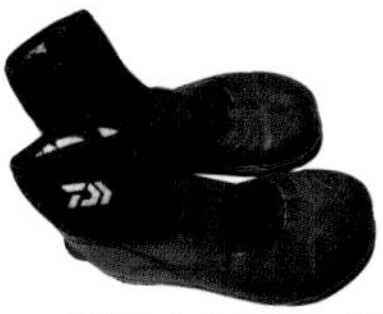

先割れタイプのアユタビ

ピンソール＋フエルトの靴底

上から下までフルセット
安全はまず形から！

これだけ揃えば完璧！まずは安全第一で！

アユ友釣りに必要な用品を確認！

アユ友釣りは川に立ち込んで行う。渓流釣りとほぼ同じ装備で問題はないが、渓流よりもやや流れが強く、深い場所に長く立ち込んでいるケースが多いので、流水の抵抗を受けても踏ん張れる足回りと、シーズンや水温に応じた使い分けが必要になってくる。

女性アユ釣り師ならこんなライトファッションもおしゃれ

ドライ＆ウエット、一体型＆セパレート

基本的にシーズン初期や終期、やや肌寒い季節は川に浸かっても体が濡れない専用のドライタイツ、あるいは一体型のスリムウエーダーを着用する。盛期と呼ばれる７月半ばすぎ（梅雨明けごろ）から８月いっぱいまでの気温上昇の時期は、体も水に濡れるタイプのウエットタイツ＋アユタビでOKだ。

アユタイツ（ウエットタイツ）

シューズ一体型のスリムウエーダー

アユタイツとスリムウエーダー

友釣りは深いところに立ち込むので、中に水が入らない専用のスリムウエーダーか、足首までのアユタイツに専用のシューズを履くのが基本である。解禁当初と終盤は水温が低いので、中に水の入らないスリムウエーダーを履き、盛夏は暑くて蒸れるので中に水の入るアユタイツと専用シューズの組み合わせが快適だ。水温によって履き分けるのがベストだが、最初から両方を揃えるのは負担が大きい。

友釣りといえば機動性に優れるアユタイツであるが、どちらか一方となればスリムウエーダーをオススメする。暑いのは少々我慢できるが、寒いと身体が震えて釣りどころではなくなってしまうのがその理由。真夏の最盛期しか友釣りをやらないというのであればアユタイツがいいが、まだ水温の低い解禁日も捨てがたい。ここはやはり一生涯の趣味にするため両方用意するのが賢明かもしれない。

アユ用か、渓流ウエーダーか？

アユ専用のスリムウエーダー、もしくはタイツ（ドライ＆ウエット）と、渓流で使うウエーダーとの違いはといえば、膝のパッド部分といえる。アユ釣りでは、オトリ交換のときに両膝を付いてタモを水に浸けながら行う必要がある。オトリアユを水中からなるべく出さないためだ。その膝をつく姿勢になったとき、痛くないようにショック吸収のためのパッドが入っている。タイツの素材はネオプレーンというスポンジ状だ。この素材も例えば転倒したときにもショック吸収の役割をしてくれる。

厚手のウエットタイツ。クッションの役割もし、転倒時も安全

シューズとセパレート型のドライタイツ

足の先が分かれている先割れタイプ

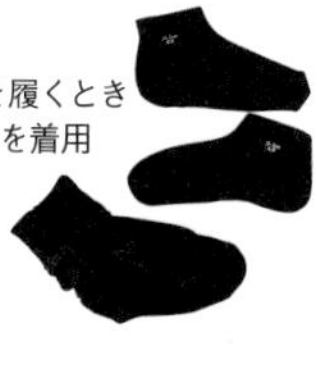
ウエットタイツにタビを履くときはネオプレーンソックスを着用

ライトスタイル

アユの友釣りのスタイル面も、ここ数年はずいぶん変化した。数十年前に遡ると、少なくともスタイリッシュとは呼べない出で立ちのアユおじさんたちが川に入りびたっていたが、昨今は女性や若い釣り人も増加傾向にある。盛夏の釣り＝アユ友釣りなので、寒くない！　むしろ暑い！　というなら、また水量もさほど多くない川なら、ライトスタイルがオススメだ。ウエーダーもタイツもなし！　スパッツに短パン、アユタビのみというライトスタイルは、お手軽感が増して大人気だ。ただし、転倒の危険や水量のあるガチの川では、しっかりとした装備が安全を考えるとオススメになる。

アユタイツ（ウエットタイツ）

スタイリッシュなアユ釣り

川に立ち込むための素材と各種ポケット

専用ゆえの快適性

収納力が命！アユベストのススメ

魚釣りといえばベスト！　さまざまなジャンルの釣りがあるが、それぞれに適したベストがある。アユの友釣りはそれほど持ち物が増えることはないが、川に立ち込み、長い竿を持っているため、小物類やすぐ使いたいものはベストに収納し、いざというときに取り出しやすいようにしておきたい。

ベストを着込み、川へ立ち込む。武士が鎧を纏って戦に出る気分

結構な重量にはなるが、最低限のものを厳選して収納。スッキリしつつも忘れ物はないようにしたい

好みのカラーを選ぼう。アユ専用デザイン、ポケットレイアウトになっているモノがオススメ

フィッシングベスト

アユ友釣りの仕掛けは、天上糸、水中糸、ツケ糸、ハナカンまわり糸、ハリ、ハリスと複数のパーツで成り立っており、仕掛け小物が非常に多い。ハリと名の付くものだけでも掛けバリ、サカバリ、背バリと3つも

ある。それぞれのパーツを収納するケース、オモリやラインカッター（ハサミ）も欠かせず、ポイントをあちこち移動する友釣りはこれらを常に身に付けておく必要がある。それにはポケットの多いフィッシングベストが便利である。

アユは夏がメインの釣り。涼しげなカラーが好まれるが、川で目立ちすぎる色は、魚に対してもプレッシャーを与えやすい

友釣りには友釣り専用のフィッシングベストが用意されているので、素直に専用ベストを使うことをオススメする。仕掛け小物やピンオンリールはもちろん、竿栓入れや入漁証入れなど友釣りにあると便利な機能が凝縮されている。

防水性も重要

アユベストで専用設計されたもののほとんどは、ナイロン生地を使った化学素材で仕上がっている。つまりカッパなどレインウエアと同じ素材だ。裏生地はメッシュであることが多く、これも速乾性に優れている。全体に丈は短めで腰ベルトよりも上にくるようなデザインが多い。川に浸かって濡れてもすぐ乾くというためと、腰まで浸かってもベストは濡れないようにという考えからのデザイン性だ。

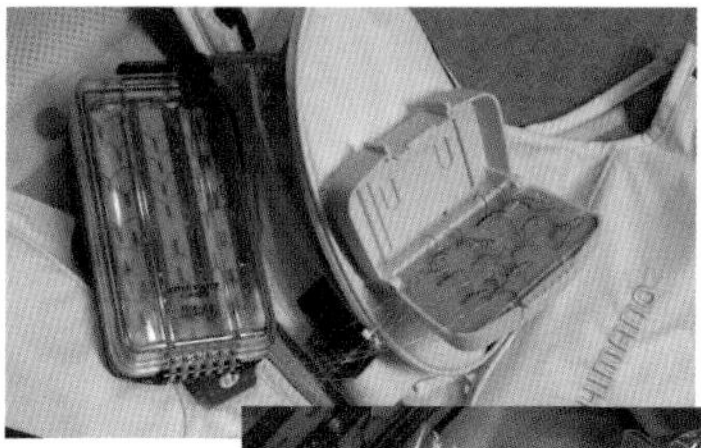

掛けバリはワンケースプラスアルファで十分。1日の釣りでコレを使い切ることも少ないが、最低10～15個くらいは予備を持ち歩きたい。ハリケースには落下防止のロープを接続

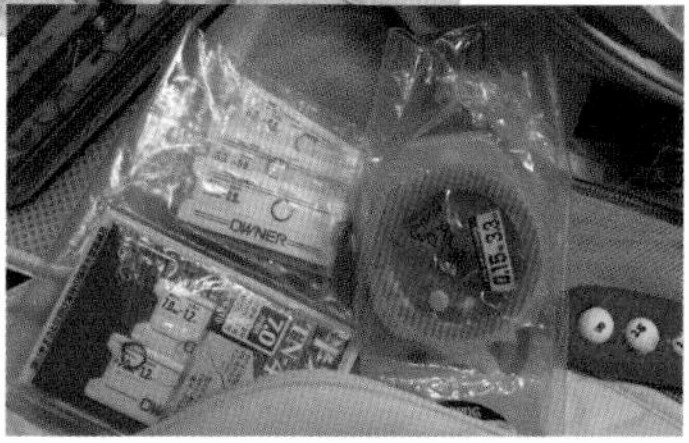

濡れたら困る仕掛けの予備は防水のジップロックに入れてポケットへ

車のキーも濡れるとやっかいだ。しかも紛失はぜったいにできないので、キッチリガードして落としたりなくしたりしないようにしたい

濡れると不具合なモノは？

アユベストだけでなく、一般的な釣り用のベストは、いくら速乾性の素材を用いた作りになっていても、各ポケットの中には普通に水は入ってきてしまう。その中に濡れては困るアイテムを収納していると、普通に不具合が生じる。例えばハリや仕掛けなどの金属パーツは、ハリそのものが錆びることがある。ハリに関しては消耗品であるから、使ったモノは錆びても処分すればよいが、使用前に水に浸けてしまい、そのまま放置したら錆びていた……というのがよくあるパターンだ。濡らさない工夫をしてベストのポケットにしまいたい。

ヒットしたアユの取り込み時、ベストの膨らみが邪魔にならない程度が理想

解禁時期や雨降りで肌寒い場合は、ベストの上にカッパやアウターを羽織る

釣りを開始するときに不要となる竿の布袋、上栓（キャップ）も所定のポケットにしまう

ベストに収納すべきあれこれ

ざっくりとベストに収納すべきアイテムを列挙すると、最も大事なのが予備の仕掛け類だ。まずは上から下まで通した状態の仕掛けを2～3セット。ハナカン回りのスペア仕掛けを数個。さらには掛けバリのサイズ違い、スペア、種類違いでワンケース分くらいは持ち歩きたい。

細かく天井糸や目印などはどうしても必要……という場合を除き、基本は持ち歩かなくてもOKだろう。どうしても修復が必要な場合は、1度岸に上がって行うべきなので、ベストには収納しない釣り師が一般的だ。それ以外はラインカッター（ハサミ）、オモリホルダー、根掛かり改修機などの便利アイテムなどが収納してあればよい。

釣りのためにさらにベストを活用して収納すべきものは、竿の上栓（キャップ）、竿の布ケース、監察（入漁証）などのほか、車のキー、何かあっ

日釣り券はワイヤーでベストに吊るす……としたいが、たまにこれに仕掛け糸が絡まるので、ぶら下げないほうがベター

あまり詰め込みすぎないのも技！

ベストに何でもかんでも詰め込みすぎるのはよくない。重くなるとそれだけ疲れるし、何せ長い竿を持って釣りするわけなので、体の自由が奪われると釣りに集中できない。ビギナーが少し慣れてくると、心配性が祟って何でもかんでもベストに詰め込みたくなる。とりわけハリやハリケースを2〜3セット詰め込む場合があるが、これは不要だ。仮に午前〜午後、途中昼食で車に戻るとしても1個のケースに10〜15個くらい掛けバリが入っていれば十分だろう。数回釣りに行って、結局これは使わない……と思われるアイテムは、ベストから取り除くようにしよう。

ヒットしたアユの取り込み時、ベストの膨らみが邪魔にならない程度が理想。ベストはシュッとしているほうが釣りに集中できる

入漁証は背中のメッシュに

シーズン初期〜盛期〜終盤で持ち物も変わってくる。そのときに必要なアイテムをベストに詰め替えよう

ぶら下げるモノも最低限に

ハサミやラインカッターなどは、いわゆるピンオンリールと呼ばれるアイテムに吊るしておくと、それを引き伸ばして使いやすいうえ、落としたりなくしたりの心配もいらない。オモリホルダーも、これは釣り人によって分かれるが、本当に頻繁に使う号数を最低限ぶら下げるようにする。消耗品ではあるため、さらなるストックはベルトにオモリポーチがある場合はそこに多めにストックしよう。それ以外に鑑札（入漁証）なども含めてあまりブラブラするものをベストに付け過ぎないのもコツだ。釣り糸が絡んだり、肝心なときに邪魔になったりするため、ぶら下げモノは最低限にしよう。

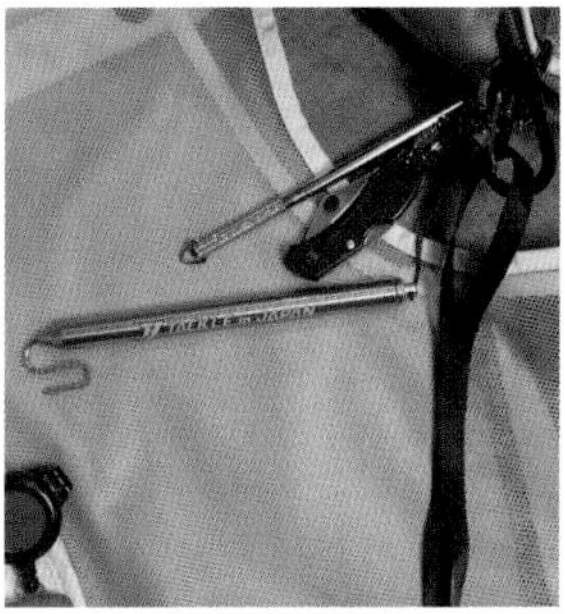

根掛かりハズしアイテム、ノット（結び）ツール、もしも用の小ナイフなどは内ポケットに収納し、ブラブラさせないグッズ

たときのための小銭（できれば財布も車に置きっぱなしにしないほうがベター）となる。

専用デザインのベストならば、竿のキャップ専用ポケットがあり、車のキー入れなどもある。しかし、そういったアイテムでさらに水濡れ注意！　というアイテムはジップロックに入れ、その上でベストのポケットに収納したい。また、ベストから取り出したとき、誤って手を滑らせて落としてしまうと、川に流されてしまうこともある。落下防止の細い紐で接続しておくとさらに安心だ。

専用のサングラス
偏光グラスは魔法の眼鏡

川を見る！
目の保護 川の状態を知るには？

釣りをしていても常に安全には注意を怠らないようにしたい。まずは自分の頭や目を保護するため、キャップ（帽子）を被り、目には真夏のギラギラ照りつける日差しからの保護、または直接目に何かが当たったときにも保護してくれるサングラスを着用したい。

日差しの強いときに見えやすい偏光グラス

川見のときも偏光グラスは必需品

カラーはダークスモーク、老眼鏡つき偏光グラス

ダークブラウン

ライトブラウン

偏光グラス

友釣りで重要なのがハミアトと呼ばれる、アユが石のコケを食べた痕跡。ご存じのようにアユの友釣りは、このハミアトをいかに攻略するかが釣果を左右するといっても過言ではない。加えて水中に泳ぐアユそのものを視認する場合も、偏光グラスがあるのとないのでは雲泥の差になる。オトリに攻撃を仕掛けてくる野アユが、ギラっと光る瞬間などがあるので、これらを見極めるために必要になってくるのだ。時にオモリや仕掛け（ハリ）などが目に触れたり、飛んできたときの防御にもなるので、必ず装備したい。

また、偏光グラスは天候や時間帯によって、周囲の明るさの違いによっても水中の見やすさが変わってくる。それから人に寄っては近眼や乱視、遠視などの視力も異なってくるので、釣具店で販売されている偏光グラスだけでなく、専門店で相談してみると、自分に合った偏光グラスを作れるので非常にオススメだ。

偏光グラスのカラー

偏光グラスには大きく分けてグレー、ブラウン（コパー）とグリーン、イエローなどのレンズカラーがある。夏の強い日差しから目を保護するためにも必要であることと、とにかく水中の情報をいろいろと集めるためにも欠かせないアイテムだ。

ポイントの見極めにも必要

偏光グラスは魚釣り全般に用いられるサングラスだ。ただの色付きレンズではなく、乱反射を制御するポラライズド・レンズというのが採用されている。川は特に流れがあり、水面はギラギラと乱反射するため、この偏光レンズが役立つのだ。川にアプローチする前、橋の上などから川面を覗いてみよう。アユがいればそれらが確認できるし、アユたちが石の苔を食んでたらそのアトもくっきりと見えるはずだ。

自分にあった偏光グラス

釣り具店も、得意なジャンルや釣りモノに特化した専門ショップを「プロショップ」という。アユ釣りを得意とする釣り具店は、アユプロショップとなるだろう。メガネ屋さんも、町の普通のメガネ店と異なり、釣りに使う偏光グラスを得意とするプロショップがあるのだ。専門店だけに、釣り人のニーズに応えてくれる。さらに、人によっては近眼や乱視などの度付きにして偏光グラスを作りたい！　という人もいるだろう。そんなメガネショップで、自分だけの偏光グラスを作るのもオススメ！　川を安全に、なおかつ水中をしっかり観察できるようになるぞ！

池袋パールメガネ
東京都豊島区上池袋1-11-8
☎03-5567-2585
http://www.pearl-megane.co.jp/index.html

帽子（キャップ）

アユ友釣りの本格的に始めようと思うなら絶対揃えておきたいアイテムである。友釣りのシーズンはアユ釣りが解禁される6月に始まり、梅雨明け頃から最盛期を迎える。つまり真夏にフィールドに出るわけで、強い日差しから頭を守るという意味で欠かせない装備だ。

いうまでもなく、昨今よく問題となる『熱中症対策』にもなる。基本的に多くの友釣り師たちはキャップスタイル（ベースボールキャップ）を愛用するが、いわゆる日本古来の菅笠スタイルも、風流があってアユ友釣りによく似合う。

キャップを必ず被ろう

今風のキャップもOK

和風にキメるなら菅笠

友釣りのためのタビとウエアを総点検

スタイルチェック

大切なのは快適性と安全性

友釣りのスタイルは、格好のよさよりも快適さと安全を最優先する。毎シーズン、水難事故が後を絶たず、事故を起こさないためにも装備には万全を期していたい。友釣りスタイルでのマストアイテムは、アユタイツ、ジャケット、そしてタビ（シューズ）。安全と快適に直結するこのアイテムの特徴を解説する。

先丸タイプのデザインだが、中は先割になっているタビ。親指に力が入れやすくなり、踏ん張りやすい

先丸タイプのタビ。普通のシューズ感覚で履くことができ、歩きやすくビギナーにはこれがオススメ

滑りにくさだけでなく歩きやすさも要チェック

『おしゃれは足元から』とはよくいうが、友釣りの場合『安全は足元から』なのである。コケなどのついて滑りやすい河原や川の中では、足元のグリップが安全性に直結する。滑って転倒すれば大きな事故やけがにつながるのだ。できれば、タイプの違うタビを複数用意しておいたほうがよい。同じタビでも川によって滑りやすかったり、しっかりグリップしてくれたりとさまざま。常時3～4足ストックしていて、それを川ごとに選び分けて履くのがオススメだ。

タビ選びでチェックしておきたいのが、デザインとソール。もちろんサイズも重要で、サイズがマッチしていなければ歩きにくくなる。友釣りで歩く場所は、舗装された平坦なところではなく、大小の石がゴロゴロと転がった不安定な場所ばかりだ。滑りにくいことも、もちろん大切だが、歩きやすいところにも目を向けて選ぶようにするのが望ましい。

購入するときは、できるだけ試着してそのタビが自分に合っているかをチェックしたい。

デザイン

先割と先丸の2タイプ。どちらにも長所あり

デザインといってもスタイリッシュな部分ではない。タビのつま先部分のデザインで、これには先割と先丸とがある。先割は足の親指と人差し指が分かれているタイプで、先丸は普通の靴のように丸い状態。先割でも表のデザインは先丸だが、中で先割になっているタイプもある。どちらがいい、というのはなく、それぞれに長所がある。先割の場合は親指と人差し指とが離れていて、親指の踏ん張りが利きやすいといわれ、底流れの強い川なんかでは使いやすい。先丸は、比較的歩きやすく、アユタビを履きなれていないビギナーでも、違和感なく履いていられる。

使う前に水に漬けて、たっぷりと吸水させておく。これにより、摩耗が少なくなって長持ちさせられる

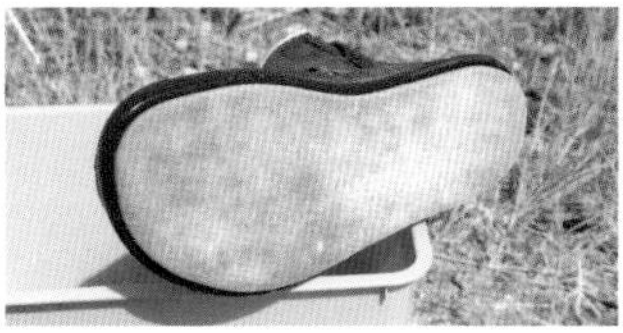

ウールのソール。天然素材でグリップが強く、履き心地のいい素材。使用後のお手入れが大変なのがネック

フェルトソールにスパイクピンが着いたソール。一概に滑りにくいが、石の状況によっては滑りやすくもなる

小砂利の多い河川。代表的なのが新潟の三面川など。スパイクの必要性は低く、ない方が歩きやすくなる

ソール

スタンダードなソール材質はフエルト

ソールの材質は、フェルトが一般的。そのほか、種類はあまり揃っていないが天然素材のウールもある。さらに、それらの材質のソールにスパイクピンが入ってあるものとないタイプとがある。一番歩きやすくて、グリップがしっかりしているのがウールのフエルト。ただ、ウールフエルト（羊毛フエルト）は少々お高くなり、手入れも大変なうえ消耗も早い。ただし、ここぞ！　という場面で履くと、グリップ力の違いで安心感が増すのだ。スパイクの有無に関しては、あったほうがいい場合もあるし、ないほうがいい場合もある。石によってはスパイクがあるために滑りやすくなるケースもある。さらにウールは、釣り場で使い始める前に10分程度水に浸してしっかりと保水させておく。こうすることで、摩耗による減りが遅くなる。帰ったら洗濯洗剤で汚れをしっかりと落とし、さらに除菌効果のある食器洗剤でも洗う。天然素材なので、バクテリアなどの雑菌によって劣化するといわれている。

大きめの石がゴロゴロと散在している川。フェルトならば、スパイクがあった方が滑りにくい

ウエア

最近のタイツ素材は伸縮性が大きく向上

ウエアでは、使用頻度が圧倒的に高いのがタイツ。そのほかにウェットスーツとライトスタイルもあり、こちらもしっかりとチェックしておきたい。タイツは自分の体形に合わせてオーダーするタイプがある。体にフィットするし動きやすくていい、世界にひとつだけの自分に合ったタイツといえる。一方、既製のタイツで、ラインナップされたサイズの中から選ぶ買い方は、ジャストフィットがある体型の人にはオススメ。オーダーメイドよりも時間的に素早く手に入るし、気持ちリーズナブルだ。さらにいうと、ひと昔前に比べると素材がだいぶよくなった。伸縮性が向上し、フィット性も動きやすさもオーダーのそれと比べると、大きな違いがなくなってきたといわれる。そして昨今、注目されているのがライトスタイルだ。数年前からだいぶ見かけるようになった。アユ釣りトーナメントですら、このスタイルでエントリーしている選手もいるほどだ。

アユ友釣りで代表するウエアのタイツ。水の冷たさを防ぐだけでなく、転倒したときの保護にもなる

タイツ

タイツ選びでは素材の厚さを要チェック

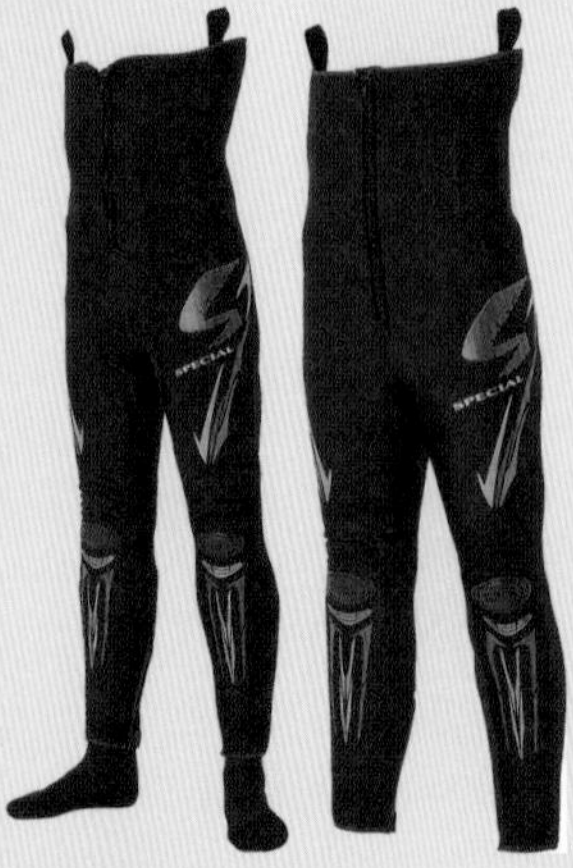

裾が足首までのタイプがノーマルのタイツ（右）。つま先まであり、先がソックスになっているのがドライタイツ（左）

タイツを選ぶときの基準のひとつが、素材のネオプレーンの厚さ。いろいろな厚さがあり、1～3.5㎜がアユタイツで使われる主な厚さである。シーズンを通してオールラウンドに使えるのが2～3㎜。1㎜だと盛夏向きで、3.5㎜になるとシーズン初期や終盤の少し気温が下がってきたときに使いたい厚さだ。最初に購入する一着としては2～3㎜が無難。初期や終盤は、ちょっと寒い思いをするかもしれないが、オールシーズン使える厚さだ。タイツでは、ノーマルなタイプの他にドライタイツというタイプがあることも知っておこう。ノーマルは足首付近まで裾のあるタイプ。ドライはソックスと一体になったタイプである。ノーマルのほうが、上から水が入ってきたときの抜けがよい。ドライはつま先までネオプレーンに覆われており、保温性が高い。水抜けは悪くなるが、上半身がしっかりと密着していれば、そんなに水は入ってこない。

ライトスタイル

暑い盛りのサマーシーズンは、これが手軽で便利

膝の上のからつま先までの下の部分をカバーするゲーターを装備するのがライトスタイル。素足の上から履くのではなく、スポーツ用のタイツなどを履き、その上からゲーターを装着する。素足の上から履くと、転んだときに危険が増す。スポーツ用タイツを履き、その上から短パンも履いて、下半身をガードしてからゲーターをつけよう。別途シューズは必要で、こちらは従来のアユタビを履くようにする。文字通り軽装で楽だが、保温・防寒性はないのでシーズン初期や終盤は寒くてあまりオススメではない。

ゲーター（左上）、ネオプレーンのソックス（右下）、シューズの中に砂利などが入らないよう足首に巻くガード（左下）

ウェットスーツ

体を浮かせて、安全にも一役買ってくれるウエア

寒さ対策として着込むのがひとつの役目。もうひとつは、浮力を得たいときに着るのがウェットスーツである。仮に暑いシーズンでも、上半身まで立ち込まなくてはいけないような場合は、ウェットスーツを着る。浮力があるため、ちょっと深いところに入っても安心度合いが違ってくる。通常、エキスパートが使うジャケットは2タイプ。ひとつが長袖。そしてもうひとつが袖のないベストタイプ。袖のないベストタイプは、手作りする。あまり着なくなったウェットスーツの袖を切るだけでOK。多少浮力は落ちるが、真夏に着てもそこまで暑くなく、かなり快適とのこと。古いウェットスーツができたらぜひ試したい。

深い場所へ立ち込むときには、浮力のあるウェットジャケットを着ていると安心

袖のあるスタンダードなデザインのウエットスーツ。保温性があって初期や終盤での寒い時期にあると快適

袖をカットしたベスト。佐藤さんの自作。盛夏の暑いシーズンでも群れずに快適。浮力も確保されている

ライフジャケット

これから必須になる安全装備

海釣りの遊漁船では、すでに着用が義務付けられているライフジャケット。淡水の釣り（アユ友釣りも含む）では装着の義務はないが、できるだけ用意しておいてほしいアイテムだ。最近は、メジャートーナメントでも参加者にこれの着用をルールに取り入れている。ライフジャケットもさまざまな進化を遂げている。例えば膨張式のライフジャケットは、従来のアユベストを着ていても、違和感を覚えずに装着可能。現実に水難事故は後を絶たない現状もある。少しでも不安があれば、ライフジャケットを装着し友釣りを楽しもう。

真夏の釣りにライフジャケットは少し暑苦しいが、安全のために背に腹は変えられない

首元に装着する膨張式のライフジャケット。コンパクトでアユベストを着ていても、わずらわしさは感じない

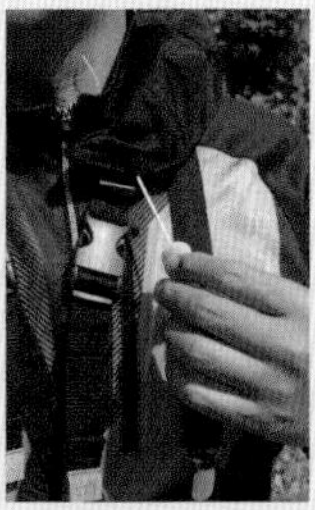

いざというときにこのレバーを引くとボンベによって浮力体が一気に膨張し、体を沈ませない

夏の猛暑が旬！川でモノを紛失しない工夫

専用ゆえの快適性

あると非常に便利アイテム！

魚釣りに適した便利アイテムや、アユ友釣りならではのアイデア小物はいくつかある。いずれもそれほど高価ではないが、ある程度点数もあるので、徐々に揃えて行こう！

オーナー手甲2

夏の日差しから手甲を保護する簡易グローブ（手甲グローブ）。1日釣りをしたあとは日焼けすることで疲労がたまる。特に手を保護するのは重要だ。速乾性と竿を持つ手のアタリ感度は損なわない作り。

■M：2800円／L：2800円

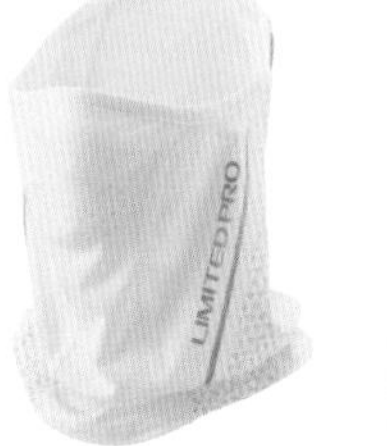

シマノ
リミテッドプロ サンプロテクション フェイスマスク

顔の日焼けも疲労の原因を作る。がっちりガードすると体力の持ちが違う。さらには虫刺され予防にもあり、背中側の首回りまで保護してくれる。

■本体価格：4300円

ダイワ
ボトルホルダー（D）

夏の釣りではやはり常に水分補給を行っていたい。アユベルトにジャストフィットして邪魔にならず、いつでもペットボトルの水分を補給できる。保冷効果もある。

■本体価格：2400円

ダイワ
オモリポーチ（A）

夏オモリポーチはアユベストに取り付け、多めにストックしておくためのポーチ。メッシュになっており、水切れがいいモデル。

■本体価格：1230円

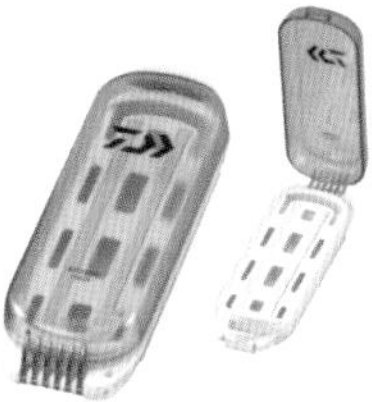

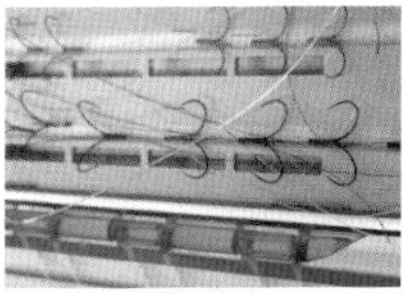

ダイワ
【鮎匠 1500A】

掛けバリケースでベストに収納する防水タイプが１つは必要。ハリスが本体からはみ出ないハリスガードシステム採用。イカリバリ 20 本収納可能（入れ方・号数により差異有り）とし、簡易防水仕様。
■本体価格：2400 円

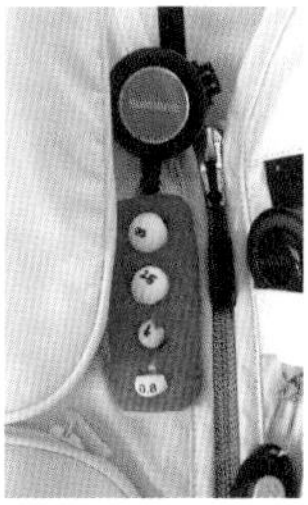

シマノ
オモリストッカー

すぐに出番のあるオモリをベストにぶら下げておくストッカー。
■本体価格：1980 円（ピンオンリール付き）

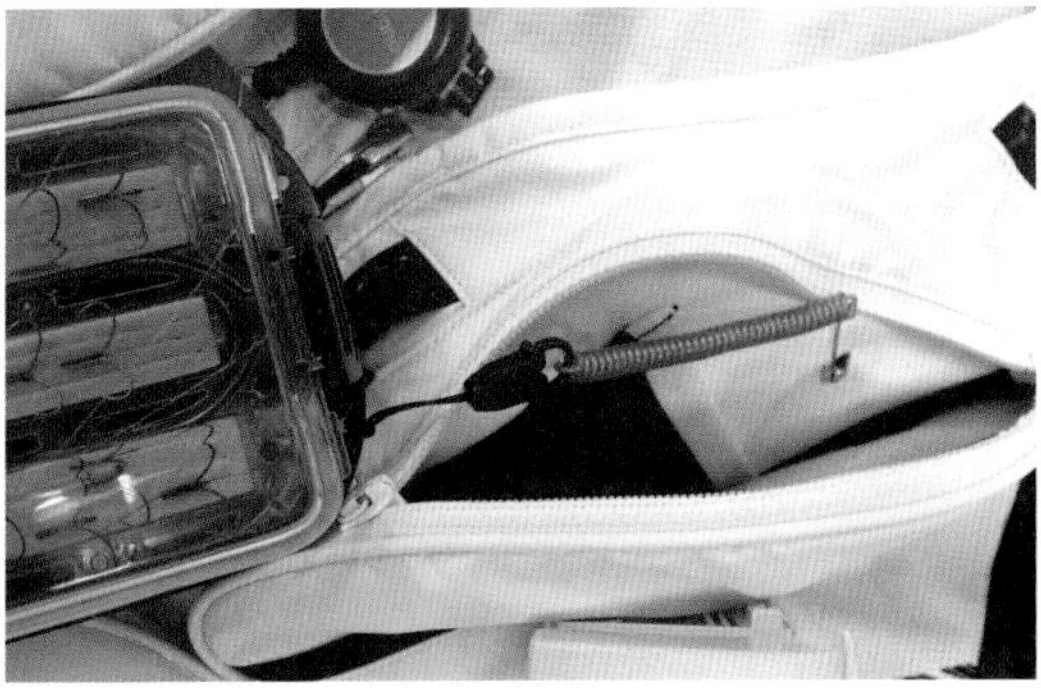

タックルインジャパン
ポケットツールキーパー

掛けバリケースなど、もしも川に落としてしまうと、その日の釣りが終了してしまうかもしれない重要アイテムは、これでベスト側と接続しておけば OK。ベストには安全ピンで留められ、ポケット内側どこでも取り付けが可能。
●全長：14 ～ 45㎝、線径：1.5㎜　■本体価格：660 円

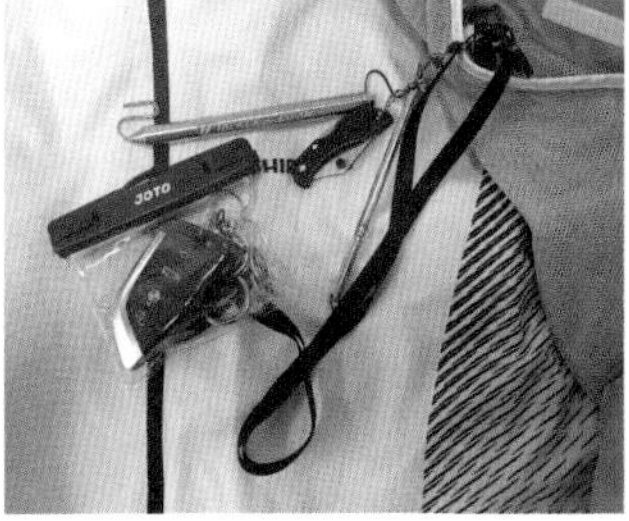

タックルインジャパン
チビニードル ライト

釣り仕掛けのトラブルでオマツリしたときに使うニードル（先端の尖った千枚通し）細かい作業に便利なサイズ感と軽量なアルミボディで携帯性も抜群！　釣りをしていると必ず出番のあるアイテム。
●全長：50㎜、●本体素材：アルミ
■本体価格：2530 円

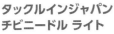

タックルインジャパン
マルチアンカースピン TF

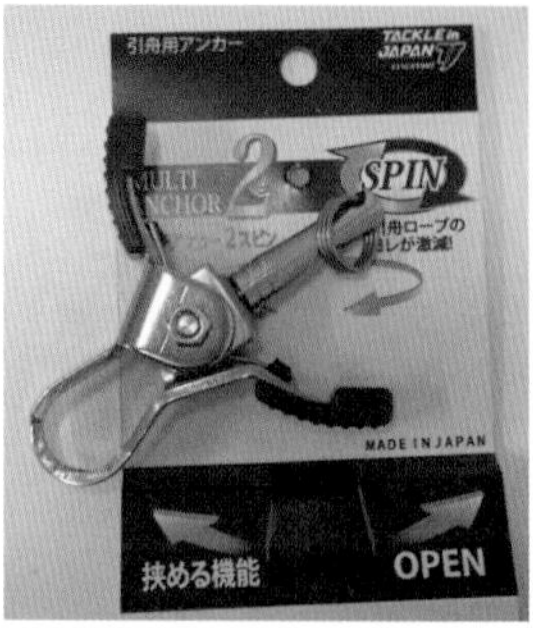

川で引き船を流されないように固定するためのアンカー。アンカー部分のウイングが回転することで、２本、４本イカリの切り換えが可能。４本イカリ時はアンカー機能が高まり、先端部の開閉が可能になる。２本イカリ時はコンパクトになり、開閉ロックが掛かる。シャフト部分が回転してロープが撚れにくい特徴がある。
●本体素材：ステンレス
■本体価格：5060 円

タックルインジャパン
防水スマホパック

丈夫で破れにくいチャック付き防水袋。チャック付きで高い防水性能。通話、操作も可能。
■サイズ：M 200 × 110㎜／ L 232 × 106㎜
■本体素材：ポリエチレン・ナイロン
※完全防水ではなく生活防水、水中での使用不可
■本体価格：605 円

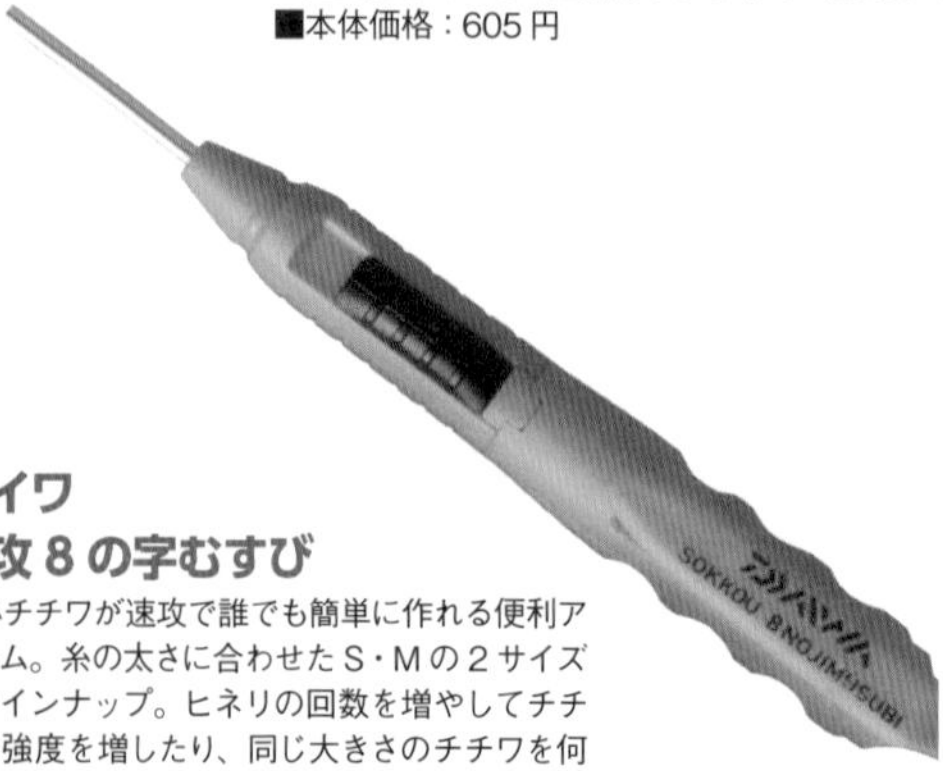

ダイワ
速攻 8 の字むすび

極小チチワが速攻で誰でも簡単に作れる便利アイテム。糸の太さに合わせたＳ・Ｍの２サイズをラインナップ。ヒネリの回数を増やしてチチワの強度を増したり、同じ大きさのチチワを何度も作れる。携帯に便利なピンオンリール取り付け穴付き。クリップでポケットに差しておくことも可能。ベストに取り付けても邪魔にならないコンパクトサイズ。
■本体価格：オープンプライス

ダイワ
ジェットエアー

オトリ缶を購入したら、これも合わせて購入しよう！いわゆるブクブクポンプだが、かなり強力。アユが多く釣れたさいにはダブルで使用すると効果的。
※単一型乾電池２本使用、Hi で使用時約 30 時間
■本体価格：4880 円

タックルインジャパン
クイックフックチェンジャー

片手で開閉から掛けバリの取り出し、取り付け作業までが非常に楽。すぐに使うハリをこれに収納し、予備はベストのポケットにしまう。小型、軽量で使いやすいシンプル設計。ホワイト、レッドなどカラーあり。

●53 × 80 × 28㎜、●本体素材：ABS
■本体価格：605 円

シマノ
キャリーケース

オトリ缶にアユを入れて車移動のときは必ず必要。オトリ缶から水がこぼれて車内が水浸しにならないための防水ケース。オトリ缶を購入したらこれもセットで必要なアイテム。

●サイズ 38L、55L
■本体価格 6900 ～ 7900 円

釣りを快適にするための便利グッズをスマートに収納して持ち歩こう！　いざ！　と言うときにしっかり活躍するようにさせたい

実戦　アユ友釣り

初めてのアユ！ 1尾と出会うために

道具を準備して、川にいったらすぐにアユに出会えるの？　……というほど簡単ではない。めちゃくちゃ難しいのか？　と言えばそうでもない。釣り場に入る前にはオトリアユを手に入れなければならず、ポイント選びを覚える必要もある。最低限度覚えておきたい基礎知識とテクニック、川についておさらいしていこう。

道具がそろったら いざ！　川へ出てみよう！

初心者に向く川

子どものころ、近所の小川で魚釣りや川遊びをした経験はあるだろうか？　なかなか現代社会において、子どもだけで近所の水辺で遊ばせるのは危険！　という風潮があるため、昨今の環境では無理があるが、昭和を生きた子どもたち、もちろん都心ではなく少し郊外で生活していた人ならば経験をお持ちだろう。

大人になるとよほど釣りが好き！　とでもならないかぎり、川には近づかなくなる傾向が強い。いずれにせよ、いきなり大きくて水量のある川、立ち込むのも川に降りるのも大変！　という河川ではなく、親しみやすくアクセスも容易、安全な水量と流れ、なおかつアユが釣れる！　という河川を選びたい。

のちほど全国のアユ友釣りで有名な河川のいくつかを紹介するとして、とりあえずはビギナーでも危険の少ない河川にアプローチしよう。

富山県神通川。アユの友釣りでも非常に人気で関東や関西からも遠征して訪れる釣り人の多い川。水量は多く、ポイントとなる中～下流域は石が大きいため足を取られやすい。ビギナーにオススメか？　といえば、もう少し大人しい川のほうが向く。海からの安定した天然遡上も多く、その年によるがめちゃめちゃ数釣りが可能となるため、いつかは遠征してみたい。

栃木県渡良瀬川。群馬県～栃木県を流れ、最終的には利根川に注ぐ中規模河川。アユは天然遡上と放流の両方で楽しめるが、7月の梅雨明けころから天然遡上が釣れ出すシーズン。シーズン終盤にはそれら天然アユが大型化し、尺アユも狙える河川として昨今注目される。都心からのアクセスも良好だが、駐車スペース、オトリアユの入手、川へのアプローチは事前準備が必要

東京都多摩川（奥多摩川）。東京西部、山梨県境の奥多摩湖を水源とし、東京を横切り、神奈川県川崎市との間を流れる多摩川。アユ釣りが可能なのは概ね青梅市よりも上流部。天然遡上はないが、一定数の放流を行い、首都圏のアユ釣りファンに親しまれている

本流よりは支流の河川

東北から本州、北関東から中部、近畿、四国、九州と、我が国には多くの川が存在する。釣りをしない人でも知られる有名な川から、あまり馴染みのない川までさまざまだ。アユ釣り師はこの趣味にのめりこむほど、遠くの川まで平気で遠征する。近くよりも遠くの川に夢を求め、『もっと釣れるかもしれない！』という期待をもって出かけるのだ。しかし、ご自分の住まいからそう遠くない川、東京、大阪、名古屋、広島、福岡といった大都市圏であっても、アユ釣りで有名な川が意外にも近くに存在する。

これがないと友釣りは始まらない！

実戦 アユ友釣り オトリの入手

他の釣りでは活きのいい新鮮なエサが釣果を左右しやすい。オトリアユはエサではないが、他の釣り以上にその活性が釣果に多大な影響を与える。オトリの選別眼はとても重要となる。

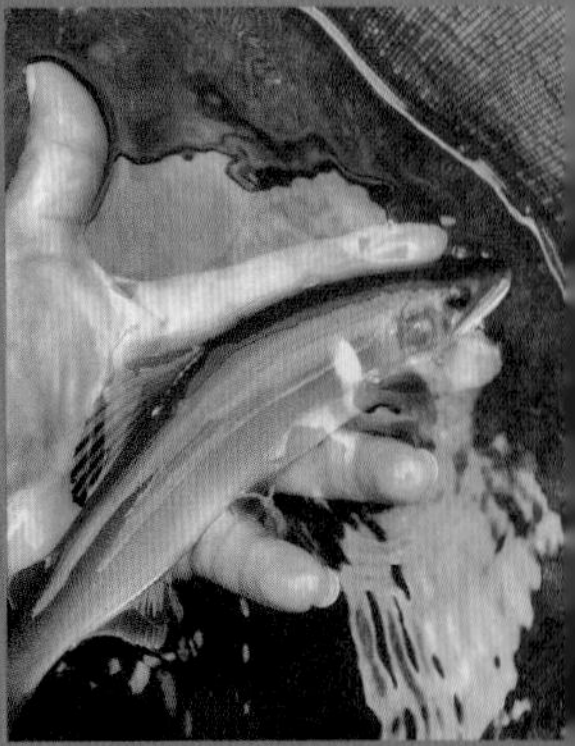

元気のよさだけでなく、サイズ選びも重要

アユの釣り場となる川の付近で『オトリアユ』を販売しているのがオトリ屋さん。アユの友釣りはオトリ屋さんでこのオトリアユを購入するところからスタートといってよいだろう。

購入するオトリの尾数は、上級者ならば基本的に2尾。しかし、友釣り初心者は3尾もしくは4尾購入しておいたほうが安全だ。最初の1尾を釣る前にオトリを弱らせてしまったり、根掛かりで失くすこともあるし、誤って逃がしてしまう……なんていうリスクがあるからだ。

オトリ選びはお店のスタッフお任せの場合もあるが、自分で選べるようなら、より元気のいいオトリを手に入れやすくなる。このとき大切なのが、いいオトリを選ぶことのできる目利きだ。いいオトリを選ぶポイントは3つある。自分でオトリを選ぶときは、3つのポイントは必ず知っておきたい大切な知識になる。

元気のあるなしだけでなく、大き

さにも気を配ろう。基本的には、その川で今釣れているサイズのアユと同程度のオトリを選ぶことになるが、狙うポイントによっても、大きめがよかったり、小さいほうが効率よかったりする場合がある。オトリ屋さんに聞けば、今釣れている平均サイズは教えてくれるはずなので、まずはそれを実戦して購入しよう。

オトリアユの金額は、場所によって若干の違いはあるものの、一般的には1尾500～600円。オトリを購入するときに、一緒に買っておきたいのが遊漁券（証）だ。これには年券と日釣り券がある。その川へ頻繁に通うようなら、シーズン初めに年券を買っておいたほうが断然お得。シーズン1～2回の釣行なら日釣り券がよい。遊漁証の購入は、アユ釣りのルールでもあるので、絶対にお忘れなく!!

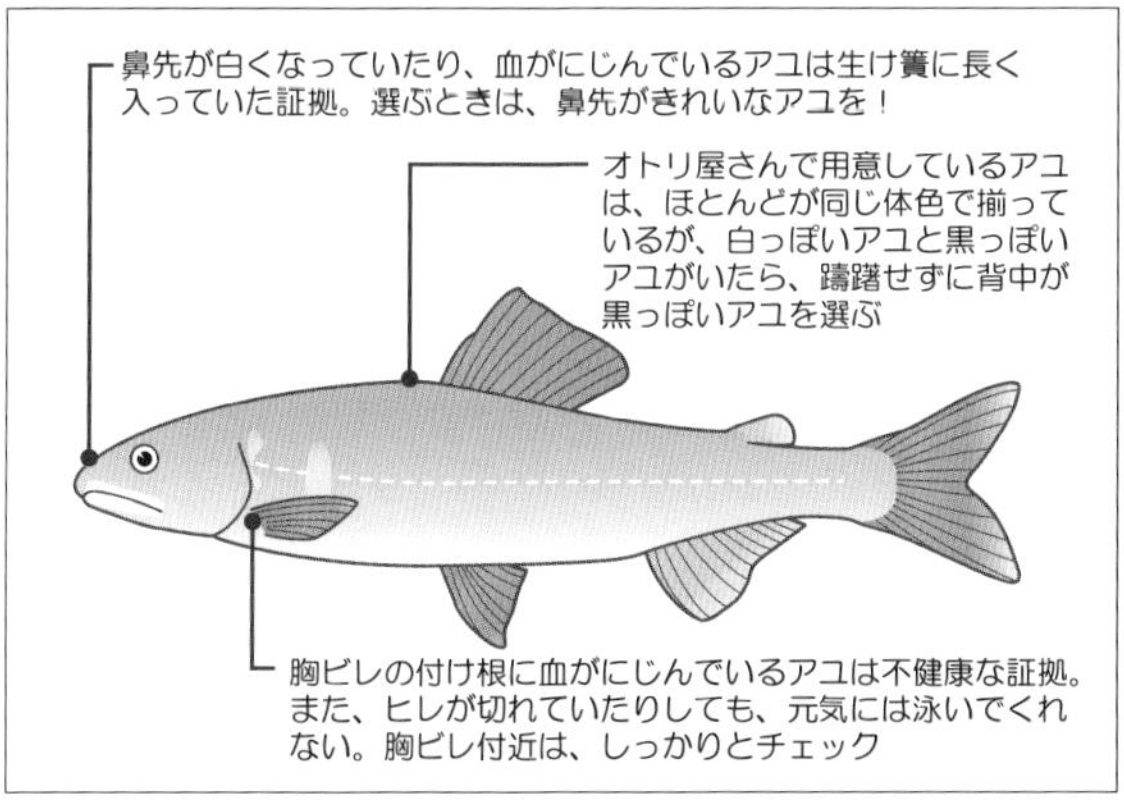
鼻先が白くなっていたり、血がにじんでいるアユは生け簀に長く入っていた証拠。選ぶときは、鼻先がきれいなアユを！
オトリ屋さんで用意しているアユは、ほとんどが同じ体色で揃っているが、白っぽいアユと黒っぽいアユがいたら、躊躇せずに背中が黒っぽいアユを選ぶ
胸ビレの付け根に血がにじんでいるアユは不健康な証拠。また、ヒレが切れていたりしても、元気には泳いでくれない。胸ビレ付近は、しっかりとチェック

オトリ屋さんから釣り場まで

エサならば、釣行前日に購入しておくこともできるが、友釣りの場合はそうはいかない。オトリを購入するオトリ屋さんはその日のうちに、しかも釣り場からなるべく近い場所で購入することが大切。

1　オトリ屋さんに到着
釣り場の近くのオトリ屋さんでオトリと入漁証を購入
2　オトリアユを選ぶ
自分で選ぶときは少しでも元気のいいオトリを選ぶ
3　オトリ缶にいれる
購入したオトリはダメージを与えないように素早くオトリ缶に移す
4　オトリ缶の水量はどれくらい？
容量が20ℓのオトリ缶ならその半分の10ℓほどの水を入れておく
5　釣り場までの移動時の注意点
オトリ缶に入れて5分以上移動するのならエアポンプが必要
6　釣り場に着いたオトリ缶を設置
川ヘリの流れが緩い場所に設置。オトリ缶が流されないように注意

お店のスタッフがオトリアユをいくつかタライに出してくれるので、その中から生きのよさそうなアユをチョイスしよう

竿を伸ばして仕掛けを装着

実戦　アユ友釣り

仕掛けのセット

オトリを購入したら釣り場に向かう。竿の先を『穂先』というが、この部分に仕掛けを接続しスルスルと竿を伸ばせばOKだ。仕掛けは回転式のスプールに巻かれているものを伸ばしていく。

繊細な穂先に注意！

アユ竿は高価な上非常に繊細にできている。最新の素材（カーボン）を用いて、釣り人にさまざまな情報を与えるために超高感度設計だ。その先端部分は『穂先』というが、この部分に仕掛けの先端を接続する。仕掛けのパーツとしては『天井糸』にあたる部分が、この穂先を接続できるように作られている。

穂先部分はこの部分が原因で糸が寄れたり、仕掛けそのものが絡まったりするのを防ぐため、クルクルと回転したり、絡み防止機能も備わっている。メーカー各社によって、この先端のクルクル機構は異なるが、慌てず正確に接続し、簡単に取れたり、肝心なときに外れたりしないように注意しよう。

竿を伸ばす前に穂先に仕掛けをセットし、その後スルスルと引き延ばせばセットしやすい。先に竿だけ伸ばして、後から先端に仕掛けを結ぼうとすると手間だし、竿を地面に置かなければならないため、順序を間違えないようにしたい。

通常は天井糸部分が折り返しとなっており、この部分を調節して竿の長さに合わせる。これを『手尻合わせ』というが、例えば8・5ｍの竿に合わせるならば、竿の先端から仕掛けの先が15〜30㎝ほど長くなるように調整する。手尻調整は長すぎても短すぎても、実際にアユがヒットして、取り込む場面でうまくいかなくなるので注意したい。

仕掛けがちょうどいい長さでセットできたら目印の調整を行う。おおよそ目の前のポイントの水深を見計らって、一番下にある目印がその水深と同じかやや深い（仕掛けの上方）位置にくるようにセット。目印は常に水中よりは上という感じが基本だが、好みに応じて調整したい。

仕掛けは通常、掛けバリがセットされていないので、ハナカンの先のサカバリの自動ハリス止め部分に、掛けバリハリスをセットしてＯＫだ。あとはオトリアユをハナカンに接続して完了となる。

回転式のスプールに仕掛けは巻いてある

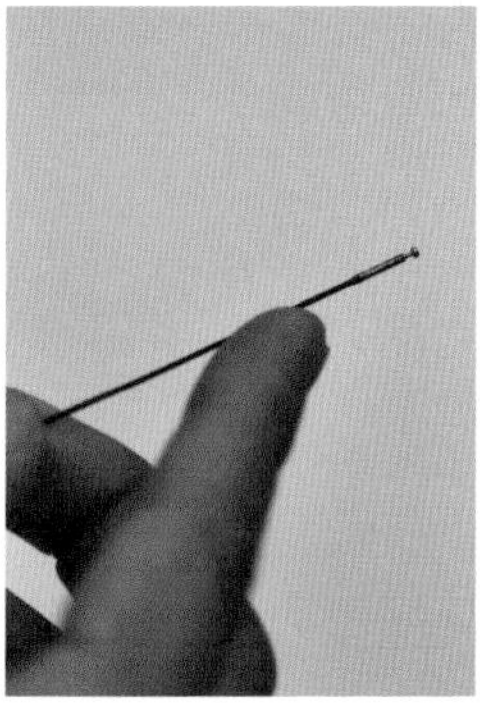
繊細な穂先に結ぶときは破損に気をつける

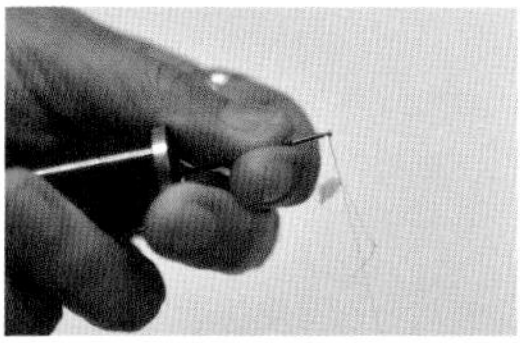
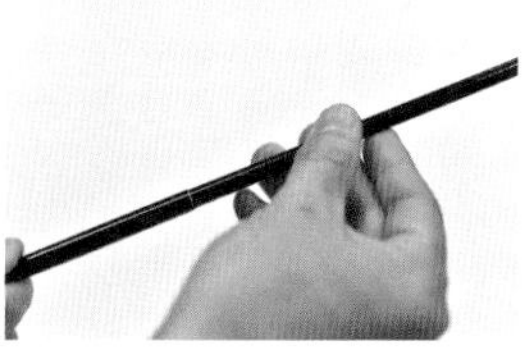
穂先に糸を結んだら竿を伸ばしていく

手尻合わせは現場よりも自宅で

仕掛けを竿にセットするのに、長さが全然あってないと釣りにならない。例えば自分の持っている竿が8.5m、9mであるなら、最初からその長さに調節されているモノを選んで接続する方が早い。フィールドにいってからその作業をするよりも、予め自宅やスペースのある屋内で竿を伸ばし、天井糸を調整し、8.5mの仕掛け、9mの仕掛けというふうに分けて目印をつけておくのが理想的だ。

竿と仕掛けを伸ばすとき、仕掛けのスプールはタモの中。こうすれば紛失し辛い

目印の間隔は？

通常、仕掛けの約4mほどある水中糸部分にオレンジやピンク、イエローといったカラフルな目印が4～5個ついている。一番下にくるのがハナカンから70㎝～1mだとして、そこから30～50㎝間隔で4～5個つけるのが一般的だ。実釣では竿立てたり寝かしたりするので、目印の高さは上下してしまうが、川に立ち込んで釣り人の目線の位置に概ね目印がくる高さが標準的。高すぎると見えないし、低くしすぎて水没してしまっても役に立たない。

目印は目線の高さに調整して均等の間隔で並べる

各部パーツを組む
基本と接続を確認

実戦　アユ友釣り

アユ友釣り仕掛け

アユ友釣りの基本仕掛けを確認しよう。また、各部パーツはそれに適した接続方法で繋がるので、それらも覚えてフィールドで素早く確実に行えるようにそなえよう。

仕掛けの4つのユニット

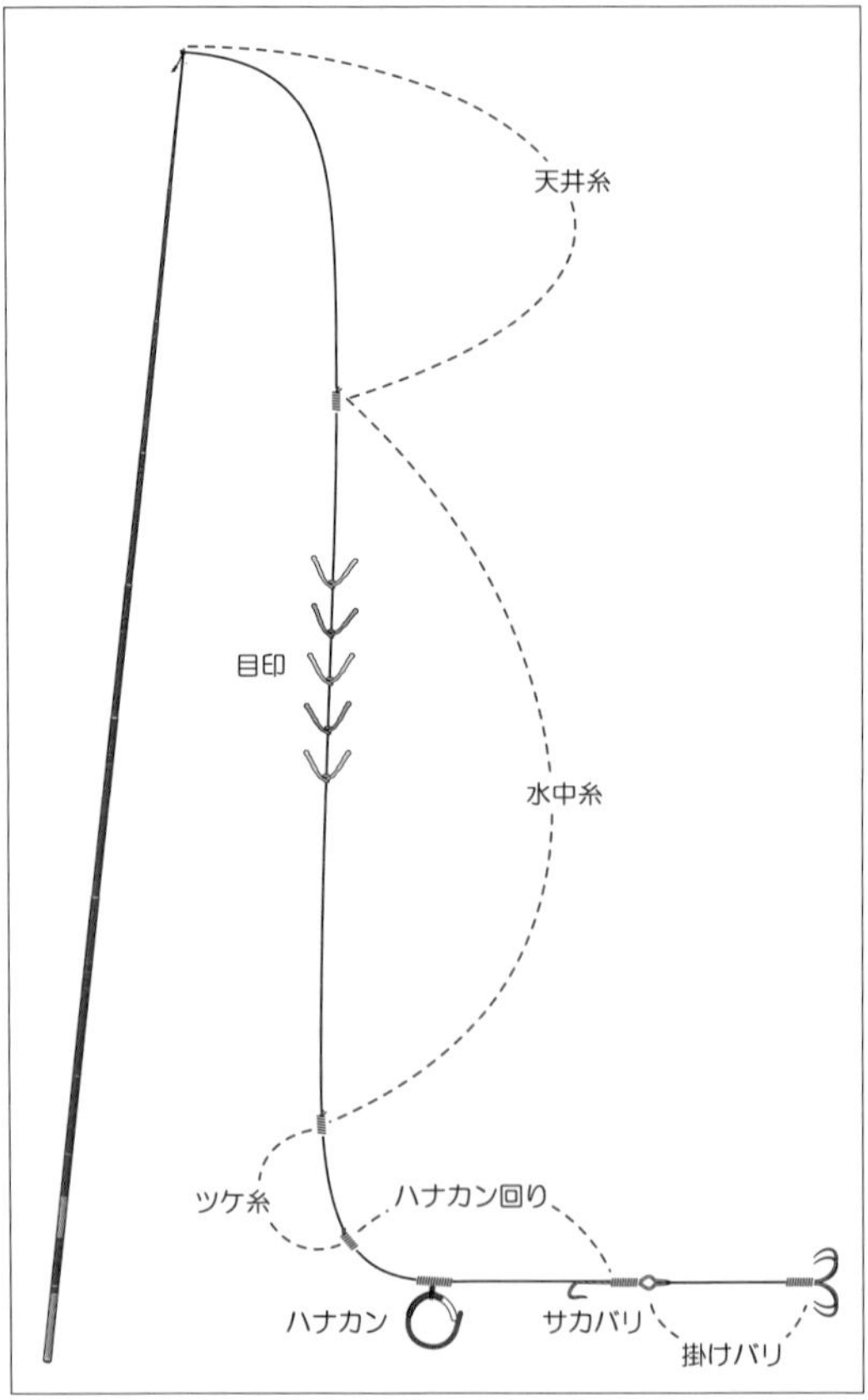

穂先部分の接続部

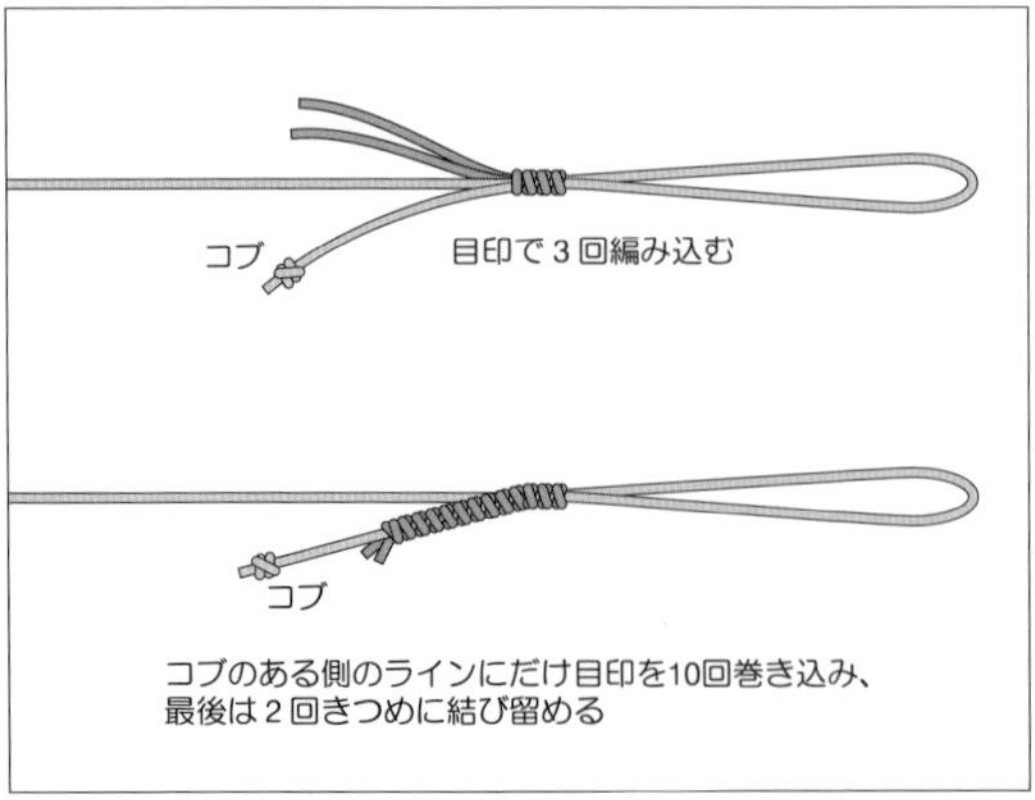

コブのある側のラインにだけ目印を10回巻き込み、最後は２回きつめに結び留める

仕掛けの基本システム

友釣りの仕掛けは、穂先から掛けバリまで1本の糸で構成されているわけではない。天井糸、水中糸、ハナカン回り、掛けバリの4つのユニットで1本の仕掛けとなる。どのユニットがいちばん重要というのはなく、それぞれの役割分担が異なるので、どれもが大切だ。さらにパーツごとに傷んだときは交換する。そのためにも各部の接続方法もしっかりマスターしよう。

遊動式天井糸

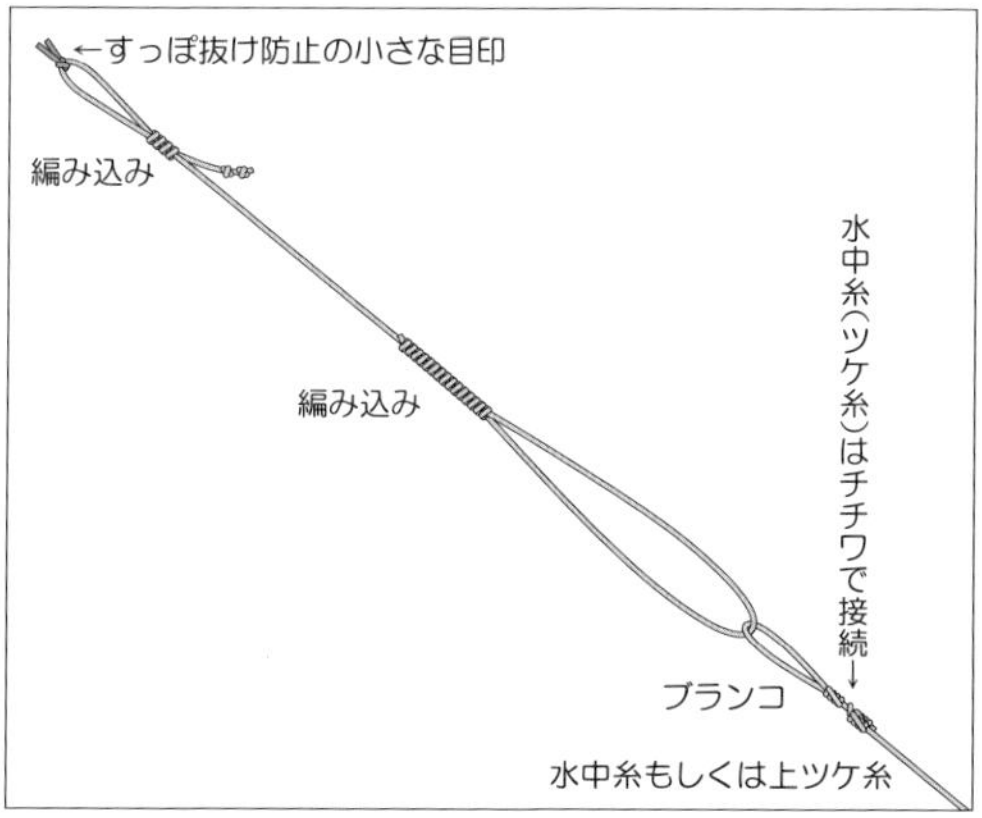
←すっぽ抜け防止の小さな目印
編み込み
編み込み
水中糸(ツケ糸)はチチワで接続↓
ブランコ
水中糸もしくは上ツケ糸

天井糸+水中糸+ハナカン回り

天井糸の先端が竿の穂先に結ばれるが、ここも簡単に接続できるようになっている。ただし、この部分も傷みやすいため、現場で修復ができるように覚えておきたい。次に天井糸と水中糸は接続パーツを介して結ぶのが非常に楽でオススメ。水中糸とハナカン回りは、本線に結びコブを作りチチワをくぐらせて接続する。

天井糸+水中糸の接続部

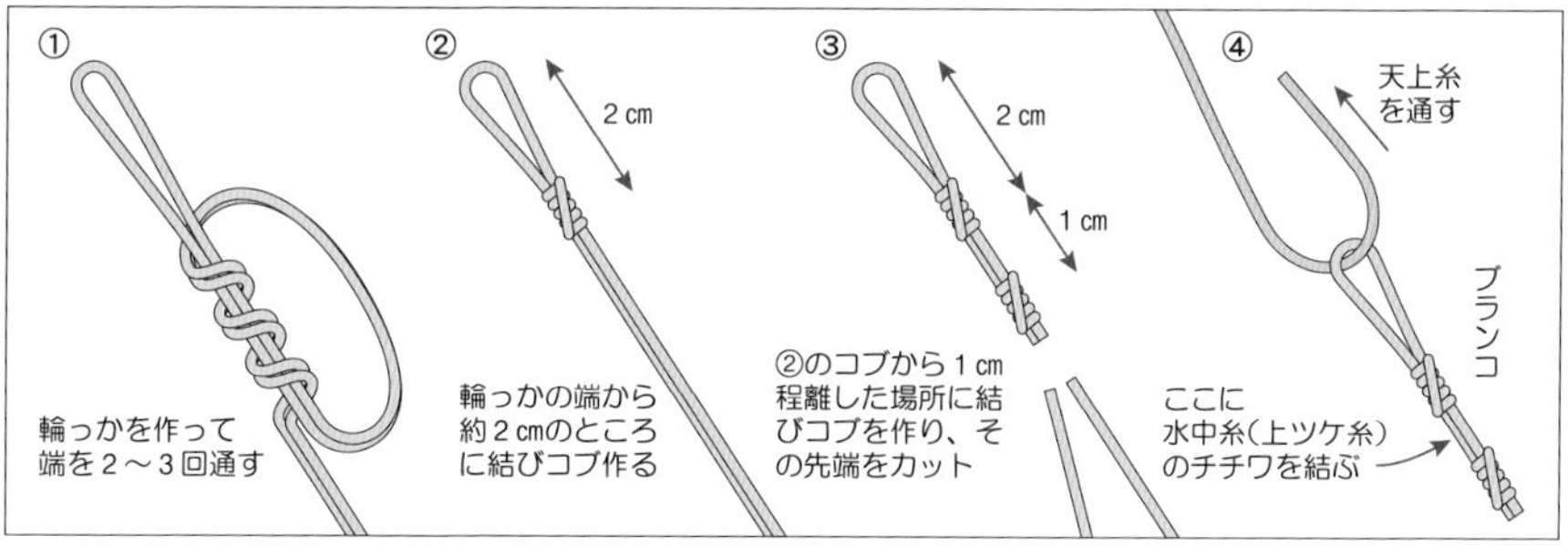
①
輪っかを作って端を2～3回通す
②
2 cm
輪っかの端から約2 cmのところに結びコブ作る
③
2 cm
1 cm
②のコブから1 cm程離した場所に結びコブを作り、その先端をカット
④
天上糸を通す
ブランコ
ここに水中糸(上ツケ糸)のチチワを結ぶ

水中糸とハナカン回りのチチワ接続

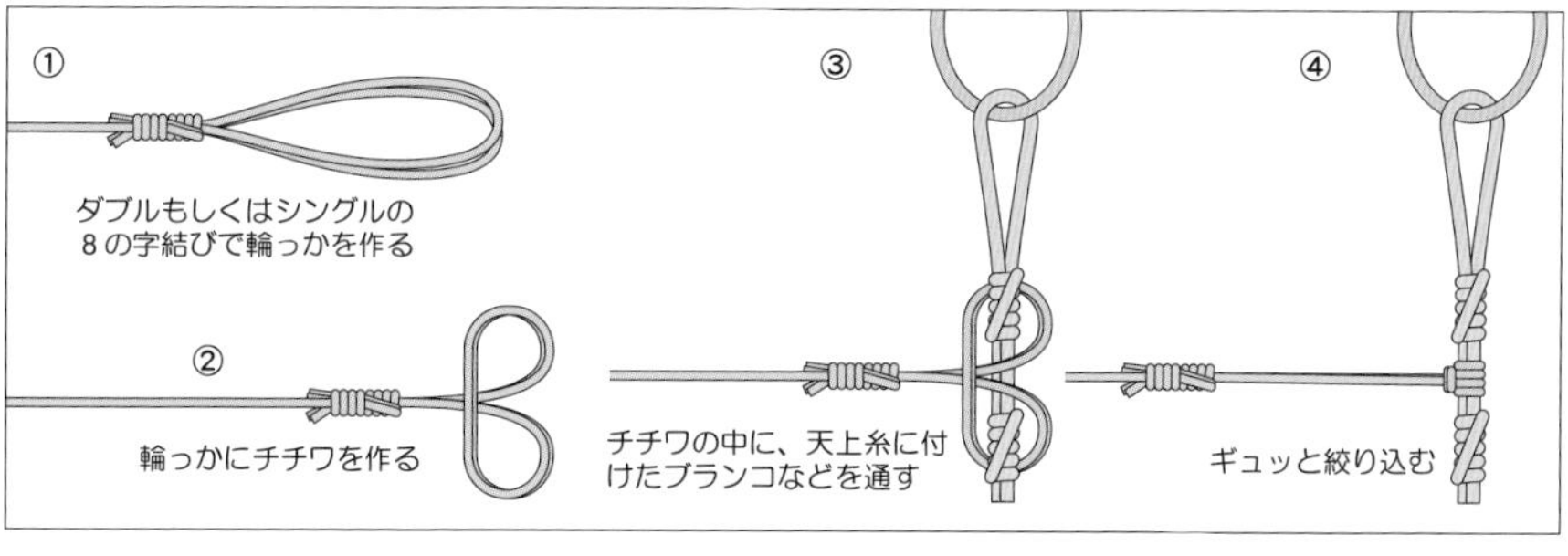
①
ダブルもしくはシングルの8の字結びで輪っかを作る
②
輪っかにチチワを作る
③
チチワの中に、天上糸に付けたブランコなどを通す
④
ギュッと絞り込む

仕掛けをセットしオトリを装着

実戦　アユ友釣り

オトリを扱う

釣り場に着いたら、いよいよオトリを仕掛けに装着して最後の準備を整える。慣れないと装着のときにオトリを弱らせてしまうおそれがあるので、慎重に優しく作業しよう。

ハナカンとサカバリの間隔に注意しよう

オトリ缶から引き舟にオトリを移したら、仕掛けを竿にセットする。天上糸を穂先に結び、1本ずつ竿を伸ばしていく。最初から竿をすべて伸ばして仕掛けをセットするのは、効率が悪い。

タモを体の前に固定し、その中に仕掛け巻きを入れて竿を伸ばしていくと作業がしやすくなる。そして、最後に掛けバリをセットする。竿は、それぞれの節をねじるようにして絞めて伸ばしていく。ここが緩いと釣りをしているときに、節が落ちてしまうことがあるので注意しよう。

さて、竿に仕掛けをセットしたら、いよいよオトリの装着である。引き舟に移したオトリを取り出し、タモの中に入れる。このとき、1尾だけでなくオトリ屋さんで購入したすべてのアユを入れ、オトリの様子をチェック。釣り場の状況によってオトリのサイズを選り分けるのだが、すべて同じサイズならば元気のいい方を先に使う。選んだオトリ以外は、再び引き船に移し、選んだそのアユにまずはハナカンをセットする。

オトリの持ち方には注意が必要。暴れるようなら親指でそっと目を隠し、中指と人差し指で体を支える感じ。ギュッと力を入れてアユを握ると弱ってしまうので優しく扱うのがコツ。また、アユを持つときは、手をしっかりと水で冷やしてから持つようにする。人間の手の体温でも、オトリアユ弱らせてしまうケースがあるので注意しよう。

オトリを優しく持ったら、ハナカンを通す。このときの作業をタモの中で行うと逃がす心配を軽減できる。無事にハナカンを通せれば、タモから出して泳がせても大丈夫。アユの友釣りでは、ハナカンをスムースに通せるようになれば一人前と昔から言われるので、ぜひこの作業は練習して慣れておこう。

ハナカンの次はサカバリの装着だ。移動式ハナカンの位置を調整する。ハナカンをつけた状態で、サカバリが尾ビレの付け根付近に来る幅にする。そして、サカバリを尻ビレの尾ビレ寄りに刺す。この間隔が長いと糸が弛んで尾ビレに絡むことがあるし、短すぎてもオトリの動きを悪くする。程よい遊びがある程度が、理想の長さだ。

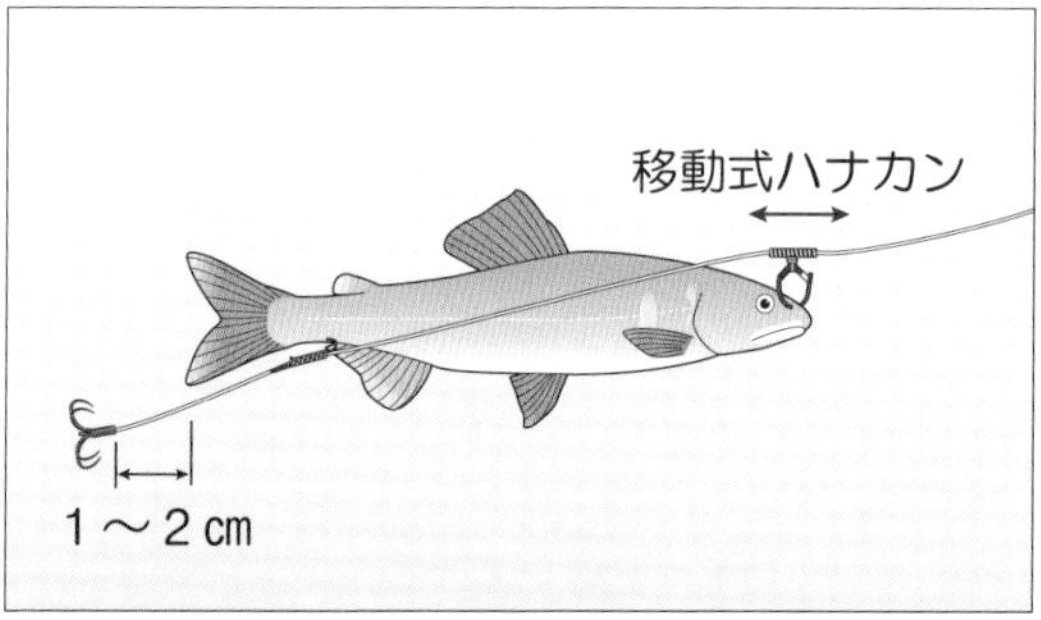

オトリの装着手順

①アユの持ち方

ハナカンを装着するときオトリアユの持ち方。暴れるようならば、親指で優しく目を隠す。暴れなければ、隠さなくてもよい。下側は人差し指と中指で優しく支えるようにして持つ。

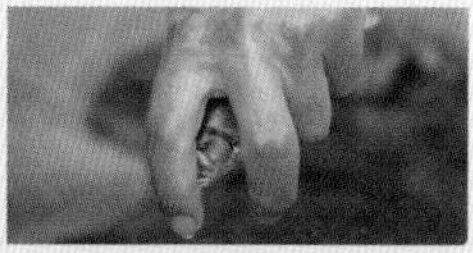

②オトリを弱らせたり、逃げられないように

オトリを優しく持ってハナカンを刺す（通す）。このとき、大事なオトリを逃がしてしまうことが多い。慣れないうちはタモの中で作業するとよい。

③皮一枚でサカバリを刺す『皮打ち』

サカバリを刺す。尻ビレの後ろ側1～2㎜の場所に、ハリ先を抜かないようにして刺す。ハナカンとサカバリの幅に注意を払う。長すぎても短すぎても釣果に影響を及ぼす。

オトリを逃がさないように注意を払う

オトリを入れたオトリ缶は、ヘチの流れの緩いところに設置。そこで、オトリ缶から引き船へオトリを移し替えるのだが、このとき、オトリ缶の蓋を開けた瞬間にアユが飛び出したり、手で持って移すときに落としてしまったり、といった失敗が意外と多い。オトリが命の友釣りで、いきなりオトリが逃げてしまっては釣りにならない。オトリ缶から引き船への移し替えのときは、細心の注意を払って作業しよう。

オトリ缶の中に入れておく水の量もキーになる。多すぎると逃げ出してしまう原因にもなるので、半分ぐらいが適量

最初の1尾を釣るまで　オトリは友釣りの生命線

実戦　アユ友釣り

オトリを元気にキープ

シーズンのアユ友釣りの川には「オトリアユ（囮鮎）」と書かれた赤いのぼりを目にする。これがオトリ店の目印。まずは購入したアユでスタートするが、弱ってしまわないように扱うのが重要だ。

『種鮎』と書かれたオトリ店もある

オトリ缶を活用する

標準的なオトリアユの値段は１尾500～600円、３～５尾のセット販売で2000円などと言うケースもある。オトリアユを購入したら、オトリ缶に移して釣り場まで運ぶが、そのとき水の量は２尾なら３分の１以上、４尾で半分以上は入れておこう。通常サイズのオトリ缶に、水を満タンにすると重くて持ち運びに不便だが、オトリアユを弱らせないためには、なるべく十分な量の水をオトリ缶に入れておきたい。

オトリアユを弱らせないために

せっかく元気でコンディションのよいオトリアユを購入したのに、釣りが始まる前にそれを弱らせてしまうことがないように注意したい。オトリ店のイケスの水は、地下水や井戸水であるケースが多く、水温は低めに設定されていることが多い。実際の川の水は、夏場などは特にそうだが、オトリ店の水よりも高いことが多い。

購入したオトリアユを、ダイレクトに川の水に浸けると、急激な温度変化で弱ってしまうことがある。最悪の場合はオトリアユが死んでしまうケースもあるので、十分注意し、いわゆる「水合わせ」という方法を使い、川の水の水温に慣らしてやる必要がある。ようするに、水槽で熱帯魚や金魚を飼うときと同じ要領で、オトリ缶に手ですくった川の水を少しずつ入れて行き、少しずつ慣らしていけばよい。

オトリ缶の水を減らすと、そこからアユを捕まえやすい

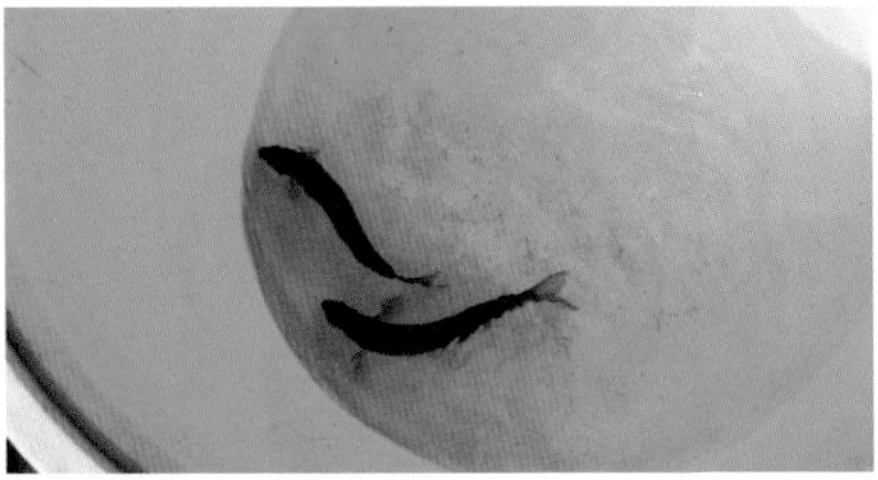
エキスパートはオトリ２尾でスタート！

釣り場にオトリ缶を設置

　オトリ缶の設置は、流れが速すぎると流されてしまうことがあり、流れがないと酸欠でアユが弱ってしまうことがある。そのため、オトリ缶の中の水が適度に循環する程度の緩やかな流れの浅い場所が適している。浅いと言っても、オトリ缶がすべて水の中に浸かるようにしておく必要がある。

　オトリ缶の中のアユを引き舟に移し替えるとき、オトリアユのロストには十分注意しよう。鬼門はオトリ缶の開閉時と引き舟への取り分け時だ。特に取り分ける際はオトリ缶からアユを取り出す必要があるので、逃がさないように注意！　うっかり落としてしまったら、また捕まえることなどまずできない。オトリが命の友釣りにおいて、釣りを始める前にオトリを逃がしてしまったら、そこでゲームオーバー、笑い話にもならない。

オトリ缶の中のアユが弱らないようにエアポンプを稼働させる

車で移動の際、オトリ缶で車内が濡れないように注意しよう。防水トレイがあれば万全だ

オトリ缶は、中の水が常に循環するような緩い流れのある場所に設置する

オトリ缶が流されないように注意！

オトリ缶から引き船にアユを移すのは陸地がよい

引き船でオトリを川に運ぶときにも「水ならし」は必要

オトリ缶設置で、流失対策は万全に！

　オトリ缶の周りに石を置き、さらに大きな石を乗せておけば流される心配はない。上流にダムなどがあり、放水があったりすると急な増水もあり得る。その際、オトリ缶の上に乗せた石が落ちてしまうこともあるので、オトリ缶の流出対策は万全にしておこう。

覚えておきたい川の部分名称

実戦　アユ友釣り

川の構成は？

流れの速い『瀬』が、友釣りの舞台。流れが速くて溶存酸素量が豊富なため、新鮮なコケが生える。そのため、縄張り意識の強いアユがたくさんいて、友釣りが成立するのだ。

地域で『瀬』の呼び方は異なる

川全体をじっくりと眺めてみる。水の流れの速さが一定でないことが、よくわかるはずだ。緩い場所もあれば急流の場所もある。この流れの速い場所を『瀬』といい、緩やかで水深のある場所を『淵』という。

そしてこの瀬が、友釣りの中心的な舞台になる。そのため瀬の中にある、もしくはその周辺にある部分名称は、しっかりと覚えておきたい。まずは瀬肩と瀬尻。淵から瀬に変わる部分を瀬肩と言い、逆に瀬から淵に変わる場所が瀬尻。

瀬の流れの中心部は流心。その両岸の水際はヘチと言う。ヘチと流心の間にも名称がある。ここはヨレ。ヨレは流れの変化が起きやすい場所で、アユがつきやすい有望なポイントとなることが多い。瀬肩、瀬尻、そして流心、ヘチ、ヨレ。この名称だけは必ず頭に入れておきたい。

さて、瀬が友釣りの舞台とは前述したが、そうなるのにはきちんとした理由がある。流れの緩い場所は酸素の供給量が少なく、瀬のような流れの速い場所は酸素の供給量が多くなる。酸素の供給量はコケの生育に大きな影響を与え、言うまでもなく多いほうがいいコケがつきやすくなる。よいコケがつけば、アユのナワバリ意識が強くなり、友釣りに必要な条件が揃うわけである。流れの緩い淵では、いいコケを育む酸素量が少なく、ナワバリ意識の強いアユは、その場所に着かなくなる。

瀬と言っても、その状況・状態はいろいろある。それによって平瀬、ダンダン瀬、ザラ瀬、トロ場など、いろいろな呼び方がなされる。当然、状況が変われば釣り方、狙い方も変わってくる。それについては、後ほどくわしく解説しよう。

瀬の状態によって呼び名が変わるわけだが、何センチ以上の水深でどれぐらいの速さの水流だと平瀬、といった定義付けされているわけではない。Aという川では平瀬だが、Bという川に行けばそれを早瀬と呼ぶ場合もある。釣り人や地域によって、それぞれの呼び方が異なってくることも、あわせて覚えておこう。

石の周りも複雑な流れが発生しやすくポイントになる

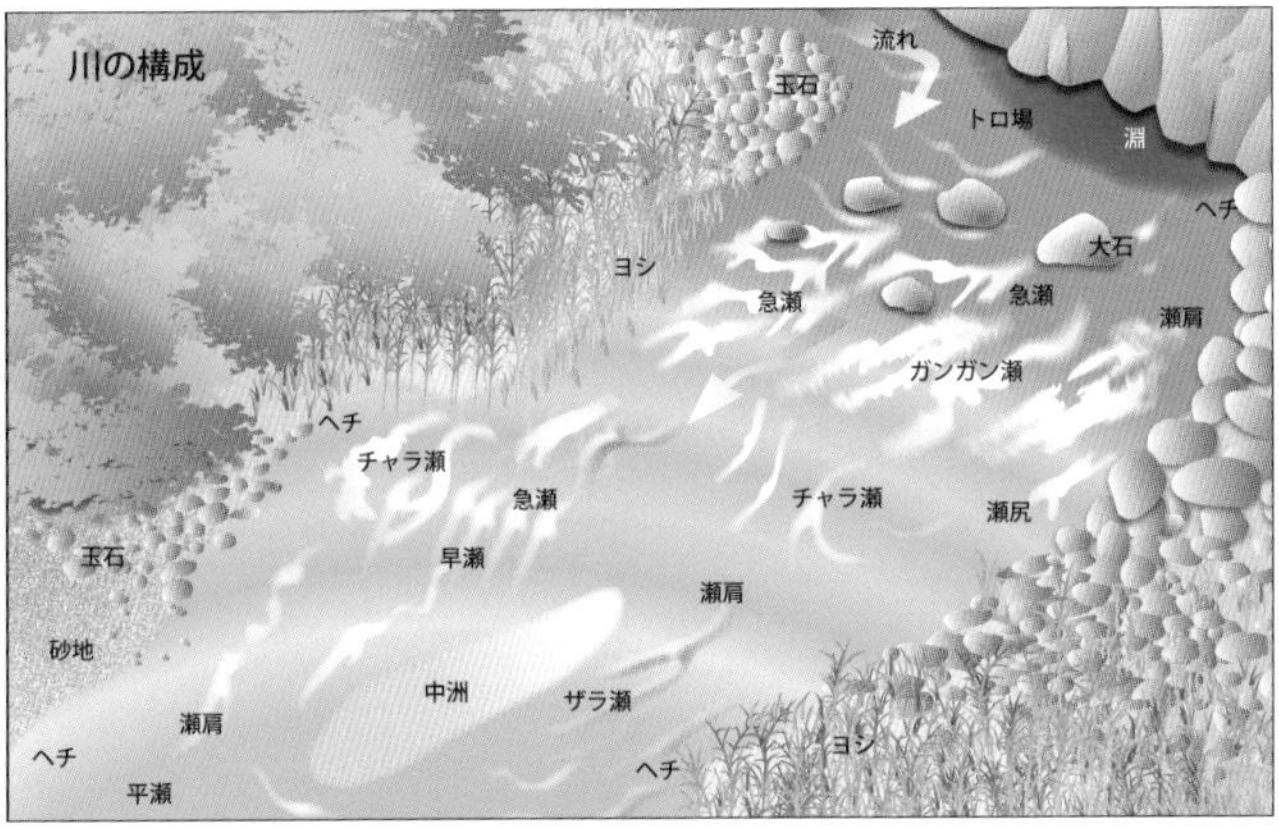

多くの釣り人が竿を出す人気ポイント。でも、意外と手つかずの場所があったりもする。見つけられればアユを掛ける確率も上がる

ダンダン瀬。急流で攻めるのには難しいポイント。しかし、難しくあまり釣り人が入らないため竿抜けになりやすい

竿抜けを探してみよう

友釣りの用語のひとつに『竿抜け』という言葉がある。他の釣り人がオトリを通してないポイントのことで、縄張り意識の強いアユが残っている確率がきわめて高く、そこを攻めれば比較的簡単にアユが掛けられる。いわば釣り残したポイントなのだが、川には竿抜けのポイントが意外と多くある。例えば、対岸のヘチ際で水面に波が立っているなどの変化のある場所。竿抜けしやすいポイントを覚えておくだけで、釣果の上乗せに繋がるのだ。

ハミアトを見つけ
川の状況を読む

実戦　アユ友釣り

川見の方法

川に新鮮なコケが繁茂している状況は期待できる。逆に腐ったコケがへばりついた黒い石ばかりの川、あるいは大水でコケが洗い流されている川は期待が薄い。それらを観察するのが『川見』だ。

コケは大水で流されても一週間程度で再生する

『川見』と言う、他の釣りではまず聞かない友釣りならではの独特な確認方法がある。

アユは、石に付いたコケを食べている。ちなみに、このアユが食べているコケを、石アカなどとも呼ぶ。そのコケを食べた跡を『ハミアト』と言い、その状態はわりと容易く視認することができる。このハミアトの有無や状態を確認することで、その釣り場の魚影の濃さや好ポイントの是非を判別することができる。これが川見。

川見の方法は、橋の上などの高い場所から川を俯瞰して観察する。そこから、アユそのもの魚体を探すのではなく、川底に点在している石に付いたコケやハミアトを観察するわけである。ハミアトの付き方によって、その日の状態やポイントを予測していくわけだ。

ハミアトを見つけて観察するだけなのだが、どんな石のツヤやハミアトがいいのかの判別をするには、経験がものを言う。ハミアトが小さいと小型のアユ。大きくて太いと大型のアユが掛かりやすい、といった具合に予測が建てられるわけだ。

コケについて、もう少し解説したい。コケは川に沈む石に付着する藻類の総称で藍藻、緑藻、珪藻などである。これらの藻は、短期間で成長し、成長が止まると腐り始める。腐ったコケは黒ずんで見える。アユたちが好むのは新鮮なコケであり、腐ったコケが付着した黒ずんだ石ばかりの場所は好ポイントとは言い難い。逆に新鮮な藻がある石には縄張り意識の強いアユが付いている確率は非常に高くなる。

川が増水すると石に付いたコケは流されてしまう。しかし、その後に日照りが続くと再びコケは繁殖し、アユたちのお腹を満たしてくれるようになる。コケが流されてから繁殖するまで、川や季節によって違いはあるが、おおよそ1週間程度である。流されて再びコケが付いたとき『川ができあがった』という言い方をすることもある。

川見を終えていざ川へ!! 予測通りの結果が出るのか？ ドキドキワクワクのスタート時

石に付いたハミアト。黒く細長く削れたような形の跡がそれ。アユがコケを食べた跡である

流れの強い場所でもいいコケが付く。その証拠に、ナワバリ意識の強いアユが掛かってきてくれる

川見のための必須グッズ

川の中の様子を観察するのに必須の道具が偏光グラス。特殊な偏光フィルターを備えたレンズにより、水面からの乱反射を抑えて、水中が見やすくなる。もちろんこれを掛けていれば石に付いたコケの状態、ハミアトの有無もしっかりと視認することができる。強い陽射しの紫外線から目を保護するだけでなく、川見をするうえでも必須なのが偏光グラスである。

長時間かけている偏光グラス。選ぶときはデザインだけでなく、顔へのフィット感などもしっかりチェック

ナワバリを持たない群れアユ狙い

実戦 アユ友釣り

初期の釣り

地域にもよるが、解禁から7月初旬ごろまでが初期シーズン。アユのナワバリ意識は弱く、また川もコケが繁茂した状態ではない。流れの弱いポイントで群れアユを狙ったり、放流河川では先に生育した個体を狙うシーズンだ。

群れやすく、緩い流れをじっくりと攻めていく

汽水域で稚魚期を過ごしたアユは桜の開花の頃、海と汽水域との水温がほぼ横並びになるとそこを離れ、川を遡上していく。このときの体長は5～8㎝である。遡上している幼魚は動物性プランクトンを捕食し、まだ、コケへの関心はほとんど出ていない。コケを食みだすのは遡上して季節が進んできてからである。

汽水域から遡上を開始した同じころ、中流から上流域にかけて放流が行われるようになる。遡上する天然のアユだけでは、中上流域のアユは薄く、解禁後しばらくはその流域は釣りにならない。そのため、中上流域に放流するわけだ。

遡上してきたアユも放流されたアユも、ひと段落して落ち着いてきた5～6月、体長が15～18㎝までに育ったころ、全国の各河川で友釣りの解禁を迎えるようになる。

このころの川の様子は、と言うと……⁉ 全体的に白っぽく、コケがあまり付いていない状況で、川がまだできあがっていないが、アユたちはそろそろコケを食みだす。ただし、アユはナワバリ意識をほとんど持っていない。ナワバリを持ちにくいアユたちは、群れやすい状態にある。特に人工産の放流アユほど、この傾向は強い。強いナワバリ意識を持つようになるのは梅雨明けの頃になる。

シーズンの初期に当たるのが、解

禁からナワバリを持つアユがまだ少ない梅雨明けの7月頃まで。初期の特徴は、前述したように群れやすい傾向にある。その群れは比較的大きな石の裏側にできやすい。

攻め方としては、緩い流れの場所を狙っていく。泳がせ釣りで泳がせては止める、と言った誘いを繰り返し、じっくりと攻めていく。

確かに少々難しいシーズンではあるものの、解禁時期ならではのテクニカルで繊細な攻略が可能なエキスパートは、しっかり釣果を出している。さらにアユ友釣りの解禁日は『お祭り』要素も高く、待ちわびたアユ釣り師を楽しませてくれる。

群れ場所を探し当てたらじっくり狙ってみよう

解禁初期は場所ムラも激しい

待ちに待ったアユ友釣り解禁日！　多くのアユ釣りファンが河川に押し寄せるが、皆が皆、待ちわびた解禁日を存分に楽しめるワケでもない。実際に群れアユを狙う……というセオリーは分かっていても、放流の河川では放流のアユがあまり動かず、場所場所に固まって存在するケースがほとんど。いい場所に入れた釣り師がいい思いをするというのが解禁直後のパターン。川を歩いてたまっている場所を見つけたらチャンスだ。

小河川の木々の生い茂ったポイントは釣り人に敬遠されやすく、穴場となっているケースも多い

解禁日、ポイントを足で探って釣果を得る

友釣りが一番楽しい季節

実戦 アユ友釣り 中期の釣り

友釣りのハイシーズン。どんなポイントでもよく釣れて、しかもサイズは良型揃い。友釣りに入門するのにも、この時期が最適だ。盛期の夏は、時間が許す限り川へ足を運びたい。

流れの強い瀬のポイントで、強烈な引きのアユに出会える

良型に備えてハリと仕掛けの準備は万全に!!

梅雨が明けた7月から8月の真夏がシーズン中期となり、友釣りの盛期を迎える。

梅雨時の増水や日照不足で、コケがいったん流される。そして梅雨が明けて水位も落ち着き、強い陽射しが戻ってくるとコケが川いっぱいに繁茂するようになる。アユたちもナワバリを持つようになり、そこに入ってきた他のアユを激しく追い立てる。川もアユもできあがった状態になるのが、夏のこのシーズンなのだ。

掛かるアユのサイズは大きい。ほとんどが20㎝を超える良型になる。ここで注意していただきたいのが、掛けバリのサイズと仕掛けの太さだ。掛かるアユのサイズに合わせて、掛けバリは最低でも7号、糸についても初期で使っている仕掛けよりワンランク太い糸を使用し、それぞれの結節部分もいつも以上に丁寧に結んでおかなくてはいけない。せっかく大型のアユが掛かったのに、『仕掛けが高切れしました』、『ハリ掛かりが不十分でした』でバラしてしまっては悔やみきれない。

大型アユの期待も大きいが、ポイントによっては数釣りもできる。平瀬やチャラ瀬では、数釣りが存分に楽しめる。中期は、川の多くの場所でアユが狙えるのだ。

強い陽射しで、次から次へと新鮮なコケが生えてくる。アユのナワバリ意識も強くなり、オトリへの威嚇も激しくなるが、狙いどころを誤るといくら盛期とはいえども、釣果は頭打ちになってしまう。石に対して水が当たる表側が8、裏側が2の割合でアユが付く。表側を集中的に攻めてみて、裏はフォローとして釣っていけば、釣果もアップするはずだ。

夏場で心配になるのが、ゲリラ豪雨や台風などで川が一気に増水すること。そうなるとコケは一気に流され、盛況はしばらく鳴りを潜めてしまう。増水から回復するのを待たなくてはいけない。よく釣れる中期とはいえ、油断は禁物。釣り場情報を事前に確認してから、釣行に赴きたい。

アユの成長スピードはどれくらい？

盛期になれば良型がよく釣れ、平均サイズは20㎝を超えてくる。5～6月、遡上して解禁を迎えたころのアユは15～18㎝。それから盛期までの2カ月足らずで5㎝以上も大きくなる。その成長のスピードは10日で1㎝とも言われている。しかし、東北や信越、北海道など寒い地方になると10日で1㎝以上のスピードで成長するようである。適水温の期間が短い北国のアユたちは、短時間で大きく成長していく。

数釣りが最も期待できるシーズン。レベルアップを目指そう

梅雨明けから一気に活性高まる

アユの河川といえど、九州から東北までかなりのタイムラグはあるし、関東を基準にすれば梅雨明けは7月半ば過ぎ、関西や九州ならそれより2週間早まる。東北や日本海側の北の方はそもそもアユの解禁が7月に入ってからというケースもある。いずれにせよアユ友釣りの本格シーズンはこの中期の釣りだ。このタイミングに多く釣行計画し、数を釣ってレベルアップしたい。

炎天下の釣り、熱中症には注意

解禁のころと比較してサイズもパワーも十分で顔も綻ぶ

実戦 アユ友釣り
終盤の釣り

川によって、下流に下る時期や産卵を意識しだすタイミングは異なる。それゆえ、終盤を攻略するためのセオリーもさまざま。これが少々厄介ではあるが、難しいわけではない。

9月後半、川の下流域の太い流れに大アユを狙う

警戒心が強くなる秋のアユ。立ち込みは慎重に!!

9月に入って残暑も落ち着いてくると、そろそろ夏のハイシーズンも終了し終盤に入ってくる。しかし、終盤の釣りと言うのが少々厄介だ。川によって、また、シーズンによってアユたちの行動パターンが異なってくるからである。

一般論として説明すると、9月下旬になると下流に向かって下がり始める。その流域にいたアユたちが、一斉に下がるわけではない。いくつかの群れを形成し、群れごとに下流を目指していく。下流に下っても、すぐに産卵の準備に入るわけではないが、この時期に抱卵している気の早いアユもチラホラといる。

下流に下っていったアユたちは、トロ場に群れて集まり始める。秋のポイントとしては、トロ場からの瀬肩や瀬落ちが狙い目となる。また、流れの緩いザラ瀬なども好ポイントになりうる。群れを成してはいるが、石付きで追気のあるアユも少なくはない。石があってハミアトがあるのなら、それを見落とす手はない。石付きのアユが抱卵している場合は、石の上層に付いていることが多い。オトリを止めにくい場所ではあるが、うまくそこへ誘導できると掛かる確率はぐんと高くなる。

場所ムラが激しくなるのも秋の特徴。前日よく掛かったからと言ってその翌日、同じポイントがよいと言う保証はない。情報に惑わされず、自分の目で確認しながらポイントを絞り込んでいったほうがよいだろう。

ポイント選びもさることながら、この時期に注意してほしいのがアユの警戒心。抱卵しているアユの数もだいぶ多くなり、警戒心が非常に強くなっている。不用意に立ち込んだり、水面に影を落とすのはくれぐれも避けたい。秋は『砂地に立って石を釣る』とも言われるほどだ。

オトリは元気なアユを使うに限るが、終盤も晩秋のころには、それにプラスしてメスのアユをなるべく使うことをオススメしたい。理由は、婚姻色が出ていないメスのほうがいいなど諸説ある。しかし、確固たる理由は分からない。ただ、実績を見る限り、メスのほうがよく釣れるということは確かなのだ。

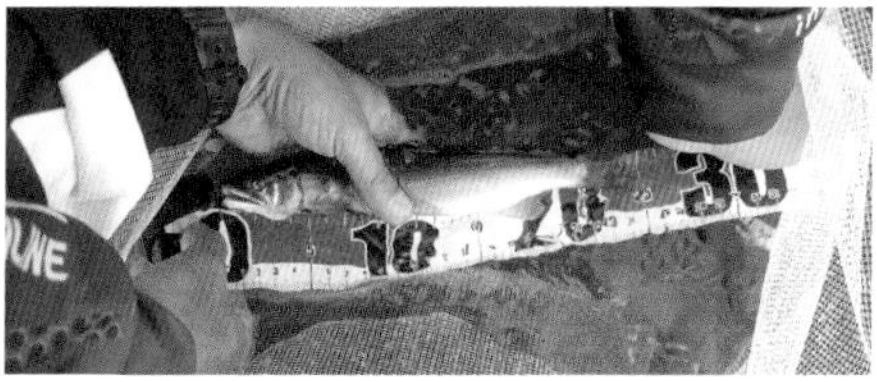

良型がよく釣れるシーズンだがなかなか尺モノは出ない

10月に入ってもやる気満々の個体も

地域にもよるが、まだまだ水温が下がらず、産卵を意識せずにナワバリ意識の高い個体が秋口になってもいる。また、そもそも大型アユの多い河川では、盛期ほど数は出ないものの、そういった大物アユが潜んでおり、それらは非常にアグレッシブで攻撃的だ。9月後半から10月いっぱい、全ての河川で友釣りが可能なわけではないが、大アユ狙いの河川に出向くのも夢がある。

大アユで有名な河川が全国に多数ある

秋の大型の数釣りも可能だ

婚姻色もで始めた終盤のアユ

朝、昼、夕方
時間帯による釣れ方の差

実戦　アユ友釣り

時間別攻略

アユ友釣りは、日の当たる時間から夕方までがチャンスタイム。今回は朝、日中、夕方と3つの時間帯に区切り、それぞれの傾向を解説していく。

アユ友釣りに関しては、日が当たる時間から夕方前までがチャンスタイム

朝は浅く、日が当たるポイントからスタート

一日の釣行のうちで、時間別に釣り方を変えていく必要はあるのか? と言うと、それほど神経質にならずともよい。日照の関係で元気のいいアユの付き場が少し変わることはあるものの、同じポイントで朝は入れ掛かりになるが日中は全く反応がなくなる、と言った極端な変化は出ない。朝、日中、夕方と3つの時間帯に区切った場合、それぞれの傾向について少々解説しておこう。

朝はまだ水温が上昇する前であり、できるだけ日の当たるポイントを攻めたほうがよい。ポイントとしては、朝は瀬肩周辺のザラ瀬や平瀬からスタートしたい。また、いきなり流芯を攻めるのではなく、その手前の筋を丁寧に探っていく。初心者の場合、釣りやすい平瀬から入り、そこで3～4尾確保しておけば、その後の展開は楽になるはず。

日中は、少し水深のあるところに入るのがよい。日が傾いてきて日中よりも照度が落ちてきたころから、再びチャラ瀬や平瀬、トロ場などの浅い場所を狙ってみよう。

朝 **初心者はこの時間帯が大切**

水温が上がっていないので日の当たるポイントで、なおかつ水深が比較的浅い場所からスタートしたい

日中 **陽射しを好むが、狙いは深いところ**

水深のある場所を中心に攻める。陽射しを嫌うわけではなく、明るいと警戒して深い場所に行きがちになる

夕方 **朝と同様、少し浅めのポイントを狙う**

日が傾き、日照がだいぶ落ちてきたら浅い場所を攻めてみる。一日の最後は、浅い場所でその日の釣果を底上げする!?

日中は流れの複雑でいかにも！　という１級ポイントを狙う

日が傾き、やや暗くなってきたら浅いポイントが有望

朝は流れの強いところと弱い部分の分岐点くらいからはじめる

アユは夜どうしてる？

基本的に日没以降は友釣りは終了する。シーズンにもよるが、アユは夜になると寝場に戻るとされ、ナワバリを意識する石や背のポイントから離れるとされている。友釣りではなく、コロガシ釣りとなると、８月後半や９月解禁というケースが多いが、伝統的に夜釣りのアユコロガシ釣りが人気の河川もある。

大河川、太い流れは安全にも考慮する

安全第一で楽しむ

水難事故だけでなく雷にも注意を払う

友釣りを心底楽しむためにも、安全はしっかりと担保しておきたい。水に立ち込むということは、同時にリスクも生じる。立ち込んで釣りをする経験の浅い初心者ほど、安全第一で友釣りを楽しんでほしい。無理な深さまで立ち込まない。また、ダンダン瀬のような流れが速く、川底の凹凸が激しい場所にも無理に入り込まないなど、とにかく無理は禁物である。

また、水難事故だけでなく、落雷にも気を付けてほしい。雷鳴が聞こえたらすぐに川原から撤退し、安全な場所へ避難する。釣果は大事だが、それ以上に安全が大切なのだ。

どんな種類があるの？

アユの友釣りバリエーションは？

基本となる釣り方を言葉で言うと、泳がせ釣りと引き釣りということになる。まずはこの２者の違いを理解し、どういった状況で使い分けるのか？　それを確認しよう。この2つの組み合わせ技もあるほか、条件に応じて釣り方を使い分けるケースもある。好き、嫌いではなく、どちらもポイントに応じて対応できるようにしよう！

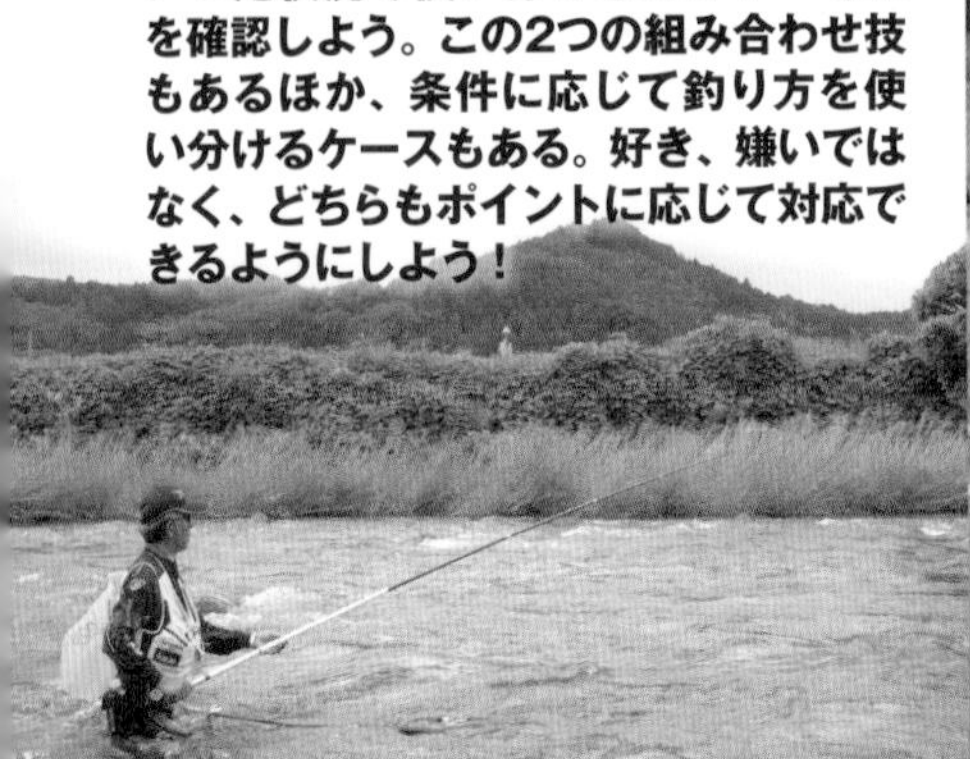

緩めたり張ったり
竿を立てたり寝かせたり
釣り方はさまざま

竿を立てる泳がせ釣り、寝かせる引き釣り

オトリアユを自由に泳がせる。オトリが元気なうちは野アユのいるポイントに勝手にいってくれるから、この釣法はよく効く。一方、引き釣りはオトリの鮮度はもちろん必要で、元気なうちに積極的に流れの中に突っ込み、それをゆっくり引いて操作することから引き釣りと呼ばれる。友釣りシーズンの盛期以降では、この引き釣りが爆発する。

糸を緩め
オトリを自由に泳がせる

アユ友釣りのバリエーション
泳がせ釣り

釣り方の基本は2つある。泳がせ釣りと引き釣りだ。釣り場の状況やアユのコンディションを見極め、それぞれの釣り方を選ぶことが、効率的に釣果を伸ばせるコツ。

緩い流れの中で広範囲を探ることができる釣り方

糸を緩めてオトリアユを泳がせる釣り方が「泳がせ釣り」である。自由に泳がせてアタリを待つ泳がせ釣りは、操作が簡単で初心者向きの釣り方といわれる。

泳がせ釣りが有効になるポイントは、チャラ瀬やトロ場などの流れが比較的弱い場所。流れが緩いとオトリにかかる負担も少なく、元気に泳ぎ回ってくれるからだ。また、比較的ナワバリ意識を強く持っていないアユが多くいる場所や時期でも有効になる。

釣り方は、オトリを送り出したら竿を立て、糸を少し緩める。緩めることで糸に水流の抵抗がかかり、オトリは上流に向かって泳ぎ出す。アユは引っ張られると、それと反対の方向へ泳ごうとする習性があるのだ。意図的に糸に抵抗を掛けてアユを優しく引っ張り、移動を促すわけである。

ちなみに、糸を水流でふくらませて作る袋状の弛みのことを『オバセ』といい、オバセを作るために糸を弛ませることをアバセるなどともいう。

糸を緩めているために、オトリの動きは手に伝わりにくい。そのためオトリがしっかり泳いでいるのか、どこを泳いでいるのかを知っておくために常に目印を注視し、その動きを把握しておくことが大切になる。オトリが、自分の狙いたいコースや場所からずれたら、泳がせたいポイントへ誘導するなど、オトリの位置の把握はとても大切なこと。

　泳がせ釣りで最も大切なのが、元気なオトリを使うということ。元気に泳ぎ回らないオトリでは、広範囲を探れないばかりか、根掛かりをしやすくもなる。オトリに元気がなくなってきたら引き釣りにスイッチすることも必要だ。

　水中糸の素材によって相性の良し悪しはあるが、泳がせ釣りも引き釣りも仕掛けに大きな変わりはない。釣り方を変えるのはいつでも可能であり、オトリの状態でそのタイミングを決めるようにしたい。

張らず緩めず、元気なオトリを有効に使う

　オトリ店で購入したばかりの新鮮なオトリアユ、これを弱らせずに釣りを開始できたら、まずはその動きを利用して広範囲を探りながらアプローチしていこう。養殖オトリでも元気なうちは自在に勝手に泳いでいく。ときには上流に向かってどんどん泳ぐので、そのときは少しコントロールしながら自分も着いていく感じがベターだ。上流へ泳がすメソッドを『上飛ばし』と表現する。

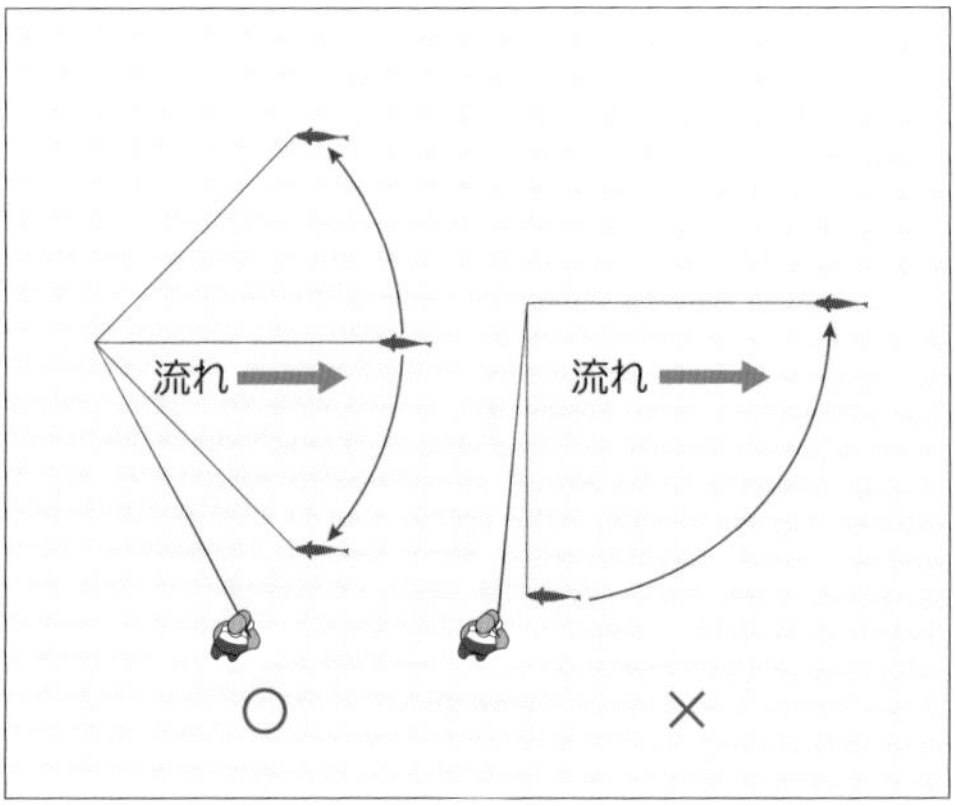

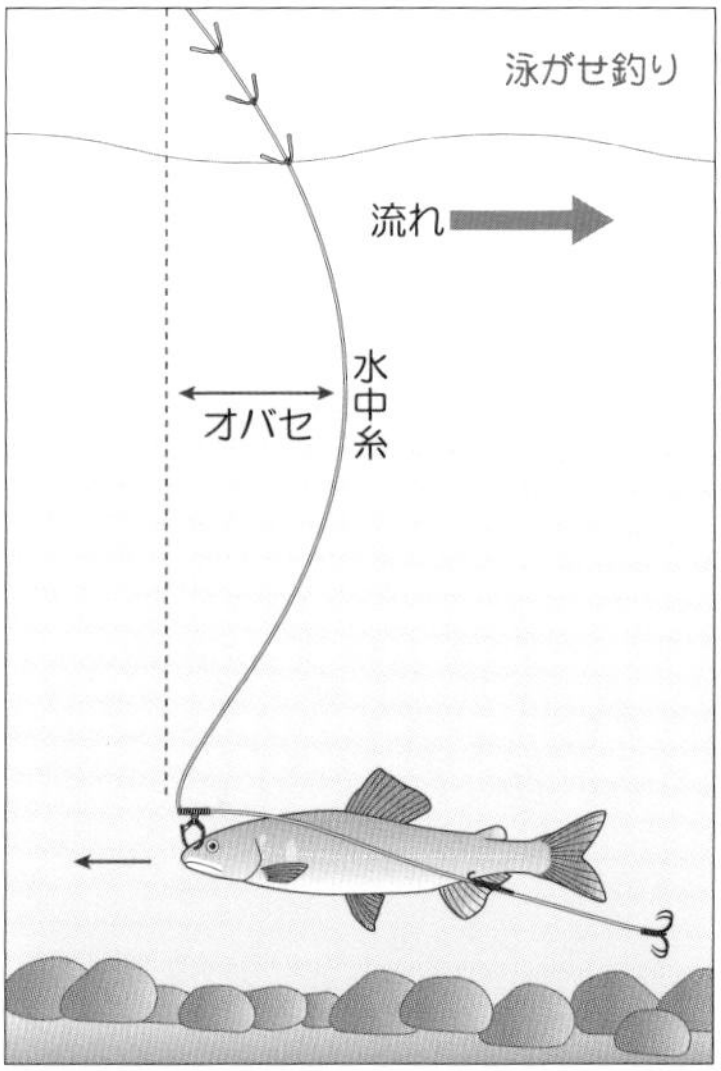

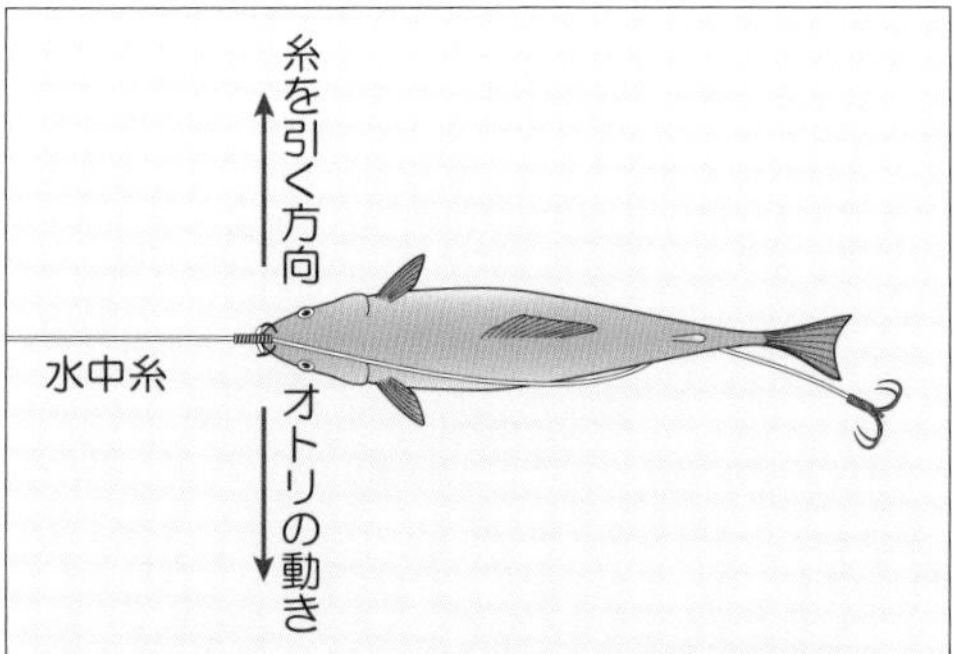

オトリの習性として、引かれた方向とは逆の方向へ向かって泳いでいく。これを利用してオトリを移動させる

大きなトロ場、流れの緩いポイントでは泳がせ釣りが有効

トロ場以外のポイント
友釣りの醍醐味！

アユ友釣りのバリエーション

引き釣り

流れの速いポイントに向いているが、緩い場所でも使える守備範囲の広い釣り方だ。オトリ任せで泳がせるのではなく、釣り人がコントロールするところにこの釣り方の魅力がある。

竿の操作で水中糸を常に流れと平行にさせる

オトリを次々交換させて釣果を伸ばしていく友釣りにおいて、最初に釣れる1尾は非常に重要になる。ナワバリ意識を強く持ったアユは、比較的流れの強い場所に多くいる。このような場所で確実に最初の1尾を掛けたい、と考えると引き釣りからスタートするのも一理はある。引き釣りは、流れの速い場所にも適応する釣り方だからである。

引き釣りでは、アユ竿を構える位置が大切になってくる。泳がせ釣りでは竿を立て気味にして糸を少し緩めるのが基本だったが、引き釣りでは穂先が釣り人の目線の高さくらいまで寝かせる。そのポジションを基軸にオトリの動きや川の流れに合わせて、立てたり寝かせたりを繰り返すのである。

穂先を常に上流へ向けておくことも、ポジションで大切なこと。こうすると、オトリが安定した動きになり、コントロールしやすくなるのだ。

水中糸の向きにも気を使いたい。水中糸が流れに対して、常に水平になるように竿をコントロールする。オトリの動く方向によっては、水中糸が流れに対して斜めになったりする。こうなると糸にかかる水の負担が大きくなり、オトリが不自然な動きになってしまうのだ。竿のコント

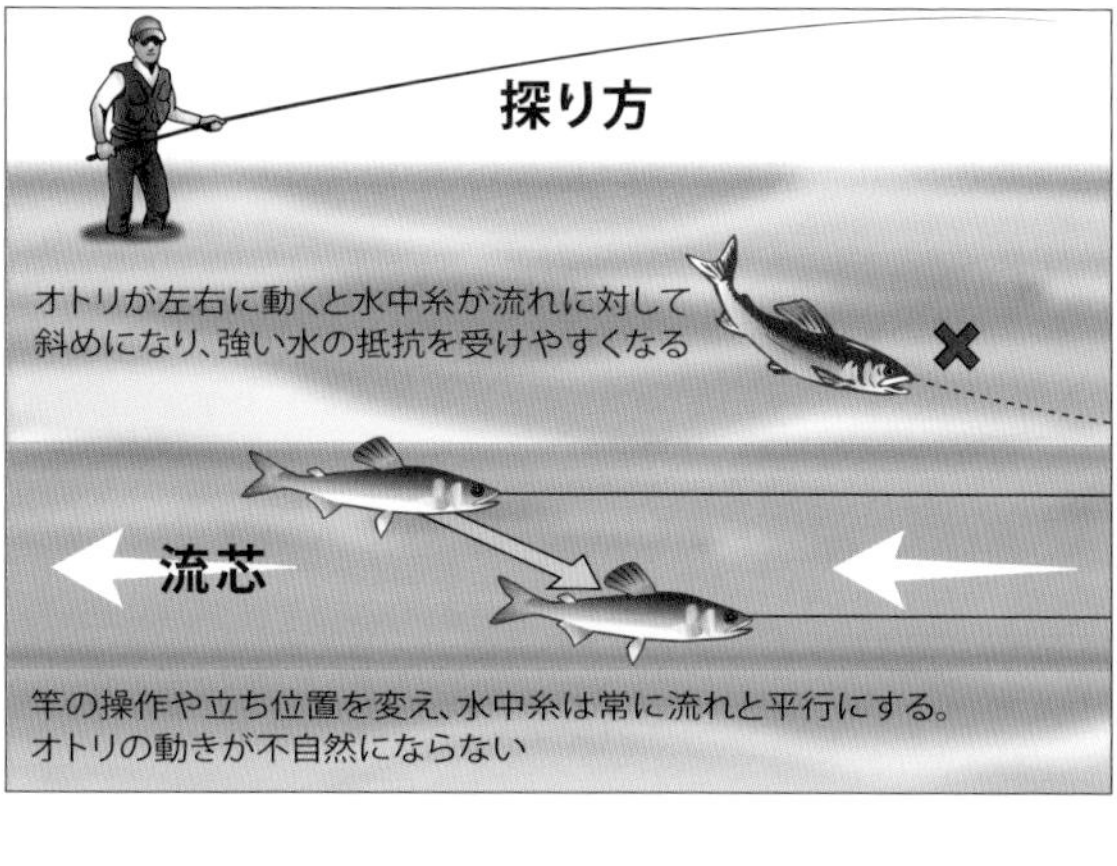
探り方
オトリが左右に動くと水中糸が流れに対して
斜めになり、強い水の抵抗を受けやすくなる
流芯
竿の操作や立ち位置を変え、水中糸は常に流れと平行にする。
オトリの動きが不自然にならない

ロールだけでは修正できない場合、立ち位置を変える必要も出てくる。

泳がせ釣りは面を攻めていくのに対して、引き釣りは流れの筋にオトリを入れて（誘導して）行く釣りなので線の釣りのイメージである。下流にオトリを送り込んで、糸を張り気味にさせて上流に泳がせていく。このとき、狙った筋を外さないようにするのが、引き釣りで釣果をアップさせるキモになる。

狙った筋をある程度まで泳がせて反応がなければ、もう一度下流へ送り込んで、その筋をチェックする。これを2～3度繰り返して、それでも反応がなければ他の筋を狙ってみる。

いきなりダンダン瀬や急瀬などの難しいポイントにトライするのではなく、比較的流れの緩やかなところから引き釣りに慣れていくのがよいだろう。

こんなポイントで掛けるアユはエキサイティング

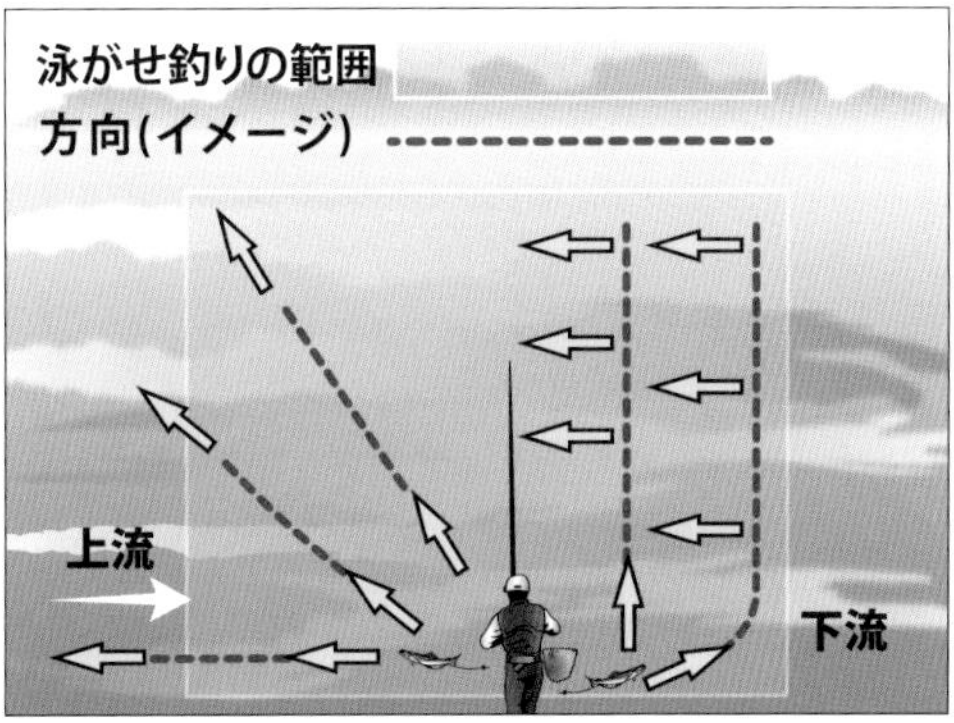

盛期はこの釣りがハマる！

いわゆる引き釣りはアユの友釣りの王道の釣りスタイル。流れの強いポイントでアユを掛けると、その分さらに強い引きが味わえ、それを上手く処理して取り込むと病みつきになる。もちろん、川の状況やアユの活性、着き場に応じて釣り方は変えるべきだが、盛期と呼ばれるシーズンのグッドタイミングに竿をだすなら、積極的に流れの中にオトリを送り込み、引き釣りの醍醐味を味わおう！

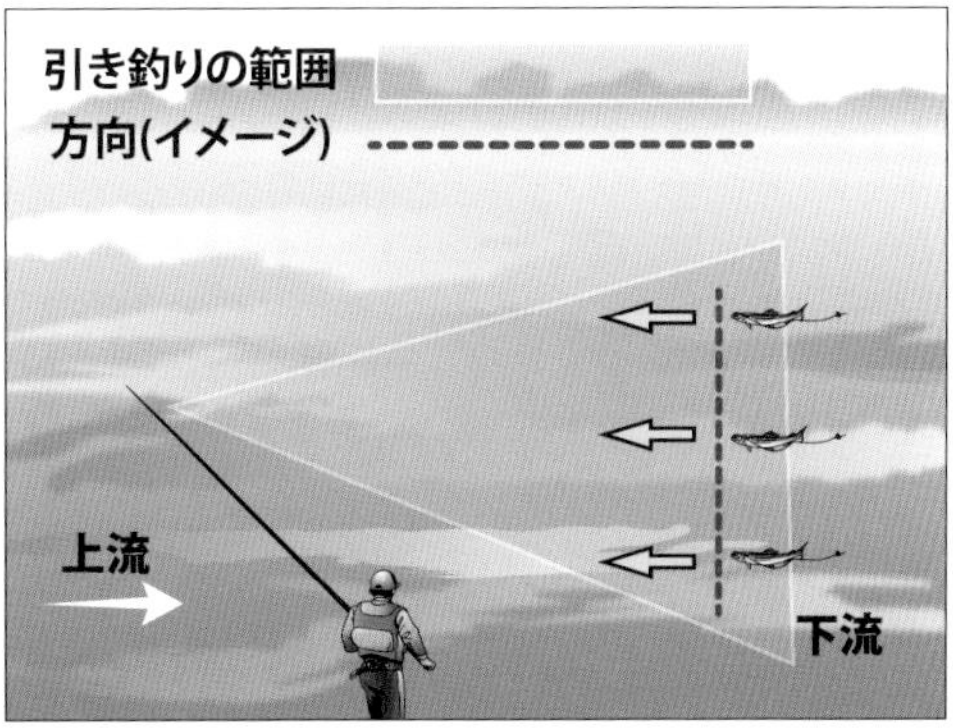

竿を低く構え、上流へゆっくりオトリを引く

釣りやすいポイントでレベルアップを！

アユ友釣りのバリエーション

ポイント別攻略法

ポイントが異なれば、当然、そこの攻め方に違いが出てくる。アユの釣り場でよく目にする代表的なポイントの特徴を把握しつつ、それぞれの基本的な攻め方を知っておこう。

ポイントに応じた攻略がある。どんなポイントでも自在に狙えるように経験を積みたい

ポイントによってアユの行動パターンが異なる

ポイントを大別すると、「平瀬」「早瀬・ザラ瀬」「ダンダン瀬」「チャラ瀬」そして「トロ場」の5つ。急流だったり深かったり、といった川相だけでなく、それぞれのポイントにいるアユの状態もナワバリ意識を強く持っている、群れやすいなどさまざまだ。それゆえ、ポイントごとに攻め方を変えていかないといけない。

そして、もうひとつポイント別に重要になってくるのが難易度。初心者には少々敷居の高いポイントもあるわけで、いきなりそのような場所で釣りを始めても技術の向上の妨げになりかねない。初心者は、釣りがしやすいポイントから始めてみよう。

また、同じポイントで長く粘ってもダメだ。釣れないのはそのポイントにアユがいないか、あるいはいても追いっ気のない個体ばかりで反応しないなど、さまざまな要因が考えられる。必ずいる！　とわかっているのなら、

川によって、あるいはシーズンでも違う

川全体の水量、高低差、石や岩の大きさ、上、中、下流域のどのあたりか？　さらにはシーズン、もっといえばその前後の雨や日照りの期間、当然、人気河川で釣り人が多く訪れる河川での人的プレッシャーなどなど、ポイント選択とそれぞれの攻略法が釣果を大きく左右する。またさらに、伝統的にこの川はこう狙え！　というような、川独自のポイント選択と攻略パターンがある。ある川ではポイント全体を通して、なるべくフワフワとオトリを漂わすアプローチがいいケースもあるし、また別の河川では、ガチャガチャと白波の立った瀬の中の引き釣りがシーズン初期からよかったりするケースもある。

平瀬　引き釣りを覚えるのに適している

このポイントの特徴は、流れが速すぎず遅すぎない程よい流速で、水深は膝くらいから深くても腰あたりまで。アユの魚影は比較的濃いが、ナワバリ意識を持ったアユが、やや少ない可能性もあるのも特徴。釣果の程はさておき、釣りやすい、という点では初心者に適したポイントだが、少々流れがあるので泳がせ釣りよりは、引き釣りが主になってくる。引き釣りを習得するには、オススメのポイントでもある。

攻め方は、手前から沖に向かって丁寧に釣っていくこと。アユは1カ所に固まらず、散在している状態なので引き釣りで広く探っていくのが効率的だ。

まずは、手前からアユを送り込んで竿を寝かせ気味にする。そして、水中糸に水の抵抗がかからないように気を配りながら、竿を調整したり立ち位置を変えていく。引き釣りでは、水中糸が常に流れと平行になるようにするのが基本である。

平瀬はその流域のどこでも掛かるので、元気なオトリに交換し、積極的に動かしていくのがコツ。

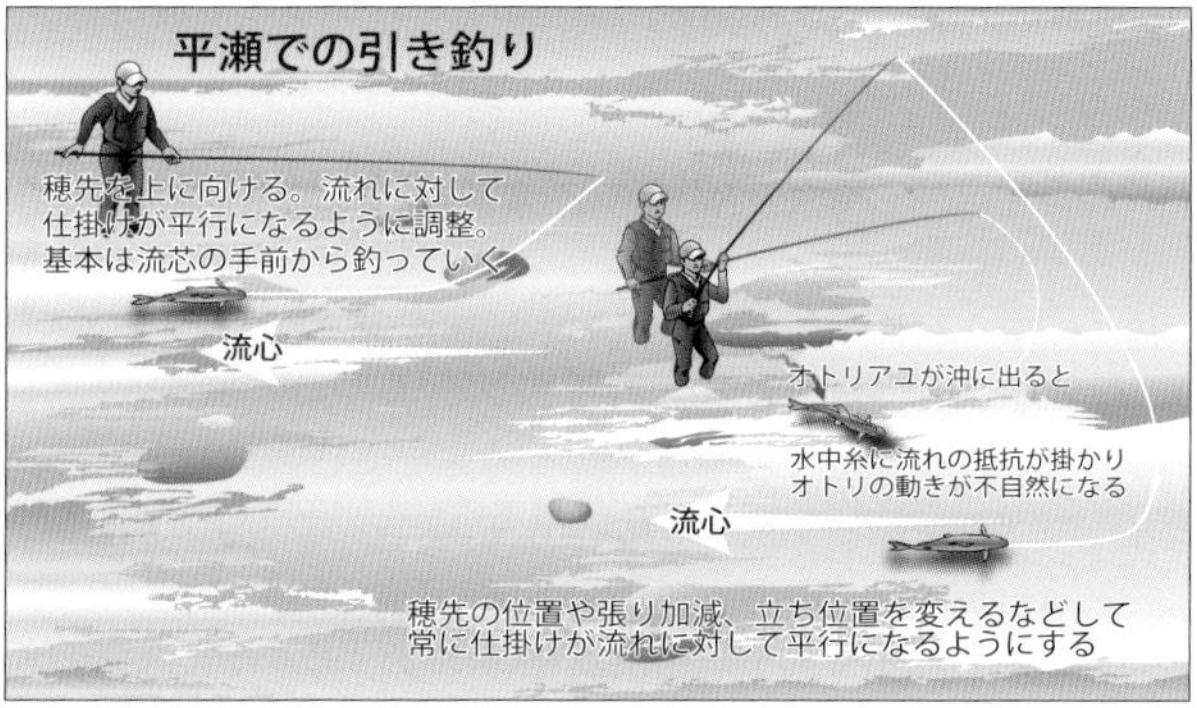
平瀬での引き釣り
穂先を上に向ける。流れに対して
仕掛けが平行になるように調整。
基本は流芯の手前から釣っていく
流心
オトリアユが沖に出ると
水中糸に流れの抵抗が掛かり
オトリの動きが不自然になる
流心
穂先の位置や張り加減、立ち位置を変えるなどして
常に仕掛けが流れに対して平行になるようにする

流し方やアプローチの仕方に変化を加えてそのポイントにアプローチしよう。同じ釣り方でただ待っているだけ……ではラチが明かないのだ。

さらに、一箇所で粘りすぎるのではなく、一歩でも半歩でもいいから立ち位置を変えたり、竿の向きを変えるなどしてちょっとずつアユの着き場を探るようにしよう。

ポイント別の攻略は確かに理想とされるケースに、こういったアプローチ……というセオリーに過ぎない。それらを複合的に組み合わせたり、織り混ぜたりして攻略するようにしよう。

水深の浅い瀬は少しでも変化のあるポイントを広範囲に探る

早瀬・ザラ瀬　その日の釣果を左右する重要ポイント

水深や川底の状況は平瀬と同じだが、流れが速いのが早瀬。ナワバリを形成しやすいポイントで、早瀬をキッチリと攻略できるかどうかで、その日の釣果が左右されといっても過言ではない重要ポイント。早瀬よりも川底の凸凹が少なく小さな石が敷き詰められた状態になっているのがザラ瀬である。ザラ瀬は活水期やお盆過ぎのいわゆる『土用隠れ』に実績を残すポイントだ。

ともに水流は速めなので、オトリを安定させるのが難しい。竿をしっかりと寝かせてオトリの動きを操作したい。また、流れが速くオトリが浮きやすいので、オモリや背バリを用いて対処するとよいだろう。

平瀬では狙いどころを面で捉えるが、早瀬・ザラ瀬の流れの速いポイントでは線で捉えるようにする。オトリを引いて狙う場所を線（筋）で攻めていくわけである。仕掛けが流れと平行になること、思い描いた筋を外さないように引いて探っていくことが、早瀬・ザラ瀬攻略の基本だ。

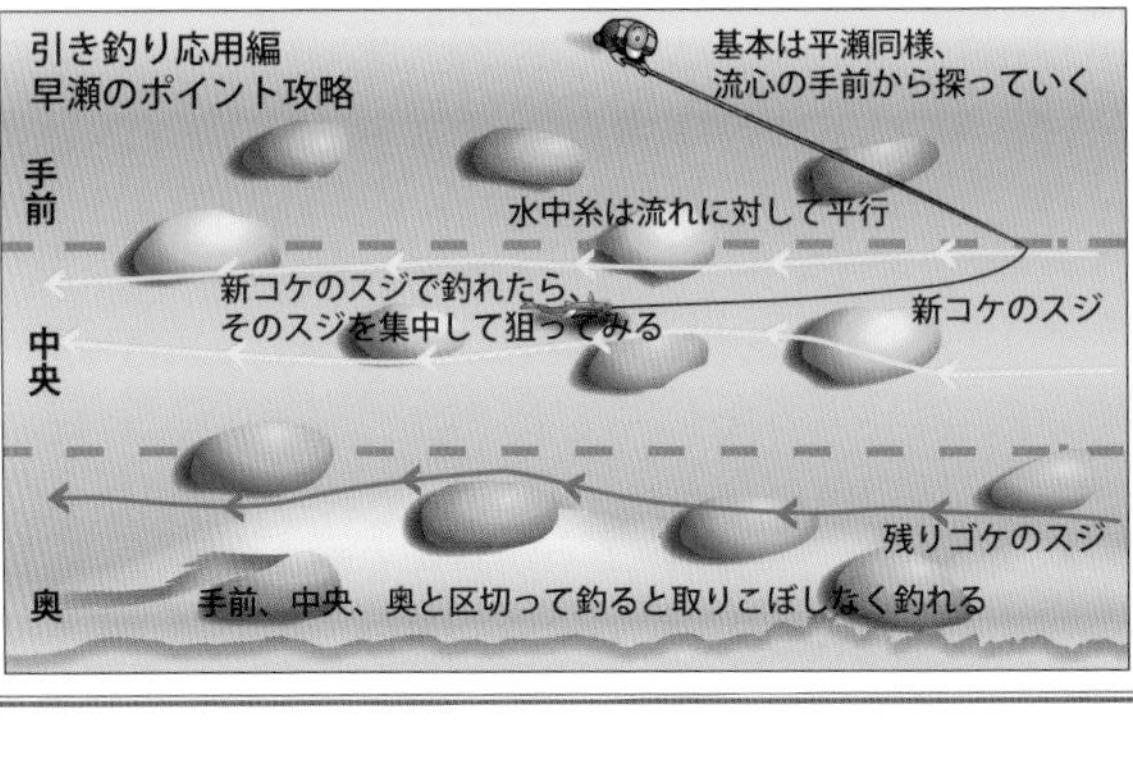

引き釣り応用編
早瀬のポイント攻略
基本は平瀬同様、
流心の手前から探っていく
手前
水中糸は流れに対して平行
新コケのスジで釣れたら、
そのスジを集中して狙ってみる
新コケのスジ
中央
残りゴケのスジ
奥
手前、中央、奥と区切って釣ると取りこぼしなく釣れる

盛期になるとこういったポイントが最も有望

やや水深のある押しの強い瀬。
竿を立てず、正面から上竿に構える

ダンダン瀬　友釣りの醍醐味が味わえる上級ポイント

川底の石によって水面が段々に波打つようになっている場所がダンダン瀬。初心者には少々手ごわい上級者向けのポイントといえる。しかし、釣れるサイズは他のポイントより一回り大きく、アタリも強烈で友釣りの醍醐味が存分に味わえる。

難しいポイントであるため、敬遠する釣り人も少なくない。だが、竿抜けしやすく、元気なアユが残っていることが多く、ある程度の釣技を身に付けたら、必ず攻めてほしい場所だ。攻め方の基本は、流れが緩くなっている場所へオトリを送り出し、流れの速い場所へ竿の操作で誘導していく。体力のない小さなオトリでは流れに負けてしまうので、なるべく大きなオトリを使うのも、攻略の作戦のひとつ。

狙いたいポイントは水面が盛り上がっているところ。その下には大きな石が沈んでいて、石の裏は好ポイントになりやすい。また、流れの緩いところを探して立ち込み、そこからヘチを狙うのも実績のある攻略法だ。

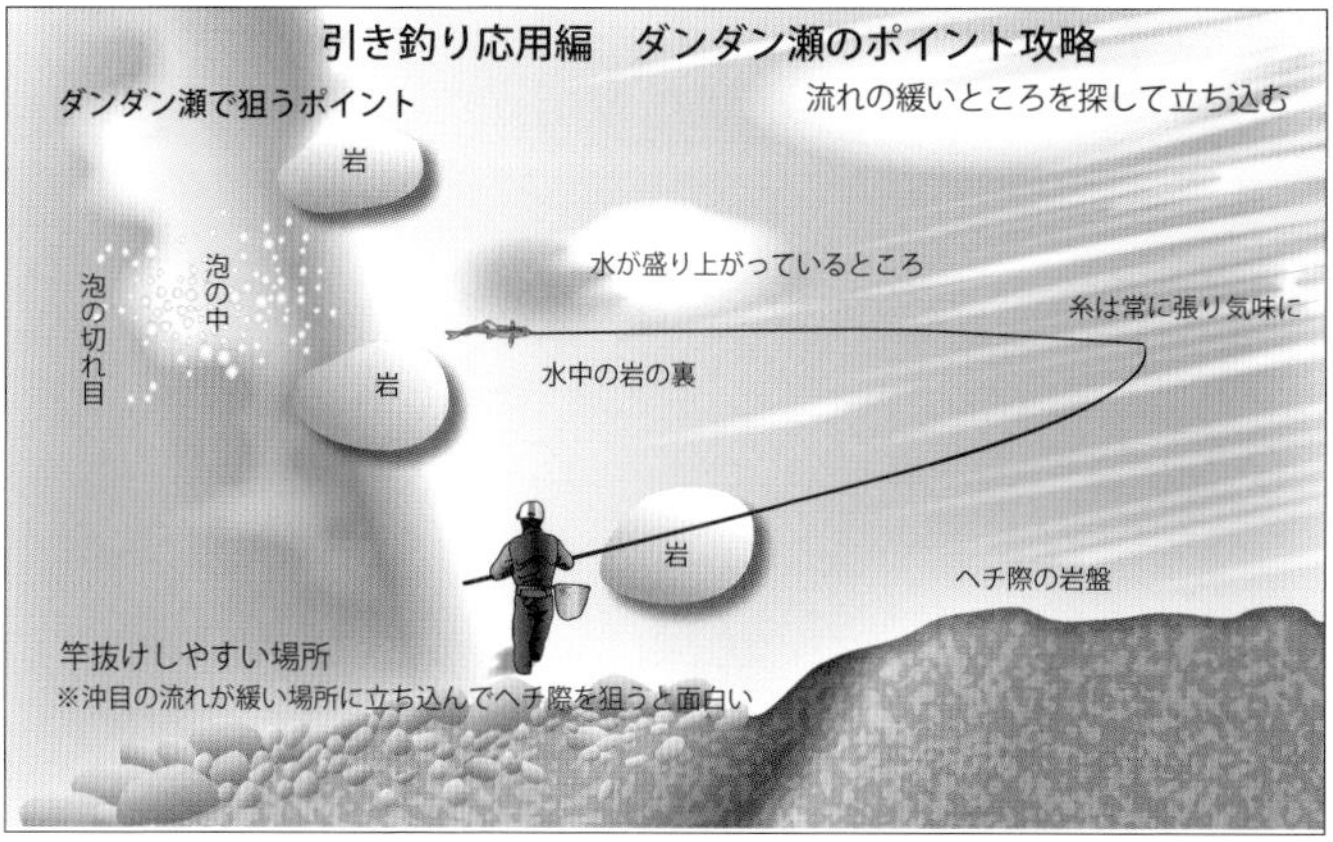

チャラ瀬　引き釣りで狙う場合は根がかりに注意

盛期になるとこういったポイントが最も有望

平瀬や早瀬よりも全体的に膝くらいまでの水深で浅く、流れの緩い瀬がチャラ瀬である。アユのナワバリ意識が少々弱いものの、魚影は濃いので掛けやすいポイント。大型のアユが釣れる確率は少々低いが、数釣りができるため初心者には釣りやすい場所である。

釣期としては、初期はあまり期待できない。しかし、梅雨明けの頃から掛かり始め、お盆過ぎの土用隠れまでは、数釣りがしやすく楽しめる。

大きな石は少なく、小さな石が点在しているためポイントは絞りにくい。面で捉えて攻略していくのが基本で初心者には泳がせ釣りで攻めるのがよいだろう。面で攻めていくので、オトリを元気よく広範囲に泳がせるのが攻略のキモ。

もちろん、引き釣りで狙うことも可能だが、このときの注意点は根掛かり。水深が浅いので根掛かりしやすいのである。針が川底を擦るような感触があったら竿を少々立て気味にし、掛けバリが擦らない程度までオトリを少し浮かせて引くとよい。

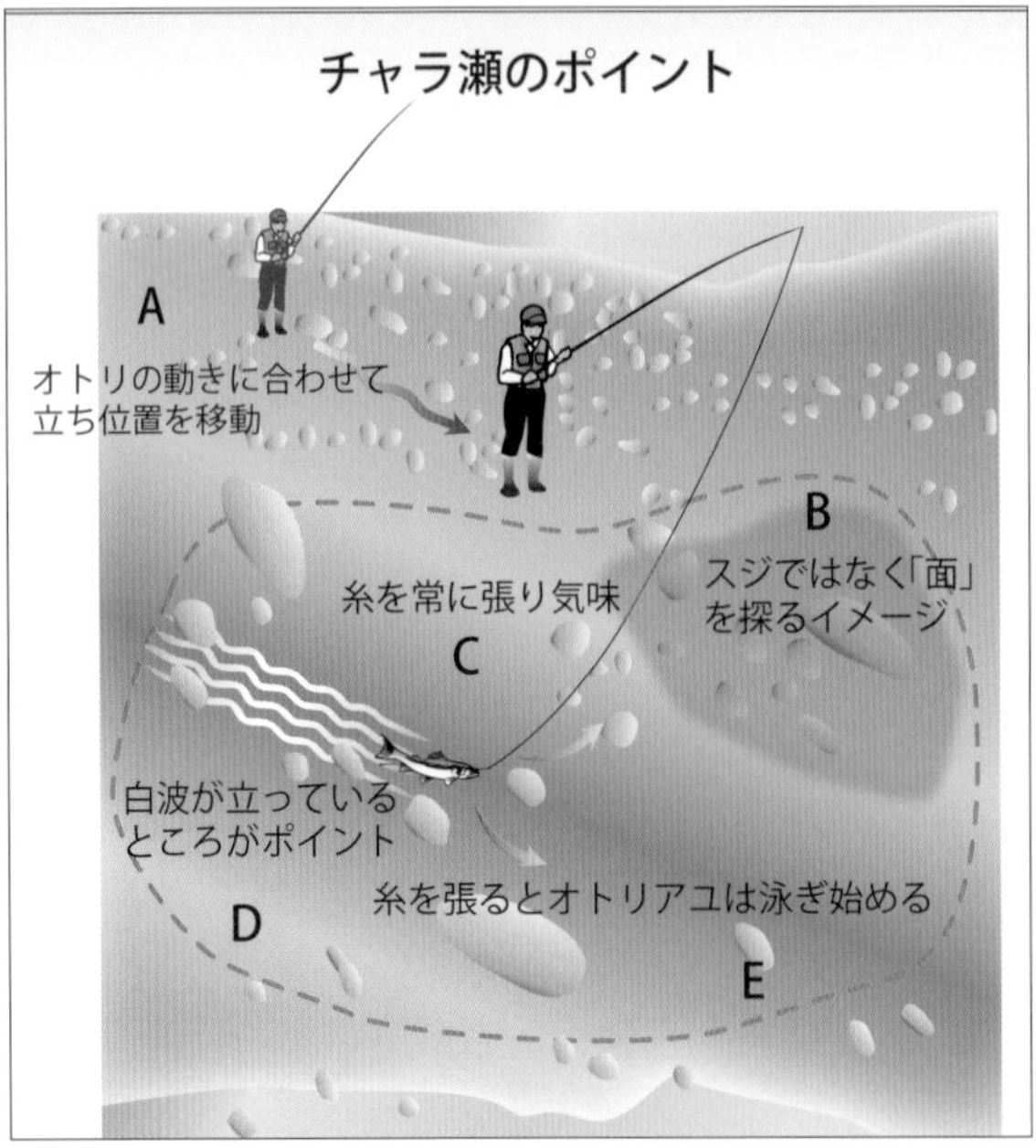
チャラ瀬のポイント
A
オトリの動きに合わせて
立ち位置を移動
B
スジではなく「面」
を探るイメージ
糸を常に張り気味
C
白波が立っている
ところがポイント
糸を張るとオトリアユは泳ぎ始める
D
E

トロ場では竿を立てた泳がせ、オトリの状況で引き釣りも織り交ぜる

トロ場　泳がせ釣り、引き釣りを併用して広く探る

腰くらいの深さで、水がゆっくりと流れているポイントがトロ場。特徴としては、波立ちや水面の盛り上がりが乏しく、変化の少ないところ。そのため、ポイントが絞りにくく、これがトロ場の難しさでもある。ポイント全体に目を凝らし、少しでも水面にヨレやシワのあるところを狙っていくことが大切だ。水面がベタっと凪いだような状態になっている場所は、アユが群れていることが多いので掛かる確率は低くなる。

攻めどころに苦心するトロ場では、泳がせ釣りと引き釣りを併用させるのが有効だ。まずは竿を立て気味に構え、オトリを泳がせる。オトリの動きが鈍ってきたり動かなくなったら、竿を少し寝かせて動きを促したり、狙いたい場所へ誘導する。オトリが止まったからといって、動き出すのを待っているのは非効率的である。

トロ場での泳がせ釣りと引き釣り

トロ場は変化に乏しくポイントが絞りにくい。常にオトリを泳がせて広範囲を探る。チャラ瀬同様「面」を探るイメージ。泳がせ釣りも有効なので併用がオススメ

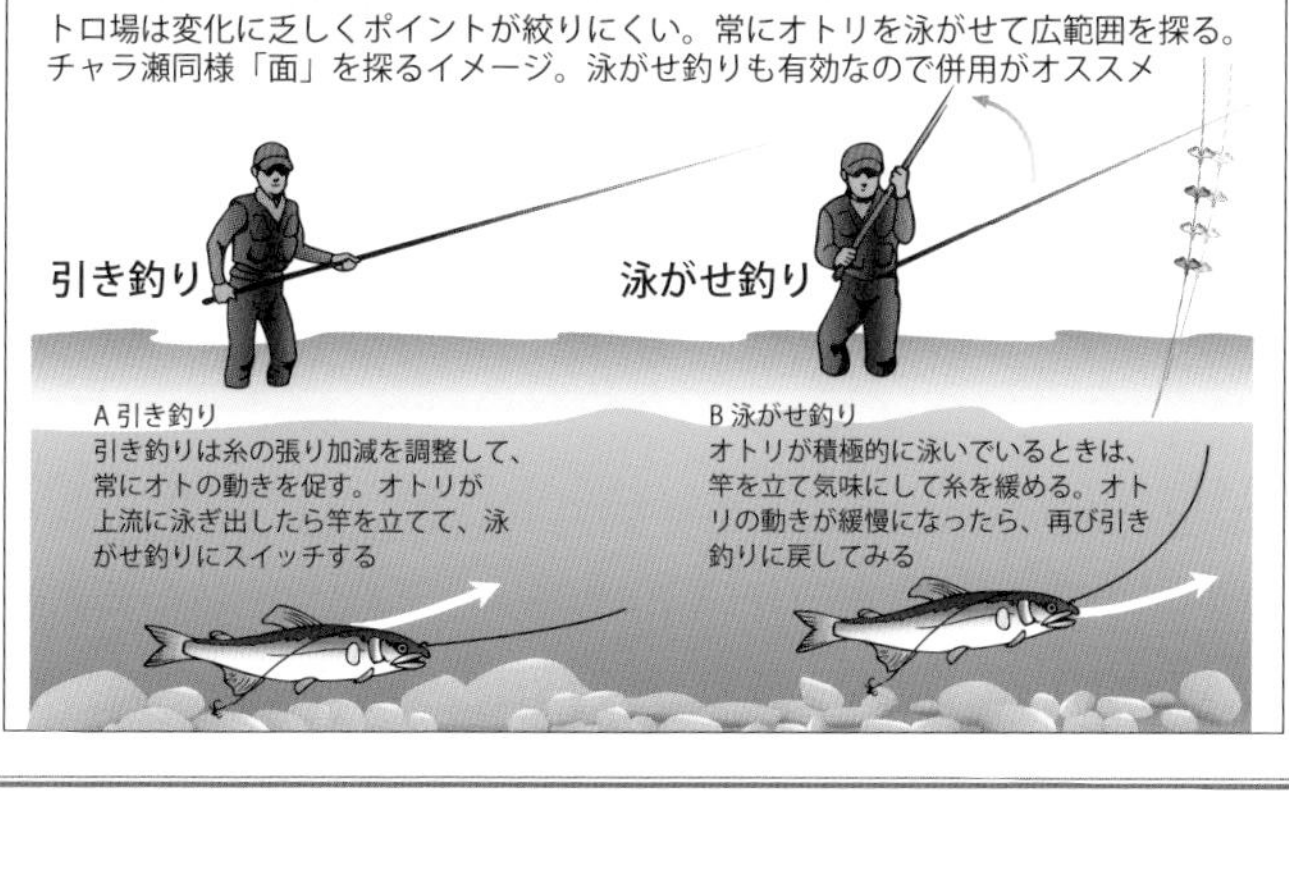

A 引き釣り
引き釣りは糸の張り加減を調整して、常にオトの動きを促す。オトリが上流に泳ぎ出したら竿を立てて、泳がせ釣りにスイッチする

オトリが積極的に泳いでいるときは、竿を立て気味にして糸を緩める。オトリの動きが緩慢になったら、再び引き釣りに戻してみる

オトリの動きが大切になる。そのため、サイズは小さくても、少しでも元気のいいオトリを使うことが、トロ場を攻略するための大切な要素になる。

アユ友釣りのバリエーション

石の狙いどころ

コケは川底の石の全面に、均一に付くわけではない。アユが好む新鮮なコケが付きやすい場所を知ることで、狙いどころも定まってくる。その場所とはズバリ、水がよく当たる場所だ。

大雨によって川のコケ、川相は一変する

掛けられていなくなると、下流側から違うアユが入る

大雨が降り、川が増水して水かさが増すと、コケは一気に流される。数日後、増水による濁りが落ち着いてきて川底にも日が照り付けると、新しいコケが生えだす。腐ったコケが黒いのに対し、生え始めた新しいコケは薄黄色をしていることが多い。アユたちが、再びおいしいコケにありつけるタイミングでもある。

新しく生えるコケは、石の全面に均一に付くわけではない。同じ石でも場所によって付き方にムラがある。この付き方を大きく左右するのが、水の流れなのだ。

水の当たる上流側が一番成長しやすい。水が当たればそれだけ酸素の供給量も多く成長が早いのである。下流側の裏は酸素も乏しく付きにくい。付いていたとしても、腐っていることが多い。例外もある。増水の後、水がよく当たる場所のコケは流されてしまったが、石の裏の一部に流されずに付いているコケがある。ただし、増水後はそこに必ずアユが着くか、と言うものではない。

石に生えるコケの状態を考えると、アユたちが石のどの場所に着きやすいかが見えてくるはず。流されても回復が早く、すくすくと育って新鮮なコケを付ける石の上流側がアユたちの好む場所であり、ここにナワバリを作ることが多いのだ。少々大きな石の場合、上流側に強いアユが着き、その両サイドにもそれなりに強いアユ、と言った着き方をする。

コケが付きにくい下流の裏側には

釣れそうな大きな石。その石のどの位置にナワバリを持っているのか？　これを予測することが大切

アユは着きにくいが、そこから少し離れたところでウロウロしているアユがいる。その石をナワバリにしていたアユがすべて掛けられていなくなってしまうと、少し下流側にいたそのアユが、すぐにいい場所に入ってナワバリを作るようになる。

増水してコケが流されると、アユが着く場所は一変しポイントも大きく変わってしまう。アユが着いていそうな石を見つけたら、セオリー通りに上流側か両サイドにいるアユを意識して、うまくオトリを誘導していくことが大切だ。

岩場＝岩盤底も狙い目

新鮮なコケが適度に生えている状態。いわゆる『アカ腐れ』と言われる状態からドッと水が出てキレイに流された状態から数日、新鮮なコケが生え始める。シーズン中はそれを繰り返すわけだが、川底全体が岩、大きな岩盤質の川底を持ったポイントがよくある。そういった岩盤のポイントのなかでも、良質のコケが生えやすい場所とそうでない場所もある。川の流れの受け方、日の当たり方によって異なるのだ。ただ、小さい石や岩のように、大水で動いたり転がったりしないため、そういったポイントは次々と活性の高いアユがナワバリを持ちやすい。

大雨でコケが流され、その後再びコケが石に付く。アユは、コケが再生する場所にナワバリを作っていく

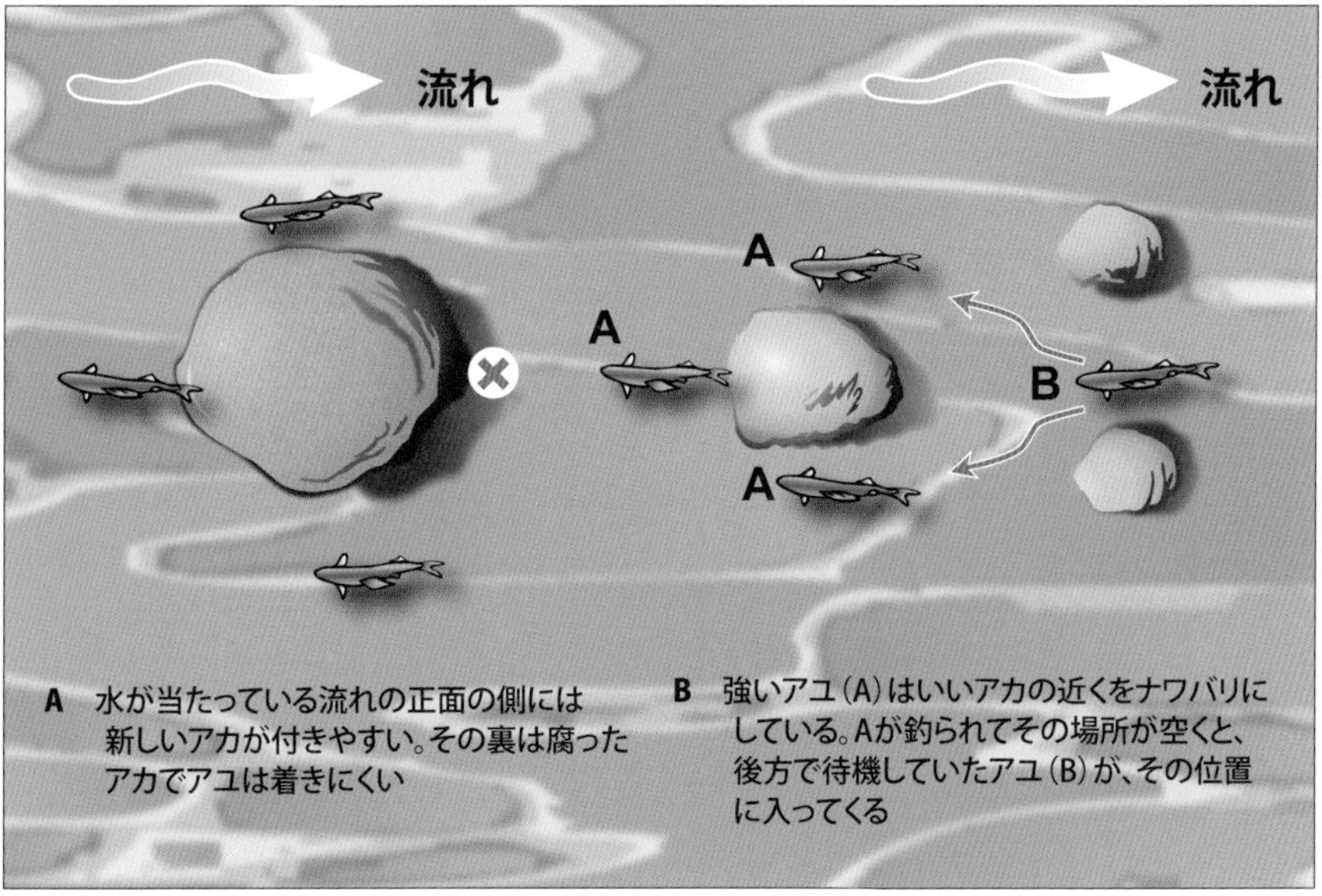

A 水が当たっている流れの正面の側には新しいアカが付きやすい。その裏は腐ったアカでアユは着きにくい

B 強いアユ（A）はいいアカの近くをナワバリにしている。Aが釣られてその場所が空くと、後方で待機していたアユ（B）が、その位置に入ってくる

アユ友釣りのバリエーション

アタリの取り方

オトリの変化 前アタリに敏感になる

友釣りの大きな魅力のひとつが、ガツンとくる強烈なアタリ。これとは別の小さくて繊細なアタリがある。オトリが、ナワバリ意識を持ったアユに気付いたときに出るアタリだ。

オトリに出る微細な動きが前アタリ

ナワバリを持ったアユが、オトリを威嚇。このとき、オトリのうしろに付いた掛けバリにアユが掛かり、それがアタリとなって釣り人に伝わる。このときにガツンと手に伝わってくるアタリはかなり強烈だ。しかし、これとは別のアタリがある。前アタリである。

掛けバリにアユが掛かったときのアタリは明確だが、前アタリの手応えと感触は僅かで、少々わかりにくい。その理由は、アユが掛かって出るアタリではないからだ。

前アタリとは、ナワバリを持ったアユがオトリに威嚇をしたとき、オトリに出る反応である。突然現れたアユにオトリは驚くかもしれないし、何らかの反応を示す。このとき、オトリに表われたそれまでにはない動きが、前アタリとなって伝わってくるのだ。

前アタリを言葉で表現するのは少々難しい。目印に現れる場合もある。また、クンッとかコツッと言った小さな手ごたえを竿伝いに感じることもある。うっかりしていると見逃しそうな小さなアタリだ。初心者にいきなり前アタリをとれ！　と言っても少し難しいかもしれない。しかし、一度、「これが前アタリ？」と体感すれば、習得も早いはず。そのためにも、前アタリをいつも意識してオトリを泳がせることが大切になる。

前アタリを感じることができるようになると、間違いなく釣果アップの後押しになる。前アタリがあれば、そのすぐ近くにナワバリが持ったアユがいる裏付けになる。逆になければ、その近くにはアユがいないということ

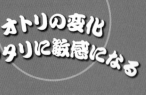

であり、そのポイントの見切りがつけやすくなる。

前アタリを感じたら、オトリを止めて待ってみる。仕掛けのテンションを緩めるとオトリは止まってくれる。ただし、緩めすぎるとオトリがその場から逃げてしまうので注意が必要。オトリが逃げないような仕掛けの張り具合で待たせるのがコツだ。その状態のまま、さらに2回、3回と前アタリを感じるようであれば、その後、掛かる確率は高くなる。

水中をイメージして操作する

前アタリを自在に察知して釣果に繋げる……といっても、ビギナーにはハードルが高い。まずはフィールドに出て、オトリを操作して、実際に流れの中でどういう状態なのか？　オトリに対して野アユはどのように攻撃してくるのか？　あるいは無反応なのか？　それらをしっかりイメージしよう。実際のところ糸にテンションを張った引き釣りのときは、ある程度手に伝わる違和感があれば前アタリとすぐわかる。緩い流れの泳がせで、オトリがまだ元気な場合、それらは察知しづらく、いつのまにか釣れてた！　というケースも多い。その場面でも、オトリが群れアユと混ざったとか、ナワバリアユの方に向かっているか？　などをいろいろイメージしながら操作しよう。

前アタリをキャッチしたら、しばらくその付近でオトリを待たせる。するとガツンとアユが掛かってくる

『コツ』や『トン』と言った小さな感触で出る前アタリもある。前アタリをいつも意識しておく

前アタリが目印に出ることも珍しくない。わずかな変化を見逃さず、目印の動きを常に注視しておく

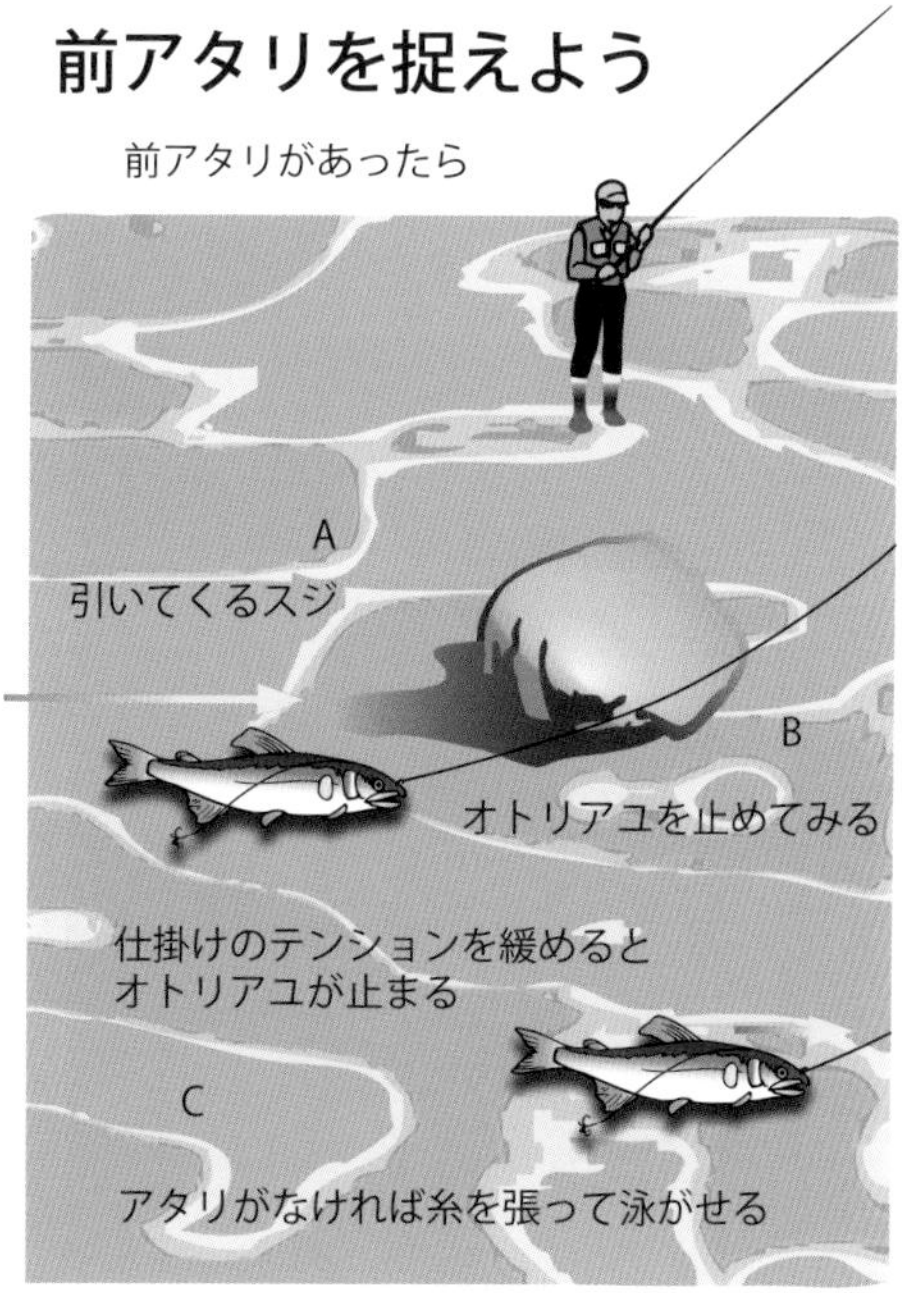
前アタリを捉えよう
前アタリがあったら
A
引いてくるスジ
B
オトリアユを止めてみる
仕掛けのテンションを緩めると
オトリアユが止まる
C
アタリがなければ糸を張って泳がせる

これぞ醍醐味！
華麗な取り込み！

アユ友釣りのバリエーション

取り込み

友釣りの見せ場でもあるのが取り込みだ。水中から引き抜かれた2尾のアユが空中を舞い、タモに収まる。もちろん、ダイナミックで華麗な取り込みを決めるにはテクニックが必要。

素早く！ダメージを与えずに！

掛けたアユを取り込む方法は、基本的に2パターンある。『引き抜き』と『寄せ』だ。以前は寄せが主流だったが、昨今は取り込みの9割以上が引き抜きになった。寄せで取り込むのは、大アユが掛かったときなどに限定されている。

引き抜きが主流になる理由はいくつかある。平瀬の泳がせ釣りからダンダン瀬と言った荒瀬まで、すべてのポイントで可能な対応力の広さ。あまり動きまわらずに取り込めるので、その付近のポイントを荒らさないで済む。そして、なんといっても取り込みがスピーディに行えることである。メリットの多い引き抜きだが、短所もある。空中を飛ばしてくるのだから、掛りが浅いとバレやすい。また、掛り所が悪いと口切れしたり腹がさけたりもする。

引き抜きの取り込み方法について解説しよう。取り込みは、掛かった直後から始まる。掛かったら竿を曲げて、伸されないように注意しながら上流側に竿を引きずるようにして絞り込む。絞り込んだら竿を立てて浮かせる。ただし、水流の速い場所ではなかなかオトリが水面に出てこないときがある。そのときは無理に竿を立てようとはせず、立ち位置を移動して流れの緩い場所へオトリとアユを誘導すること。無理は禁物。

竿を立てて浮かせながら、タモを手にして、取り込み態勢に入る。立ててアユが水面から姿を現したら、竿の弾力を利用して一気に抜き上げるのだ。竿を後方へ倒して抜き上げようとする

と2尾のアユがライナー気味に飛んでくる。タモで受けにくくなるし、タモに収まった瞬間のアユへのダメージも大きくなる。竿を真上に突き上げる感じで、弾力を生かして少々山なりに飛ばしてくることが大切。

無事、2尾のアユがタモに収まったら竿を立て気味にして、仕掛けを緩ませないようにする。緩ませっぱなしだと、タモの中で仕掛けが絡まるリスクがある。

引き抜きの取り込みは、頭でわかっていても体に覚えさせないと、なかなかうまくはいかない。ゴム製のアユがあるので、それを使って引き抜きの練習をしてみるのもよい。

軽い『キャッチボール』と意識する

川に浸かった状態というのもある。また、オトリアユも掛かりアユも生き物ということもある。取り込みはやはり緊張するのは致し方ない。ビギナーでまだ経験が浅ければなおさらだ。だからこそ、無理に遠くから引き抜こうとせず、最初は至近距離まで寄せ、下から掬うようにようにキャッチしてみよう。それも難しければ、やはり手元まで寄せて金魚すくいのようにタモでキャッチだ。バラすよりは確実な方法がオススメだ。徐々に慣れて、引き抜きで取り込む場合も、あまり勢いをつけ過ぎないのがコツ。スピードが遅ければ、軽いキャッチボールの球を受けるのと同じ要領だ。タモは比較的大きいので、オトリアユと野アユが多少バラケていても収まるはずだ。

タモは体の前方で受けるほうがミスしにくい

タモでキャッチするときはアユにダメージを与えないように、衝撃を緩和させながら優しく受ける

引き抜きの方法

掛かったら竿が伸されないようにしながら上流へ絞り込む。流れが急ならば立ち位置を移動する

竿を立てて一気に浮かせる。アユが水面に出たら竿の弾力を利用して抜き上げる。竿は後ろに倒しこまないこと

飛んできたアユをタモでキャッチ。タモに2尾が収まったらロッドを上げて、仕掛けが緩まないようにする

川の流れに応じた構え
竿は強く握らない！

アユ友釣りのバリエーション

竿の構えと角度

アユの友釣りで使う竿は短くて7m前後から、長いものは10m、標準的には8・5～9mが主流となる。その竿をどう持って、どのように構えるのが理想的なのだろうか？　また、流れに応じた適切な竿の『角度』を確認しよう。

竿は左右の手の間隔を広げて持ち、ギュッとは握らない

竿は優しく、強く握らない

長いアユ竿を長時間持つのは、例え昨今の竿のように軽量化されているとはいえ、一般的な体力の男性でも厳しいものがある。まずは竿の根本を持つと竿全体の重さがそのままの重量となって負荷になるため、オトリを放って泳がせたり引き釣りをしたりするときの構えは両手の幅を大きく開けて竿の上下の間隔を保って持つ。

そうすることで竿の重さをかなり分散されることになり、操作もしやすくなるのだ。また、竿を手でギュッと握るのではなく、指先で触れるような形で持つと、竿に伝わる微妙な変化、オトリの様子も感じやすい。感度を上げるためには強く握るのではなく、指で優しく触れるように持つことが重要だ。

シーズン初期の泳がせ釣り。竿は極端に高く上げてオバセでコントロールする

流れを意識しつつも絶妙な竿の角度でオトリを泳がす

流れに対する竿の角度

次に竿を構えるときの角度が重要になる。これはまず竿を水面からどのくらいの高さ、すなわち上方向に高く角度を付けるか？　あるいは水面方向に低く寝かせて構えるか？　の違いがあるのだ。この違いは釣り方の基本となる、泳がせ釣りか、引き釣りかの違いで変わる。

泳がせ釣りの場合は基本立て竿。およそ45度くらいまで竿先を上げ糸は張らず緩めずを保ってある程度オトリアユに余裕を持たせ、自由度の高い操作をする必要がある。この角度で泳がせ釣りができる条件としては、川の流速はそれほど速くない状況ということだ。

一方、さらに流速の速いポイントでは引き釣りがメインとなる。このときは竿をグッと寝かせる。そして流速に応じて川に対して直角、さらに上流に向ける。もしくは下流に竿先を向けるなどしてオトリアユが浮いてこない角度に調整してやる必要があるのだ。

引き釣りでは、さらにオモリを打ったり、背バリというアイテムを用いて、流れに対しオトリアユが浮いてこない工夫をするが、基本としてはこの角度でオトリがポイントに入っていけるように竿のポジションを調整する。

押しの強い流れにオトリを送り込むため、竿は寝かせる

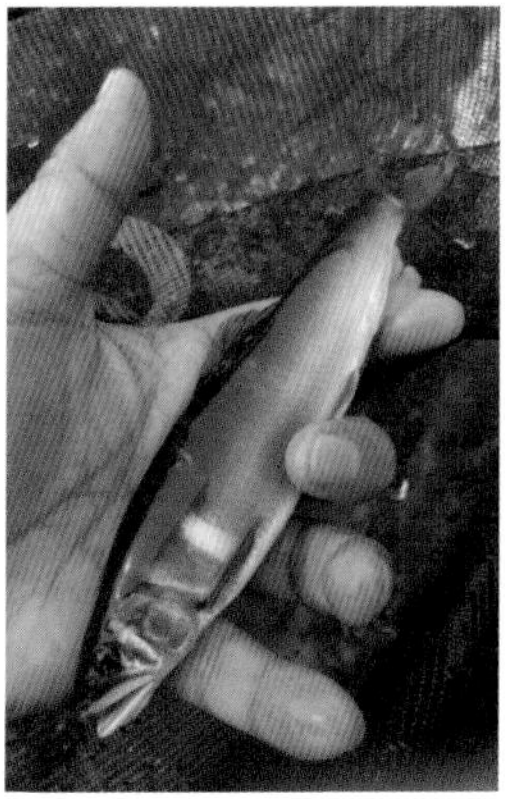

ある程度の水量だが、ピンポイントでオトリを泳がせる

ベタ竿か、立て竿か？

引き釣りをするときに竿を寝かせるスタイルをベタ竿。泳がせ釣りの角度を付ける構えを立て竿という。状況と釣り方に応じてこれらをコントロールするが、どちらの方が釣れるという理由はもちろんない。ただ、水中のオトリアユの姿勢、ハナカンの角度にも影響することは知っておきたい。立て竿の場合、オトリアユのハナカンは上を向くため、やや浮き気味になりがちだ。テンションを強くすれば当然浮いてきてしまう。ベタ竿は竿の角度としてもオトリを川底方向に送りやすいが、流れに対して常に引っ張られることになるので、オトリの体力が消耗されやすい。オトリアユの元気度合いも考えて竿の角度を調整したい。

オトリを元気にキープ
張り加減はどのくらい？

アユ友釣りのバリエーション

竿と糸の張り具合は？

何度か出てくるキーワードに、アユの友釣りの基本操作、竿を持ってオトリを放ってから、必要なテンション具合として『張らず、緩めず……』というのがある。この基本を押さえておこう。

道具の進化で釣り方も進化した

アユの友釣りには長い歴史がある。近現代は特に使用する道具の進化、竿も仕掛けもケタ違いに扱いやすいアイテムを生み出している。おそらく江戸時代や、はるか昔のアユ釣りでは考えられないテクニックや技法が取り入れられてきたと言えよう。

その中でも特徴的なのは泳がせ釣りの方だ。引き釣りは大昔の現在の道具がなかった時代でも、一般的によく用いられた釣法と考えられるが、泳がせ釣りは極細の仕掛け糸と、感度に優れた竿がないと話にならない。

ゆえに今から20～30年ほど前だと、この泳がせ釣りが全盛期の時代もあり、当時の最新で最高級の竿や仕掛けの道具を用いて『オトリを引かない！』、『テンションを掛けずに、自由にオトリを泳がす！』『引き釣りは悪！』のような風潮さえあった時代も存在する。

ただ、その当時のアユ釣りトーナメントにおいて、そういった釣りが勝負を決めていたこともあり、またそう

ポイントの状況、水量や流速に応じてテンションをコントロール

いった釣りがよくハマる川での大会で、名人が優勝！　という実績からそうなった……というだけで、全国的に考えれば、地域のアユ釣り名人たちはその地域にあった引き釣りのスタイルでも釣りまくっていたに違いない。

時は流れ現在、さらに道具は進化してきた。竿もそうだが仕掛け周りの工夫も20～30年前とはやはり比較にならない。おそらく、泳がせ釣りのさらなる感度アップは道具の進化でより進んだし、引き釣りに置いても昔ならこの流れにオトリを送り込むのは不可能！　となっていたポイントにも、道具の進化と釣り師の工夫で可能となってきたのだ。

オトリを操作するときの基本、テンションを張らず緩めず……とはいうが、それに関しては泳がせ釣りで心掛ける基本と考えればよい。引き釣りの場合は基本的にテンションを保ったまま、竿の角度をコントロールしながら、オトリを安定させることにある。

張らず、緩めずの基本テンションでアユを送り込む

竿を寝かせた引き釣り、オトリは下流に向くがテンションを考えてオトリが浮かないようにコントロール

水量が多く、押しの強い大河川では引き釣りがメイン

オトリを上手くコントロールして群れアユの中に送り込む

オバセを使ってアユを思い通りに泳がせる

オバセ、ゼロオバセ、ゼロテンション

オバセという用語はアユ釣りにしか用いられない釣り用語だろう。糸を緩ませること。一般的な釣り用語では糸フケに相当する用語だ。張らず緩めずはゼロオバセというのがふさわしい。やはりシーズン初期の泳がせ釣りではこの基本を押さえて釣りをする必要がある。オバセでさらに重要な考えでは、アユを誘導したい方向があるとして、そちらに向かわせたいときにあえてオバセを作ってそちらを向かせる……というのがある。アユは引っ張られると逆方向に逃げようとするので、オバセを用い、川の流れでオトリにテンションが加わると、その反対方向に泳ごうとする性質を生かすというものだ。ただ、この技法は理解はできるがフィールドで実践するのは経験も必要だ。

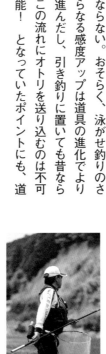

オトリアユが弱った！
切り札となるテク

アユ友釣りのバリエーション
背バリ&オモリ

オトリアユは言うまでもなく生き物。使った分だけ徐々に元気を失ってくる。そのような状況ではオトリが流れに負けて浮いてしまう。仕掛けに工夫してオトリを沈めるメソッドだ。

水深があって水量があるポイントはオモリを多用する

オモリ&背バリ

オモリはどういう状況で使うのか？まずは流れが強くて速い場合、オトリアユを川底近くに沈めたくても流れに押されて浮いてしまう状態。または少し疲れて泳ぎが安定しない、そんなときに仕掛けのハナカン回りに挟んで使う専用シンカーを用いてオトリを沈めてやるのだ。

使用するオモリは通常ガン玉タイプと呼ばれるシンカーで、アユ釣り専用のものは内側にゴムが貼っており、細い仕掛け糸部分を傷めない仕組みになっている。追加する号数は川の流れの強さに応じ、概ね0・8号程度から3号くらいまでの大きさを用い、調整しながら追加する。

緩い流れに特大のオモリを打つと根掛かりのリスクが高まる。また、泳がせ釣りなどオトリを自由にさせたいとき、元気なオトリでアピールしたいときはオモリは不要だ。

一方背バリは、確かにオトリを沈める効果があり、オモリのような抵抗になるモノではないため、オトリアユに

太く、押しの強い流れで引き釣りがメインなら、背バリは常に使用。あっても邪魔になることは少ない

も優しいうえ、流れの中に送り込んだアユの不自然さを与えないメリットがある。

背バリはオトリアユのハナカン回り糸に接続し、オトリの頭に刺して使う。こうするとオトリの前方で三角形の糸の形ができ、オトリは自動的に前傾姿勢をとる。こうすることで、浮いてしまいそうな流れの中に送り込んでも、オトリアユは野アユのいる水深まで潜ってくれるのだ。

背バリは基本邪魔になるものではないため、付けるor付けないは別として常に用意しておいてもいいし、着脱式タイプも昨今の主流だ。オモリは必要に応じて付けたり、外したりを繰り返し、適切な状態をコントロールして使う。

岩盤質の川底でオモリを使用するときは根掛かりに注意

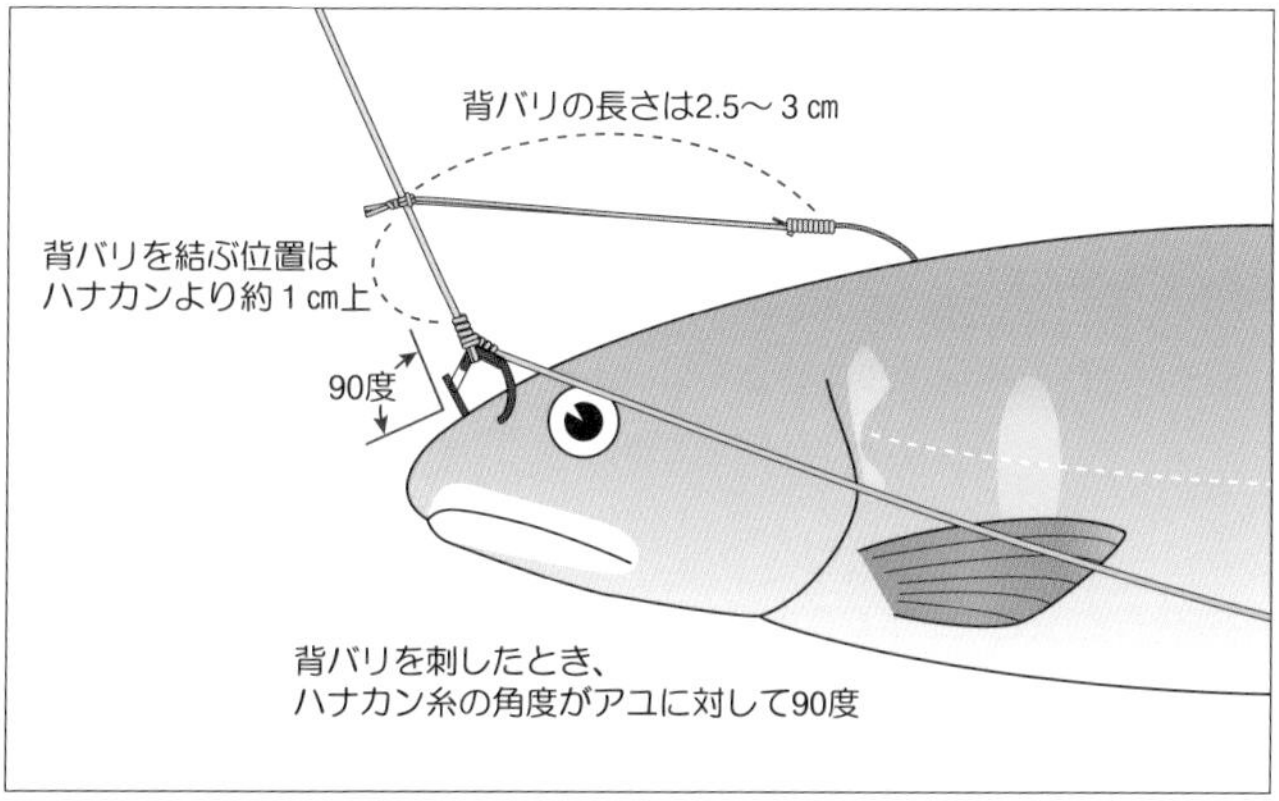

背バリの効き目

背バリをつけるメリットはオトリが浮き上がりにくく、オートマチックに底に入っていってくれること。ハナカン糸に背バリをセットする位置とオトリにハリを刺す位置が重要になる。

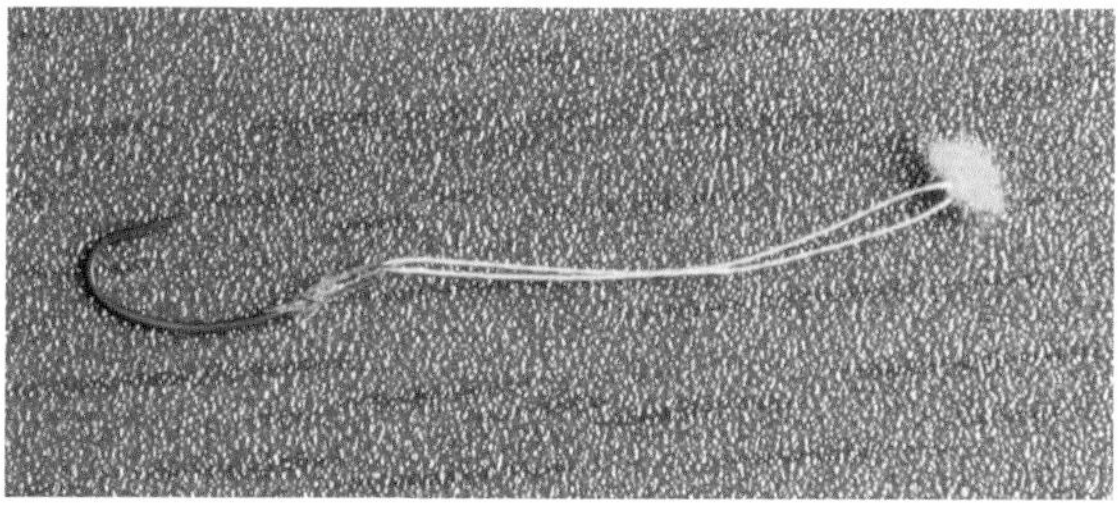

背バリはハナカン回り糸に接続

市販の背バリも販売されているが、半スレバリを使って自作もできる

番外編 アユは塩焼きだけじゃない！
だからこそ愛される魚

絶品！鮎料理

古くから日本人に親しまれ、愛され続けてきた淡水魚＝アユ。香魚と呼ばれ香りが非常にいい魚として好まれてきた。この美味な魚を釣って食べたいから……という理由でのめりこむ人も多いが、さらに美味しく食すにはどうしたらいいのか？　プロの技でアユ尽くしの料理を堪能してみよう！

鮎の塩焼き

鮎ごはん

鮎のひらき

鮎の甘露煮

鮎の茶碗蒸し

鮎の背ごし

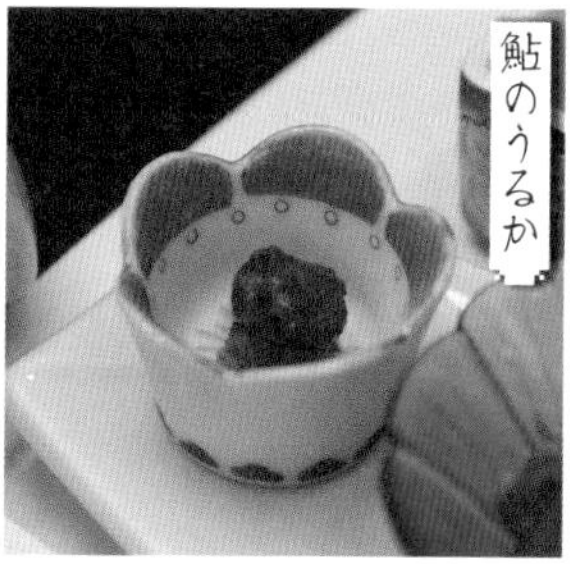

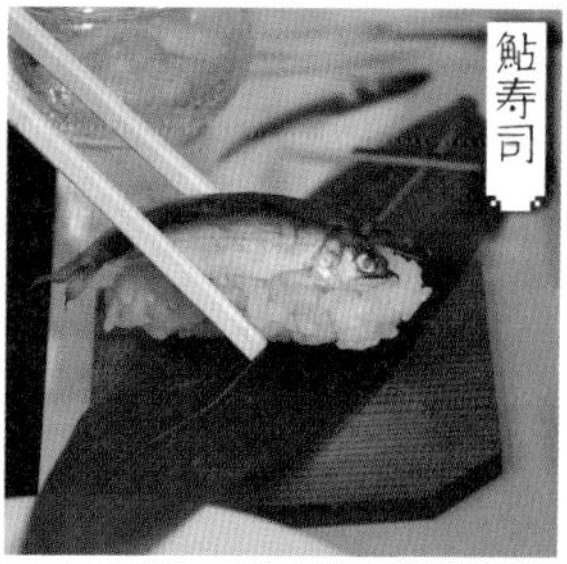

取材協力

温泉旅館　一二三荘
住所：〒410-2323　静岡県伊豆の国市大仁503
TEL：0558-76-3123　FAX：0558-76-3124
https://www.123-sou.com/

創作洋風鮎料理

冷凍保存されているシーズン終盤の大アユを、いつも塩焼き！　甘露煮！　一夜干し！　ではなく、美味しく＆楽しく食べられる、創作洋風鮎料理にアレンジしてみよう。

ジェームズ谷
大アユを求めて全国釣り歩くベテランアユ釣り師。実はプロの料理人という肩書きをもつ。大アユを使った創作料理はどれも美味で独創的

天然鮎のポアレ

～白子うるかポテトサラダのミルフィーユ仕立て～

用意する材料

天然良型アユ25～28cm …………………… 1尾
自家製マイルド白子うるか ………………適量
自家製ポテトサラダ …………………………適量

「ソースに使う材料」

胡瓜……………………………………… 1本
寿司酢……………………………………… 45ml
ドライベルモット ………………………… 30ml
EXオリーブオイル ………………………適量

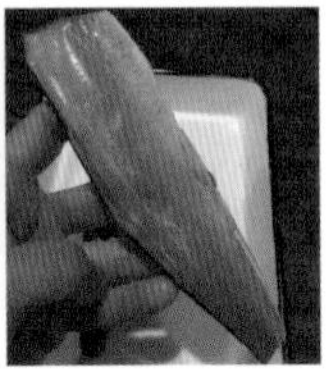

3枚におろしたアユを一口大に切り、薄力粉をまぶしてポアレにする

市販のキューブコンソメと白だしのもとを水で薄めて出汁スープを作る。3枚におろしたアユは真空パックにて冷凍保存

こちらは一夜干しリゾット

自家製天然鮎の白子、肝うるか。このまま冷蔵庫に入れて保存

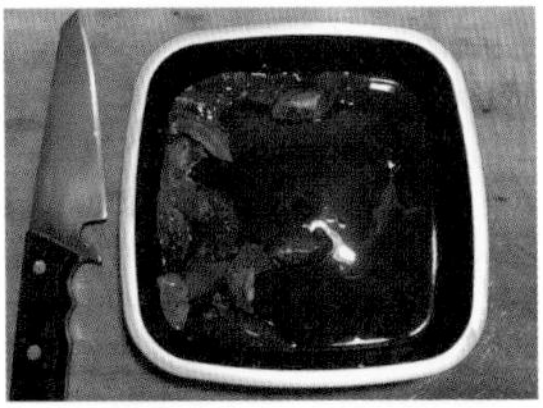

内臓より肝だけ取り外し、丁寧に水洗い後水分を切りさらに日本酒で洗う

白子のみを取り出す

卵のみを取り出して同じ手順

もっと深く知りたい！

アユ友釣りの仕掛けたち

友釣りの仕掛けは非常に複雑だ。ビギナーや素人さんでは理解しづらいし、どうしてこんなに回りくどく仕掛けをつくるのだ？　と思うだろう。しかし、現在まで時代が変化し、よりハイテクなアイテムが取り入れられても、生き物をエサ（ルアーのような使い方）とするからには、こうするしかない……というのがひとつの答えだ。

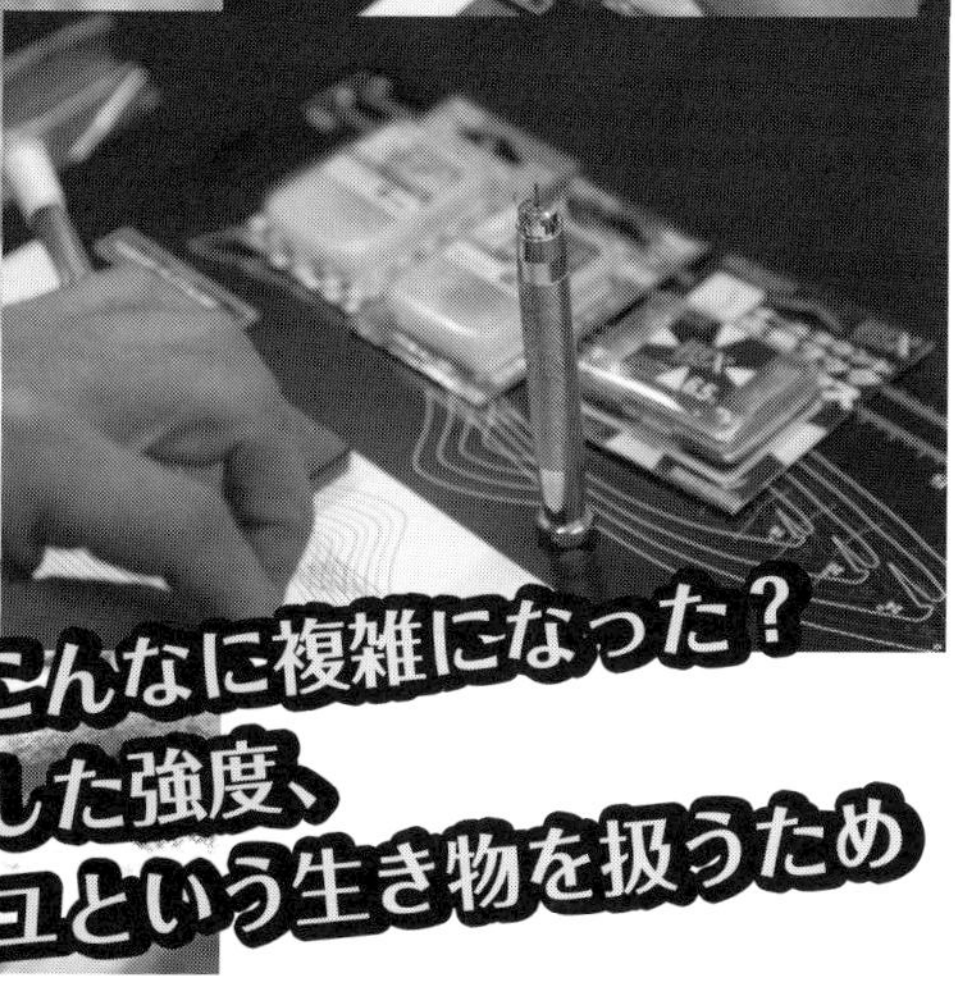

どうしてこんなに複雑になった？しっかりした強度、オトリアユという生き物を扱うため

アユ友釣りの仕掛け

構成するパーツは４カ所。厳密には３カ所プラス、掛けバリという野アユをひっかける部分を接続した状態で釣りをする。魚釣りは仕掛け全体でどこか弱い部分を作らない！　という鉄則がある。例えばマグロとかサーモンとか、超大型でパワーのある魚とやり取りする場合も、１カ所にウイークポイントがあると、負荷はそこに集中してブレイクしてしまう。アユの友釣りもそれと同じ理屈で、アユのパワーを分散させつつも、どこのパーツもウイークポイントにならないようにバランスよくセッティングする必要があるのだ。

各部パーツの役割は？その使い分けも覚えよう

アユ友釣りのバリエーション

仕掛けを理解しよう

友釣りの仕掛けは複雑で細かい。エキスパートたちはこれを正確になおかつ繊細で強度十分に自作する。最初は完全仕掛けでよいが、状況に合わせた仕掛けを自作できる方が理想だ。

4つのパーツで構成されている友釣り仕掛け

9mのアユ竿と組み合わせる仕掛けは、全長がおよそ9・5m弱ほどになる。その長さの中に、これでもかというほどの工夫と細工を施されているのが、友釣りの仕掛けである。これだけ複雑な仕掛けを用いるのは、さまざまな釣りのジャンルの中で友釣りがダントツではないだろうか⁉

仕掛けは、大きく4つのパーツに分けられる。『天上糸』『水中糸』『ハナカン回り』そして『掛けバリ』だ。それぞれが連結して1本の仕掛けになる。もちろん、パーツに分けて分業させているのには理由がある。

糸が太くなれば糸切れなどのライントラブルのリスクは軽減される。しかし、太いと水中での抵抗が大きくなってオトリにかかる負担が大きくなり、オトリは弱りやすくなる。そのため、細くできる部分は少しでも細く、糸の負担が大きくなる部分はできる限り太くする。これが、仕掛けが分業化される、大きな理由である。

水中糸ならば、水の抵抗を最も強く受ける糸のため、極力細くする。水に浸かっていない天上糸は、細さよりも強さにこだわる。オトリの近くにあるハナカン回りは指でつまんだりすることが多く、ここには強さを求める。それぞれのパーツの持つ役割がある。これをしっかりと把握

仕掛けを自作するには専用工具（ツール）が多数必要

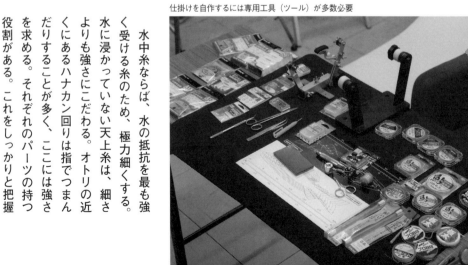

しておくことが、友釣り仕掛けを作るうえで、非常に重要になってくるのだ。

パーツが増えれば、それだけ結節部分が多くなる。しかし、釣り糸の性質として、結び目はどうしても強力が低下し、糸切れのリスクが増えてくる。そこで、編み込んでわっかを作るなど、強力をなるべく落とさないような工夫も、友釣り仕掛けにはなされている。

友釣り仕掛けは複雑で、結び方にしても何通りもマスターしておかなくてはいけない。しかし、手間をかけて仕掛けを作るのもアユ釣りの楽しみのひとつであり、また、自らの手で作った仕掛けで釣れれば、釣れたときの嬉しさは倍増し、その後のステップアップにも欠かせない経験と知識になるので、ぜひチャレンジしてみよう!

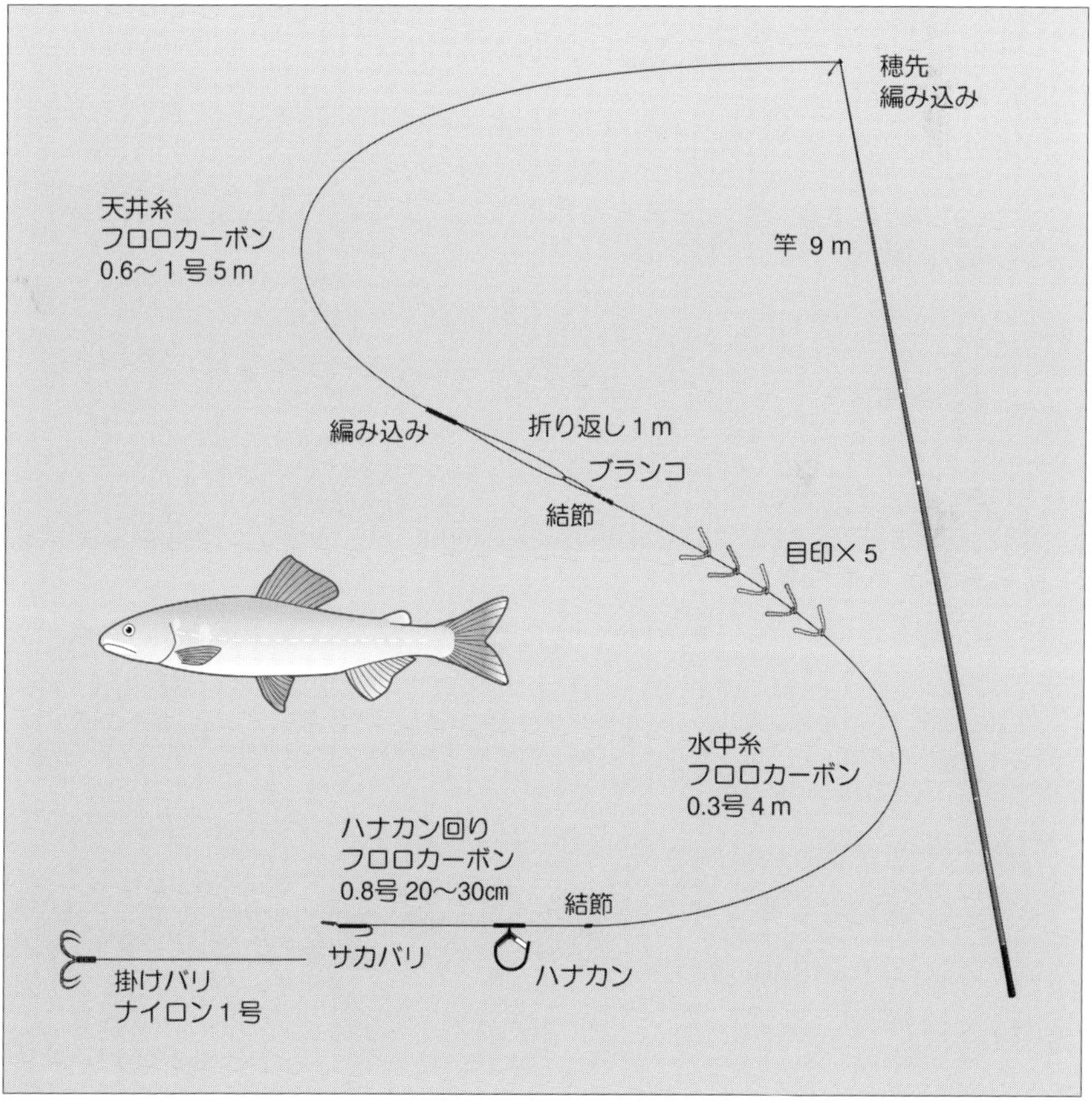

一般的な素材と号数

アユ友釣りの仕掛けが4つのパーツに分かれていると述べたが、上から天井糸は概ね0・8〜1・0号で糸の素材はフロロカーボン。色付きの糸が好まれる。次に水中糸だが、この部分にはフロロ、ナイロン、複合メタルライン、最近ではアーマードやエステルラインという素材も用いられる。各号数の目安は、魚の大きさやポイントの形状で異なるが、表を参考にしてもらいたい。

次にハナカン回り。この糸はフロロが一般的で0・8号前後を用いるため、天井糸と兼用する場合もある。ただし、天井糸は見やすいように色付き糸だが、ハナカン回りはクリアな糸が一般的だ。ハナカン回りにはハナカン6・5号前後がシーズン全般で使える号数、それにサカバリを接続してOKだ。

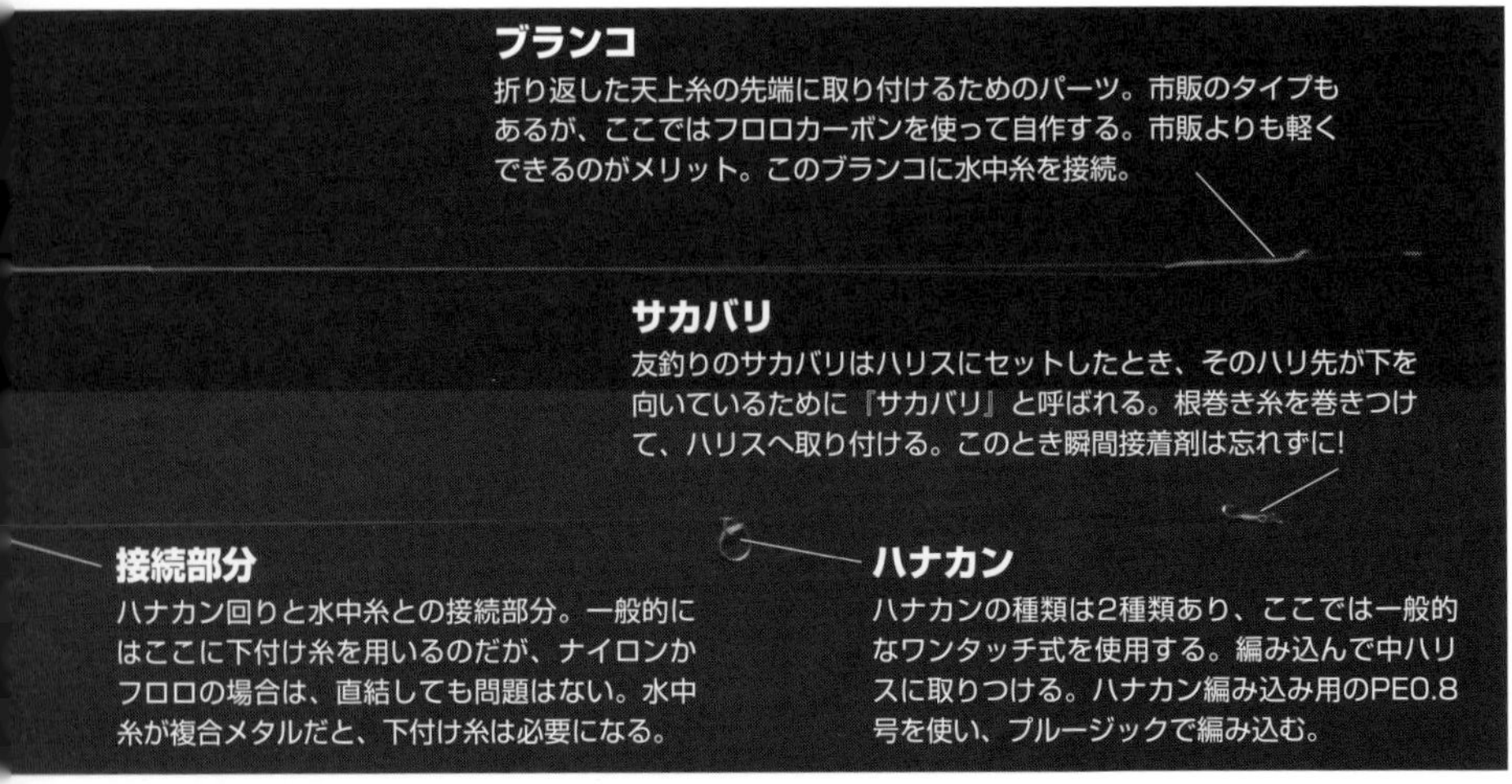

ブランコ
折り返した天上糸の先端に取り付けるためのパーツ。市販のタイプもあるが、ここではフロロカーボンを使って自作する。市販よりも軽くできるのがメリット。このブランコに水中糸を接続。
サカバリ
友釣りのサカバリはハリスにセットしたとき、そのハリ先が下を向いているために『サカバリ』と呼ばれる。根巻き糸を巻きつけて、ハリスへ取り付ける。このとき瞬間接着剤は忘れずに!
接続部分
ハナカン回りと水中糸との接続部分。一般的にはここに下付け糸を用いるのだが、ナイロンかフロロの場合は、直結しても問題はない。水中糸が複合メタルだと、下付け糸は必要になる。
ハナカン
ハナカンの種類は2種類あり、ここでは一般的なワンタッチ式を使用する。編み込んで中ハリスに取りつける。ハナカン編み込み用のPE0.8号を使い、プルージックで編み込む。

まずは作ってみる前提だが

仕掛けはやはり、自分で自在に作れるに越したことはない。しかし、年配者で老眼というハンデがあると、しかも若いころからこの釣りをやっているワケではない！　これから始める！という人にはなかなかハードルが高い。それぞれのパーツごとの役割、号数の使い分け、各種素材の違いなどからざっくり解説していこう。

仕掛けの号数と目安

アユの大きさ	水中糸（ナイロン／フロロ）	複合メタル	ハナカン回り
15 〜 20㎝	0.2 号	0.06 号	0.6 号（フロロ 30㎝）
18 〜 22㎝	0.25 号	0.1 号	0.8 号（フロロ 30㎝）
23 〜 26㎝	0.3 号	0.15 号	1.0 号（フロロ 35㎝）

最後にそのサカバリの先に、アユを掛ける掛けバリをセットする。掛けバリはシーズン初期で6・5号、後半になってアユが育ってくると7~8号とサイズを上げていく。掛けバリハリスも0・8~1・0号が標準だが、大アユシーズンには1・5号以上と太くしていく。

各部の役割

天井糸からハナカン~サカバリまですべて1本だったらどうだろう? 強度的に0・2号の水中糸が必要な場合、上から下までこの細さだとどこで切れるかわからないし、切れた場合の修復も困難だ。おそらく大昔の友釣り仕掛けは、いわゆる『通し仕掛け』とよばれ、1本モノであったにちがいない。

では、天井糸に合わせて0・8~1号の通し仕掛けだったら? これでは水中糸部分が太過ぎて水抵抗が上がり、オトリアユもすぐ弱ってしまうためにやはり釣りにならない。各部分を強度と適切な細さを組み合わせることで、友釣りの仕掛けは構成されるのだ。天井糸&ハナカン回りはやや太く丈夫に、水流による抵抗を軽減するための水中糸は細く強度のあるものを使い分けるのだ。

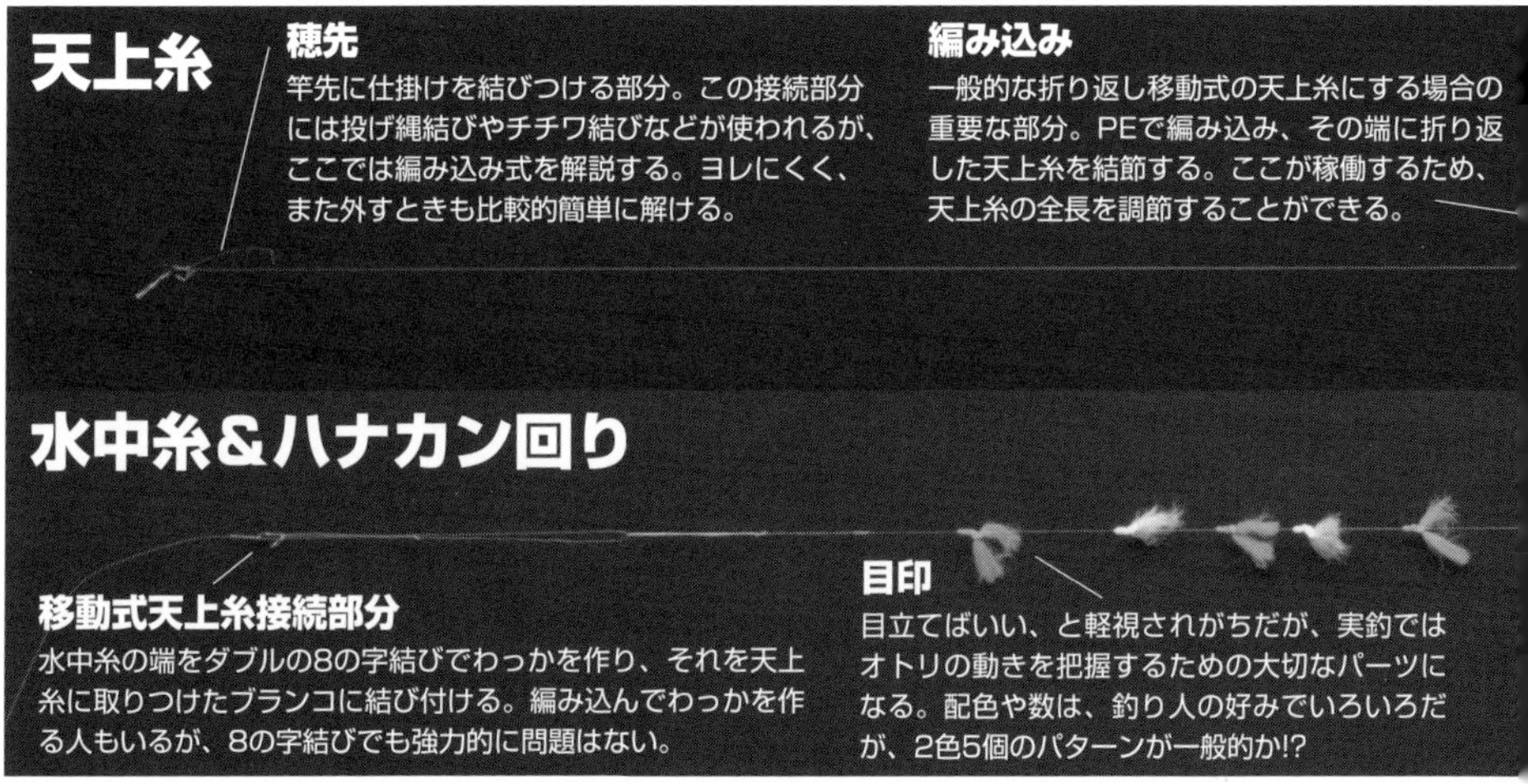

天上糸
穂先
竿先に仕掛けを結びつける部分。この接続部分には投げ縄結びやチチワ結びなどが使われるが、ここでは編み込み式を解説する。ヨレにくく、また外すときも比較的簡単に解ける。
編み込み
一般的な折り返し移動式の天上糸にする場合の重要な部分。PEで編み込み、その端に折り返した天上糸を結節する。ここが稼働するため、天上糸の全長を調節することができる。
水中糸&ハナカン回り
移動式天上糸接続部分
水中糸の端をダブルの8の字結びでわっかを作り、それを天上糸に取りつけたブランコに結び付ける。編み込んでわっかを作る人もいるが、8の字結びでも強力的に問題はない。
目印
目立てばいい、と軽視されがちだが、実釣ではオトリの動きを把握するための大切なパーツになる。配色や数は、釣り人の好みでいろいろだが、2色5個のパターンが一般的か!?

自作すると、竿の長さに合わせ、シーズンごとの号数、ライン素材で作り分け、数多くストックできる。釣行時の安心感が違う

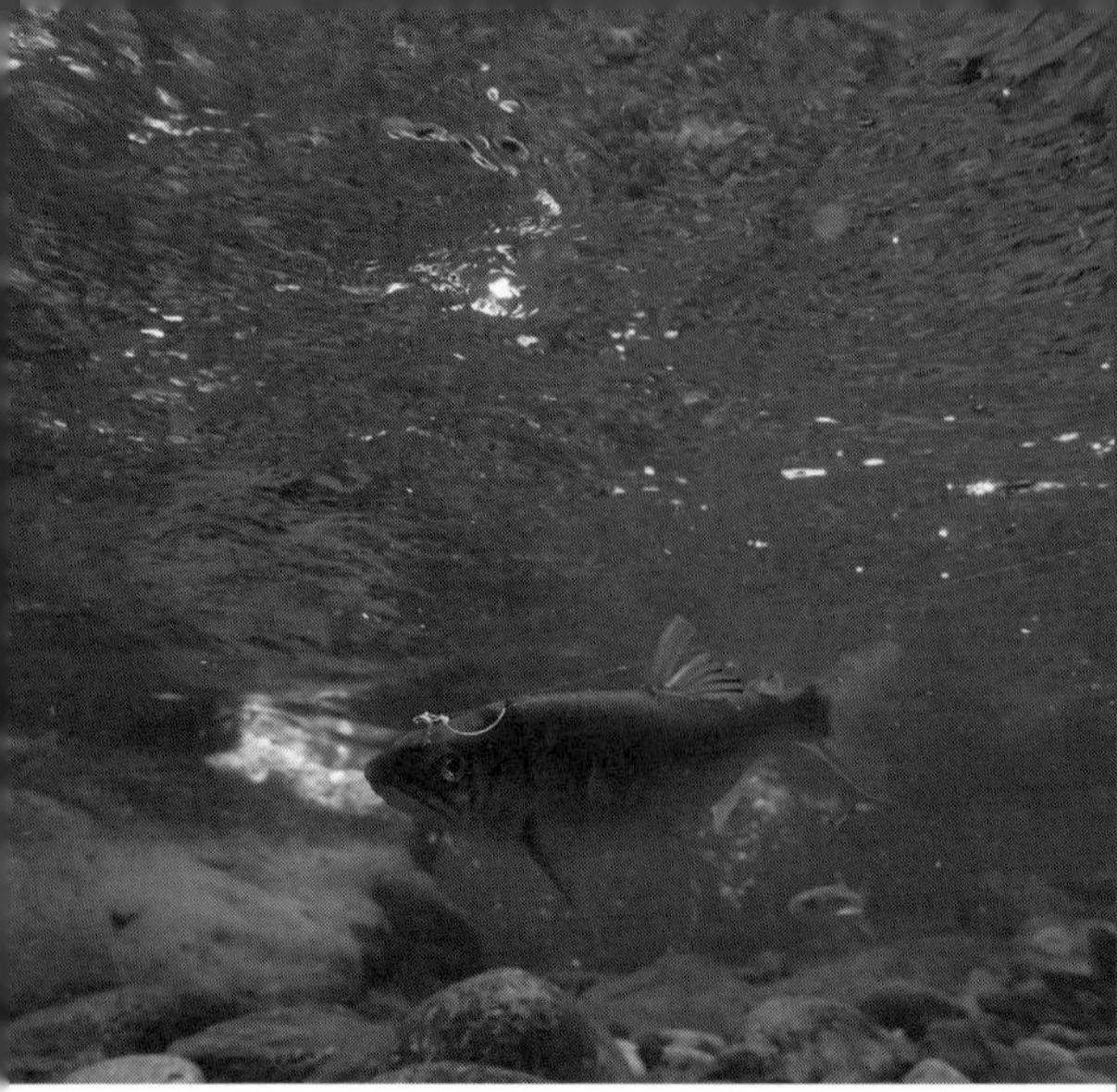

仕掛け作りは難しい！ コンプリート仕掛けをどうぞ！

友釣りビギナーの強い味方！

完全仕掛け

確かにアユ友釣りの仕掛けは独特だ。だからこそ、ビギナーにも安心な完全仕掛けが流通している。実際に使ってみると、いいかげんな仕掛けを自分で作るより、信頼できる仕掛けであるのはいうまでもない。

トラブルになりにくい仕掛け

水中で仕掛けの各部パーツはかなり過酷な条件で酷使されながら使われている。少しでも弱い部分や、不具合のある箇所から崩壊していくのだ。コレで完璧！という自信を持って仕掛け作りができないというなら、トラブル回避のためにもメーカー完全仕掛けがオススメだ。

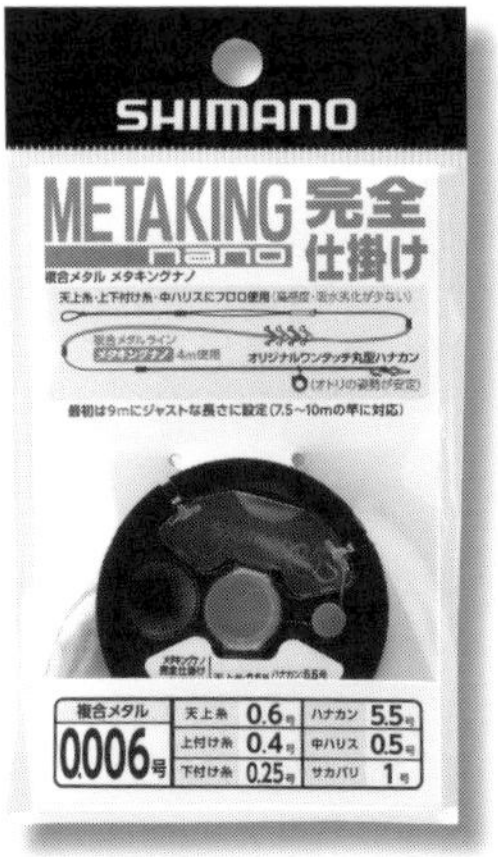

シマノ
メタキングナノ完全仕掛け
本体価格バリュープライス
極細ラインが実現した、驚くほどオトリが自然に泳ぐ完全仕掛け
サイズ：0.006、0.008、0.02（号）

ダイワ
メタコンポ大鮎完全仕掛け
本体価格2950円
水中糸⇔中ハリス直結仕様で強度大幅アップ！
大アユを取るために必要な要素満載
サイズ：0.15、0.2（号）

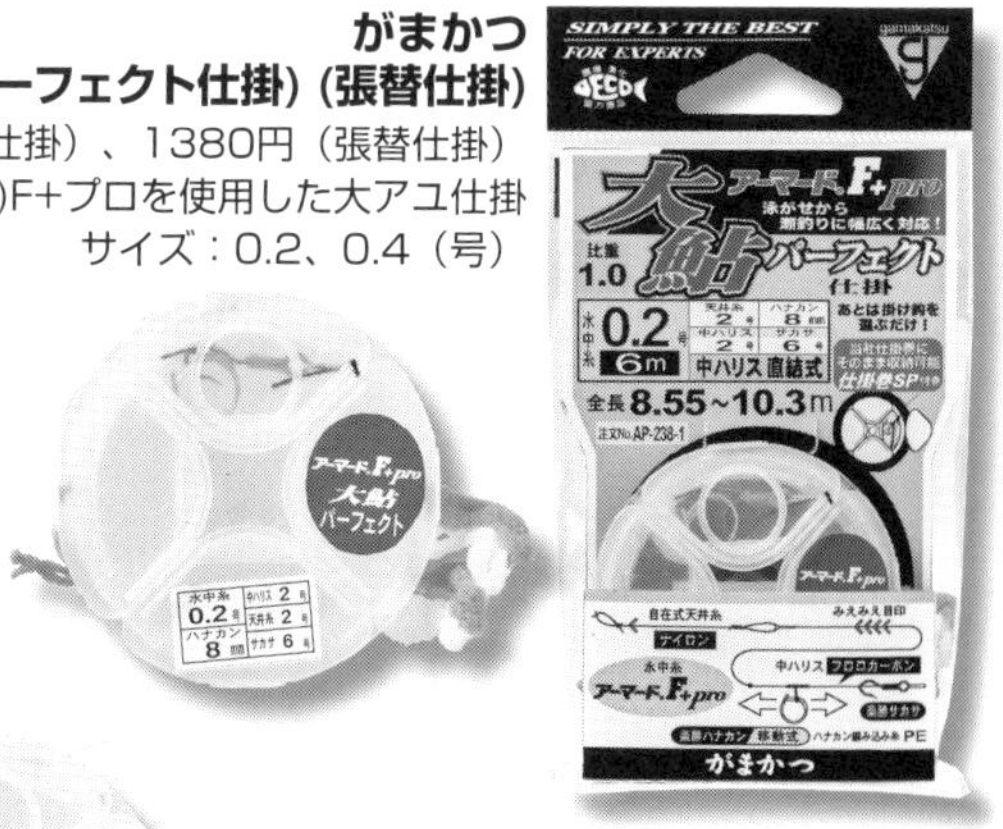

がまかつ
アーマード(R)F+プロ 大鮎（パーフェクト仕掛）(張替仕掛)
本体価格1620円（パーフェクト仕掛）、1380円（張替仕掛）
高感度・高強度なアーマード(R)F+プロを使用した大アユ仕掛
サイズ：0.2、0.4（号）

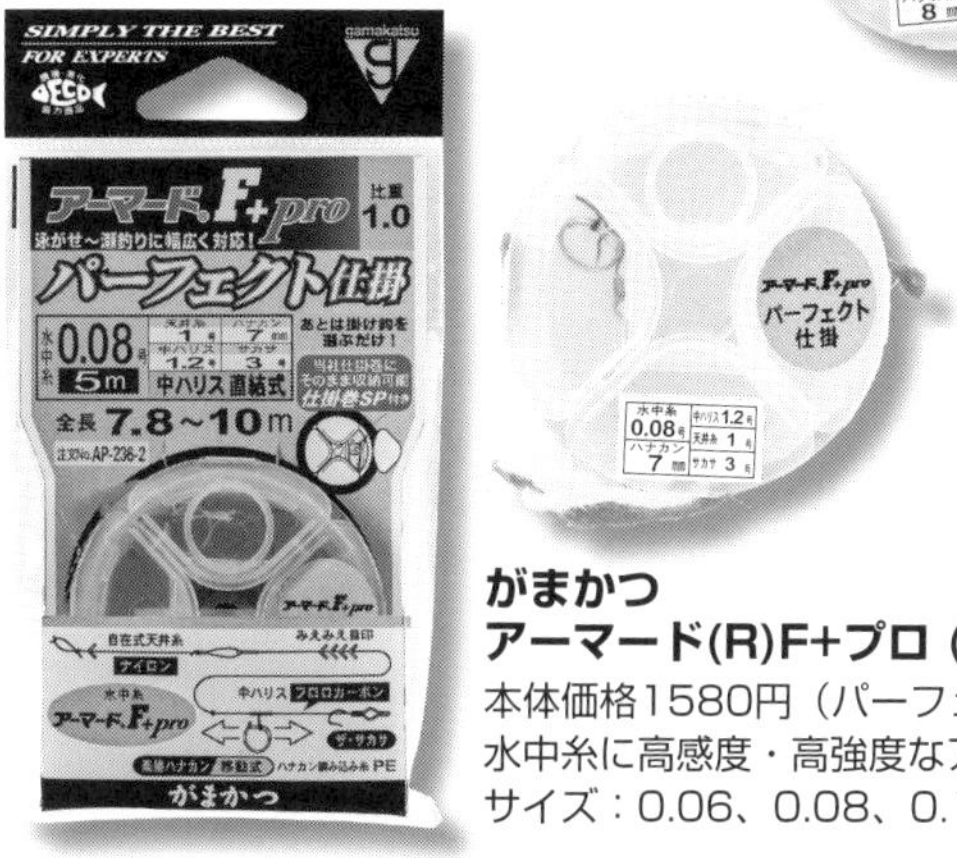

がまかつ
アーマード(R)F+プロ（パーフェクト仕掛）(張替仕掛)
本体価格1580円（パーフェクト仕掛）、1330円（張替仕掛）
水中糸に高感度・高強度なアーマード(R)F+プロ使用！
サイズ：0.06、0.08、0.1（号）

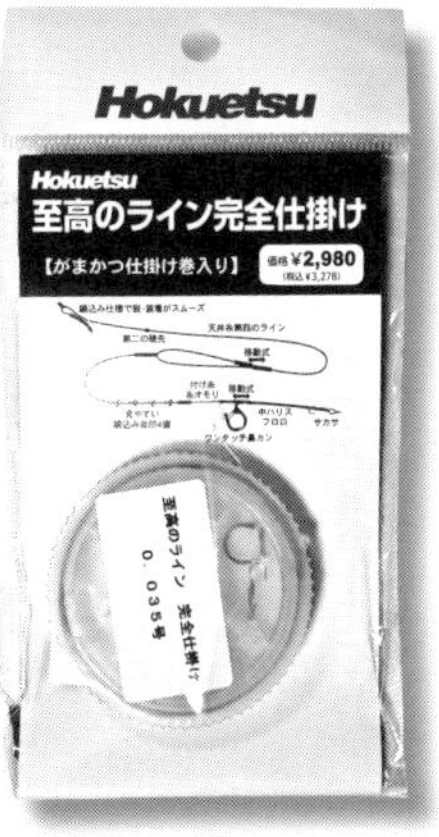

北越産業
至高のライン完全仕掛け
本体価格2980円
がまかつ仕掛け巻き入り
サイズ：0.025、0.035（号）

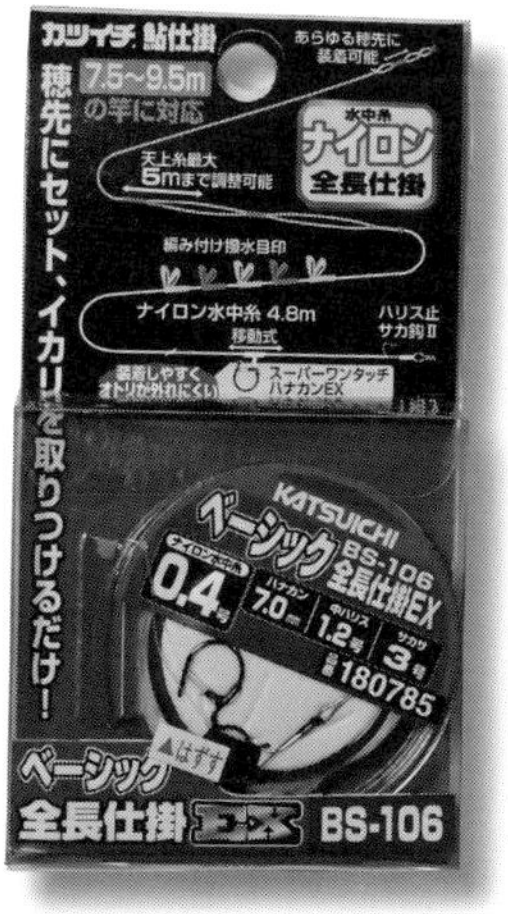

カツイチ
ベーシック全長仕掛EX
本体価格700円
初心者の方にもオススメ！ 穂先にセット、
イカリをつけるだけの完全セット
サイズ：0.25、0.3、0.4（号）

サンライン
鮎完全版仕掛　ハイテンションワイヤー
本体価格2150円
水中糸に「ハイテンションワイヤー」を採用した完全仕掛
サイズ：0.06、0.08、0.8、0.125、0.15（号）

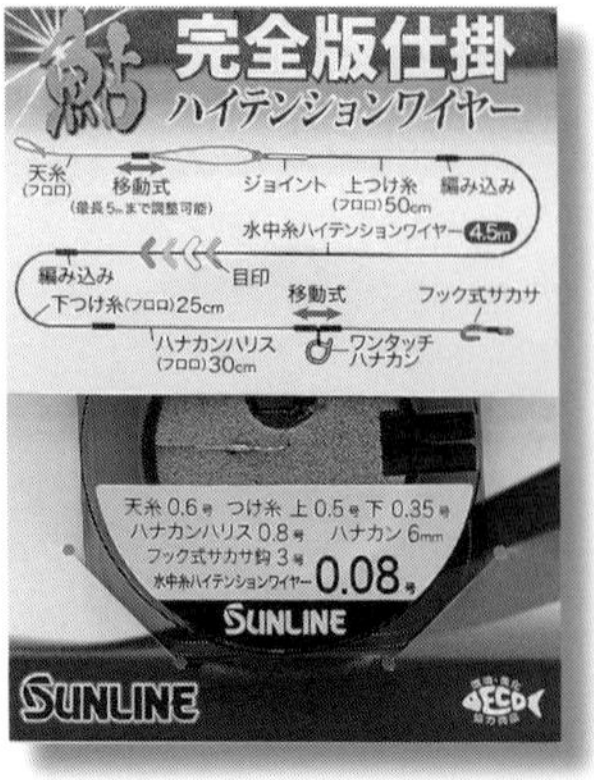

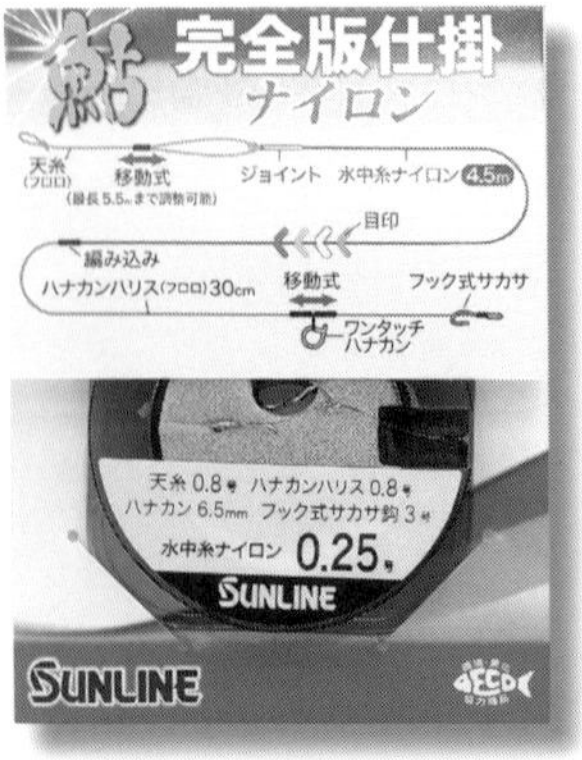

サンライン
鮎完全版仕掛 ナイロン
本体価格950円
直線強力・結節強力に優れた超高分子量ナイロン（H・M・W）を採用した「鮎 水中糸 ナイロン」を使用
サイズ：0.175、0.2、0.25、0.3、0.4（号）

サンライン
鮎完全版仕掛 フロロ
本体価格1100円
バランスがよいフロロカーボン水中糸「鮎 水中糸 フロロ」を使用した完全版仕掛
サイズ：0.175、0.2、0.25、0.3、0.4（号）

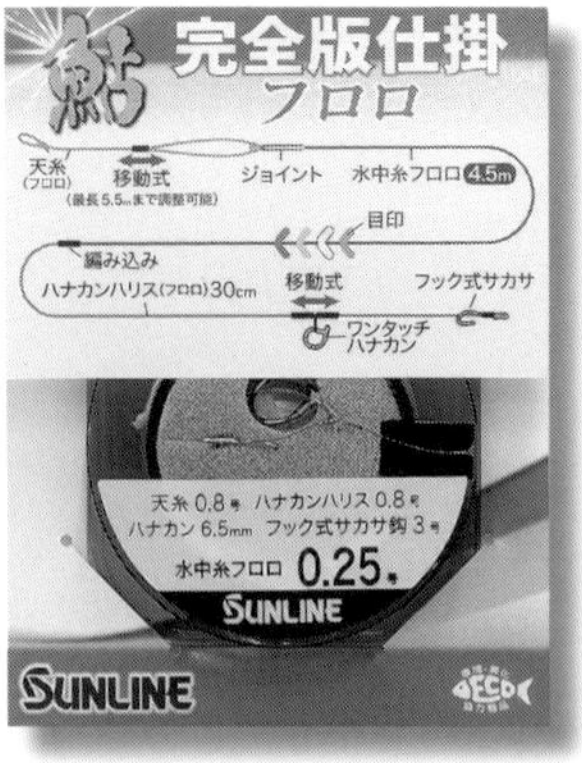

サンライン
鮎完全版仕掛 エステル
本体価格950円
ナイロンやフロロカーボンに近い操作性とメタルラインのような「伝達感度」を持つ「鮎 水中糸 エステル」を使用した完全版仕掛
サイズ：0.15、0.175、0.2、0.25、0.3、0.4（号）

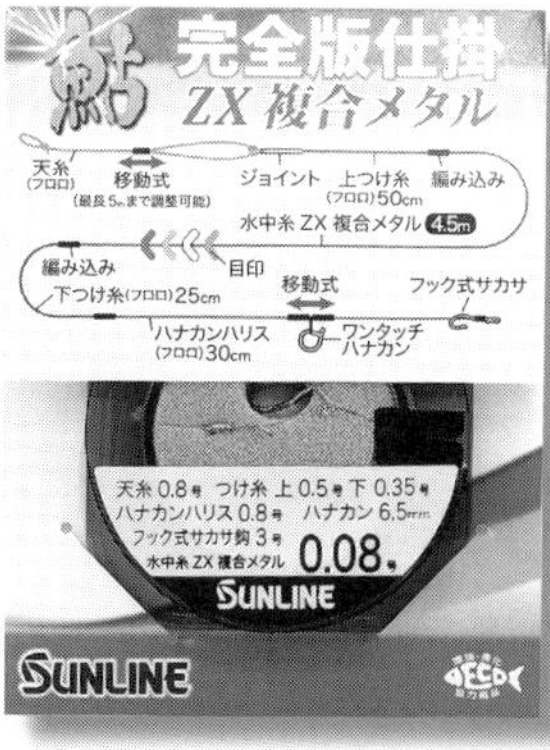

サンライン
鮎完全版仕掛 ZX複合メタル

本体価格1950円

高強度液晶ポリエステル繊維『Zxion®』（ゼクシオン）を採用した複合メタルライン「鮎 水中糸 ZX複合メタル」を使用した完全版仕掛

サイズ：0.04、0.06、0.08、0.1、0.125、0.15（号）

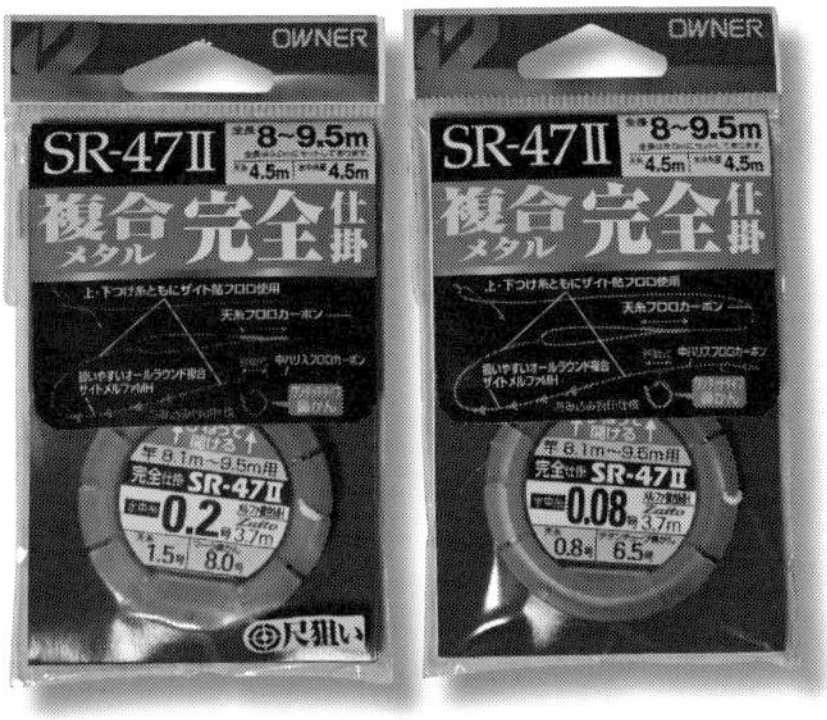

オーナーばり
複合完全仕掛

本体価格オープンプライス

扱いやすく、強い、Zitoメルファ複合MH使用の完全仕掛

サイズ：0.04、0.05、0.06、0.08、0.1、0.15、0.2（号）

シーズン初期は繊細に、終盤は強靭さを！

ここに紹介する製品も、釣具店に行けば必ず手に入る！　そう断言できないのが、これらアユ用品の宿命。いよいよ必要なシーズンに突入！　と思い、アユ製品をしっかり扱う店舗に向かうが、肝心の号数がない……、というのはあるあるだ。また、製品はじゃんじゃんモデルチェンジする。パッケージやデザインも変更される。よくパッケージを確認して購入しよう！

仕掛け巻き、回転スプールを共通メーカーに

完全仕掛けを購入し、いざ使うときはそのままパッケージから出して竿の穂先に天井糸をくくり付け、するする出していけばOKだが、釣り終わってしまうとき、まだこの仕掛け再利用できるなぁ、という場合はもう一度仕掛け巻きに巻き取る必要がある。このときにその仕掛け巻きのカバーに相当するスプールがある。これが各社、各メーカーによって異なるため、メーカーを合わせて仕掛けと仕掛け巻きカバー（スプール）を購入する必要がある。例えばだが、ダイワの仕掛けにオーナーばりのスプールは使えないことになる。

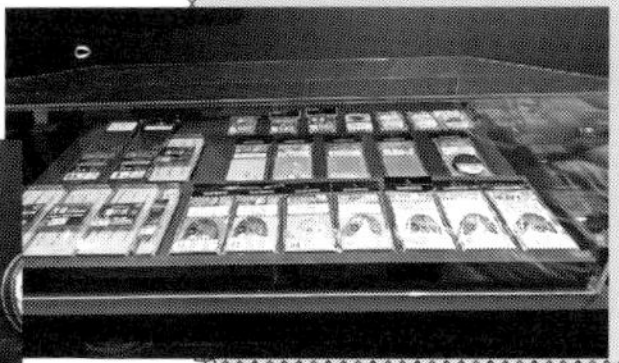

短いハリスに
さまざまなパーツが凝縮

仕掛け作りにチャレンジ!
ハナカン回り

オトリに直接触れるハナカンとサカバリを用いたハナカン回り。オトリを弱らせないためにも、丁寧な作業で仕掛けを作っていきたい。全体の仕掛けの中でも重要な部分だ。

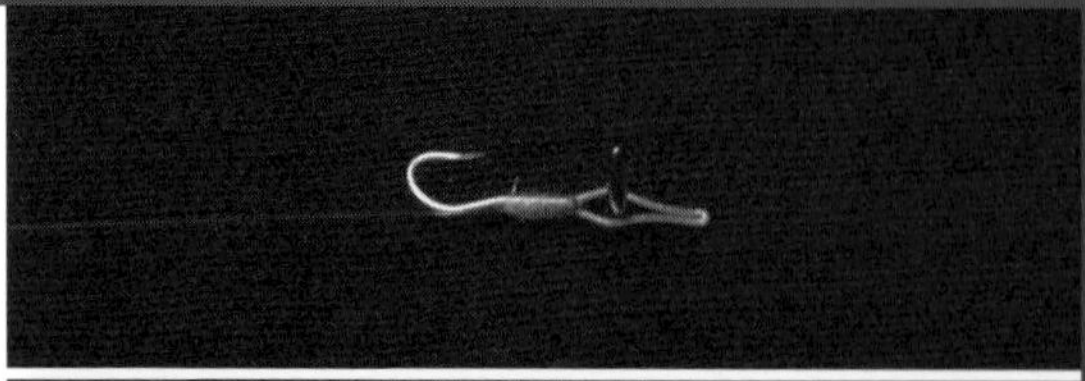

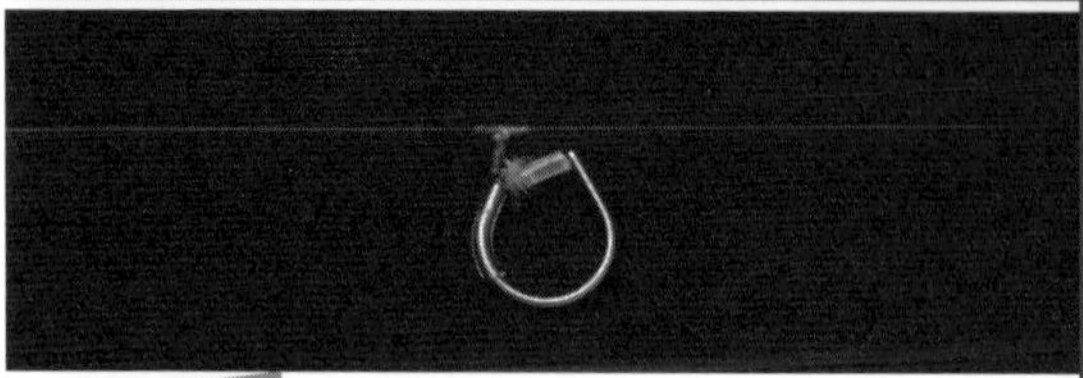

CHECK POINT

たくさんのパーツを必要とするハナカン回り

骨格になる糸である中ハリスはフロロの0.3号。さらにマストパーツになるワンタッチ式ハナカン、メガネ式ハリスと目のサカバリ。瞬間接着剤はサカバリを撒いたあとの仕上げに、巻き込んだ部分に少量垂らす。これで、強度が大きくアップする。

仕掛け作りに必要な道具たち

必ず用意しておきたいラインホルダー

1号に満たない細い釣り糸や指先ほどの小さなパーツを結び、1本の仕掛けを作っていく。細かな作業が随所に要求されるため、仕掛けを作るための専用のツールが必要になってくる。ツールはいろいろあるが、中でも絶対に用意しておいてほしいのがラインホルダーである。編み込みをするときは、これがないと作業にならない。ちゃんとした道具を使って作業することで、結び目の強力などを落とさないですむし、見た目を美しく仕上げることもできるのだ。

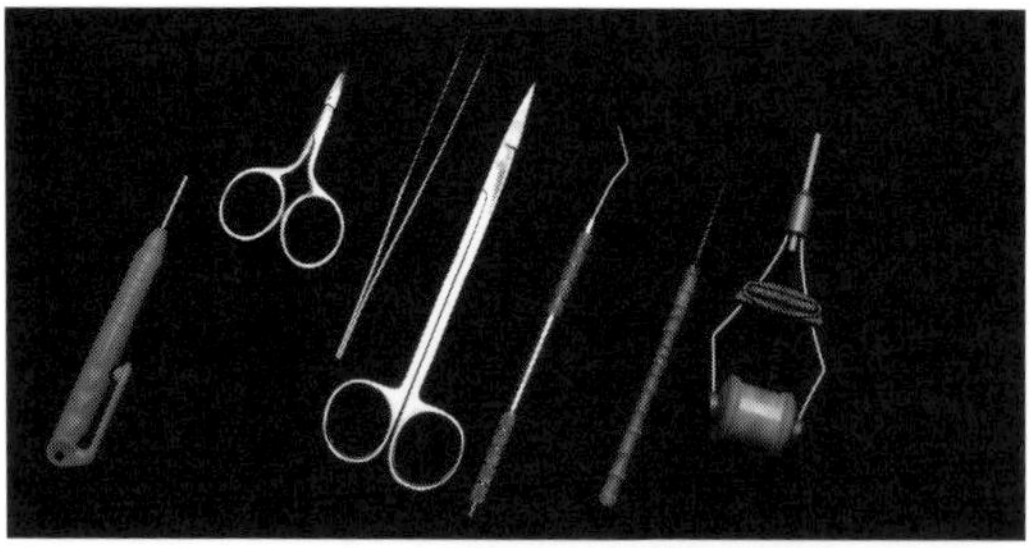

ボビンホルダー：サカバリやハリを巻きつける根巻き糸専用のホルダー（右端）　仕掛けニードル：チチワを作ったときのその大きさの調整などに使用する（右から２番目、３番目）　ハサミ＆ピンセット：ハサミはPEラインも簡単に切れる小型で切れ味の鋭いものを選ぶ。ピンセットは細いラインをつまむのにあると便利（右から４番目、５番目、６番目）　８の字結び器：極小のチチワも作りやすい便利ツール（左端）

ラインホルダー。ラインを編み込むときなどに必要で便利なツール。メタル系ラインを使うときは必要だ

サカバリの取り付けの向きに注意しよう

この部分の長さは20～30㎝。そこにさまざまなパーツや糸が用いられる。特に特徴的なのが、友釣り以外の釣りではまず見かけない、特殊なパーツであるハナカンとサカバリである。この2つについて少し説明しておきたい。

ハナカンはフック式とワンタッチ式とがある。各メーカーからのラインナップは、ワンタッチ式の方が多く、最近ではこれが主流になっている。フック式よりも軽量で、オトリへの負担が軽減できる、というのがその大きな理由だ。ここでは、ワンタッチ式のハナカンを用いる。

ハナカンはPE0・6号を使って編み込む。ハナカン用の巻きつけ糸もあるが、PE素材であれば特にこだわる必要はない。編み込み方は数種類ある。ここでは比較的覚えやすいプルージックを用いてハナカンをセットする。

プルージックは移動式の網み込み方。オトリのサイズはいろいろで、ハナカンが移動できればその魚体の大きさに合わせることができ、ひいてはオトリの負担軽減につながる。

ハナカン回りのもうひとつのマストパーツなのがサカバリ。これはオトリの体に刺して仕掛けを固定するためのパーツだ。昔はオトリに触れるのはハナカンだけで、つまりサカバリを使わないのが主流だったようだが、付けるのと付けないのとで釣果に歴然の差が出てしまう。現在は、サカバリは付けるのが当たり前になっている。

サカバリもメガネ式ハリス止めとフック式ハリス止めの2タイプが存在する。ともに一長一短あるが、釣りをしていてトラブルが少ないメガネ式をビギナーにはオススメしたい。

少々余談になるが、サカバリはハリ先が下（ハナカンとは逆側）を向くように取り付ける。他の釣りを見回しても、ハリ先が下を向いてつけるのは非常にまれ。そのため、間違ってハリ先を上に向けてしまった、という失敗談は枚挙にいとまがない。くれぐれもご用心を!!

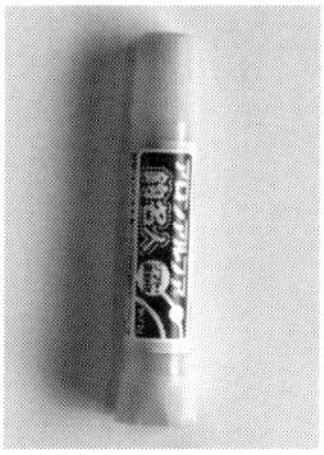
瞬間接着剤

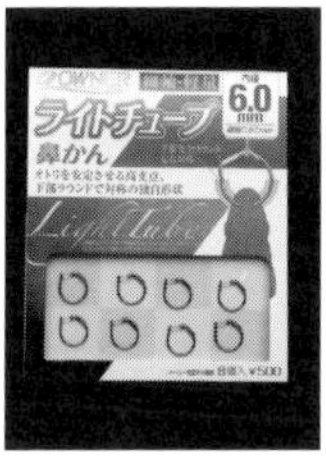

ワンタッチ式ハナカン

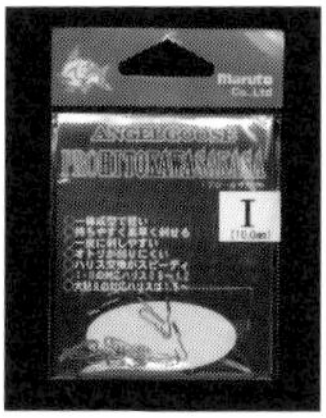

サカバリ
（これはフック式ハリス止め）

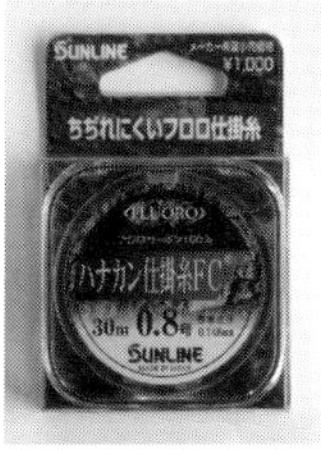

ハナカン回り（仕掛け）糸

根巻き糸

求められるのは細さ
そして強さ

仕掛け作りにチャレンジ!

水中糸

オバセを作る泳がせ釣りではナイロンかフロロが主流。対して、竿を寝かせてオトリを沈める引き釣りでは金属系の糸と相性がいい。釣り方で釣り糸素材をセレクトしたい。

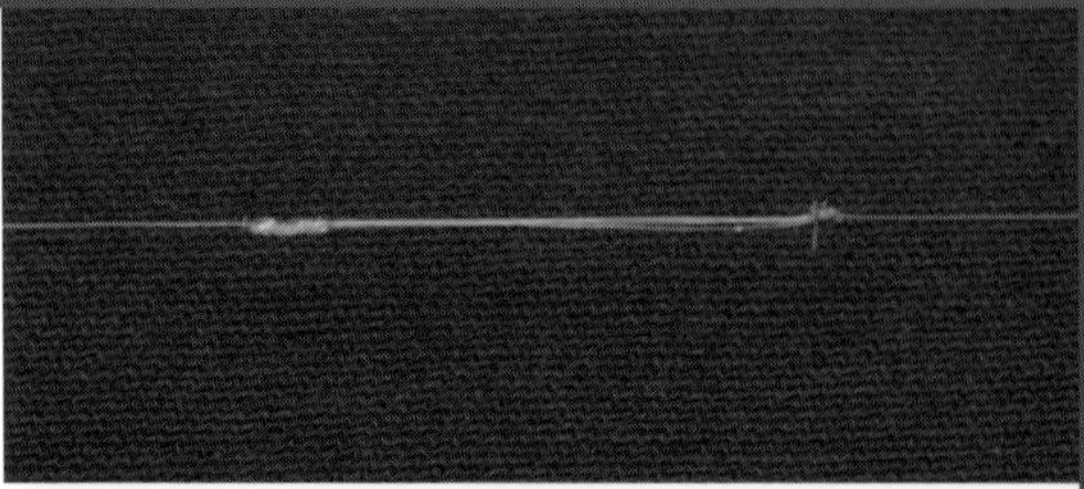

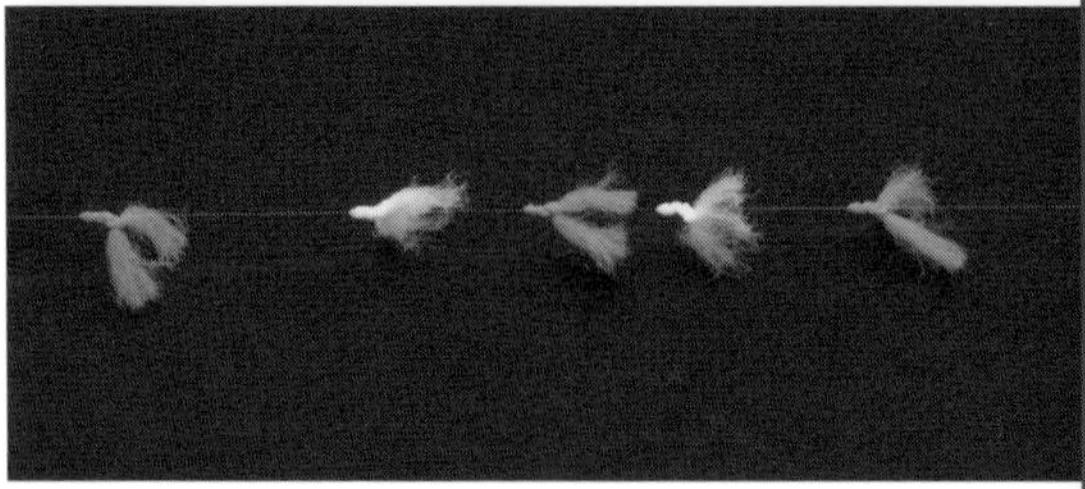

ナイロン、もしくはフロロではツケ糸は不要

川の水流は、表層に近づくほど強くなる。友釣り仕掛け全体の中で、強い水流を受けるのが水中糸の部分である。そのため、抵抗を受けにくい細い糸を用いる、というのが水中糸での基本的な考えになる。糸に水流の抵抗が強く加わるほど、それがオトリへの負担になるからだ。

ただし、常に極限まで細い糸にこだわるのかと言えば、そんなことはない。泳がせ釣りでは、仕掛けが受ける水の抵抗を利用することがある。オトリのすぐ上の部分を水流で膨らませて（袋状にして）オトリを刺激し、泳ぎを促す釣法がある。この袋のことを『オバセ』という。糸が細すぎると十分な水流が受けられなくなり、オバセが作りにくくなる。そのため、泳がせ釣りをする場合、多少の水流を受けるやや太めの糸を使うことが多いのだ。オバセを作る泳がせ釣りでは、水中糸はナイロンかフロロを使うことが多くなる。

水中糸では、金属系の糸も使われる。細くて強い素材である。こちらは、竿を寝かせて釣る引き釣りと相性のいい素材。糸が細いほどに水抵抗を受けにくくなるだけでなく、オトリを沈めやすくなる。また、金属系の糸は比重も重いので、さらにオトリの沈みを促せるわけだ。

水中糸の素材は『泳がせ釣りにはナイロンかフロロ、引き釣りにはメタル系』というのが、ひとつの基準になっているのだ。

　水中糸では、その上下に天上糸とハナカン回りが連結される。その連結部分に補強としての役割を担う付け糸をつけるのだが、ナイロンやフロロカーボンの場合、特にこれを間に挟まず、直結させても問題はない。ただし、金属系の糸になると話は別。ツケ糸を接続糸として使わないと、結節部分に十分な強力が出せない。

　今回の仕掛け作りの解説では、フロロカーボンを使用している。そのため、ツケ糸は割愛。ツケ糸を用いないので、その分、作り方もシンプルになる。天上糸とハナカン回りの直結の方法をイラストにしたので、そこも参考にしていただきたい。

CHECK POINT 01 天上糸との結節方法

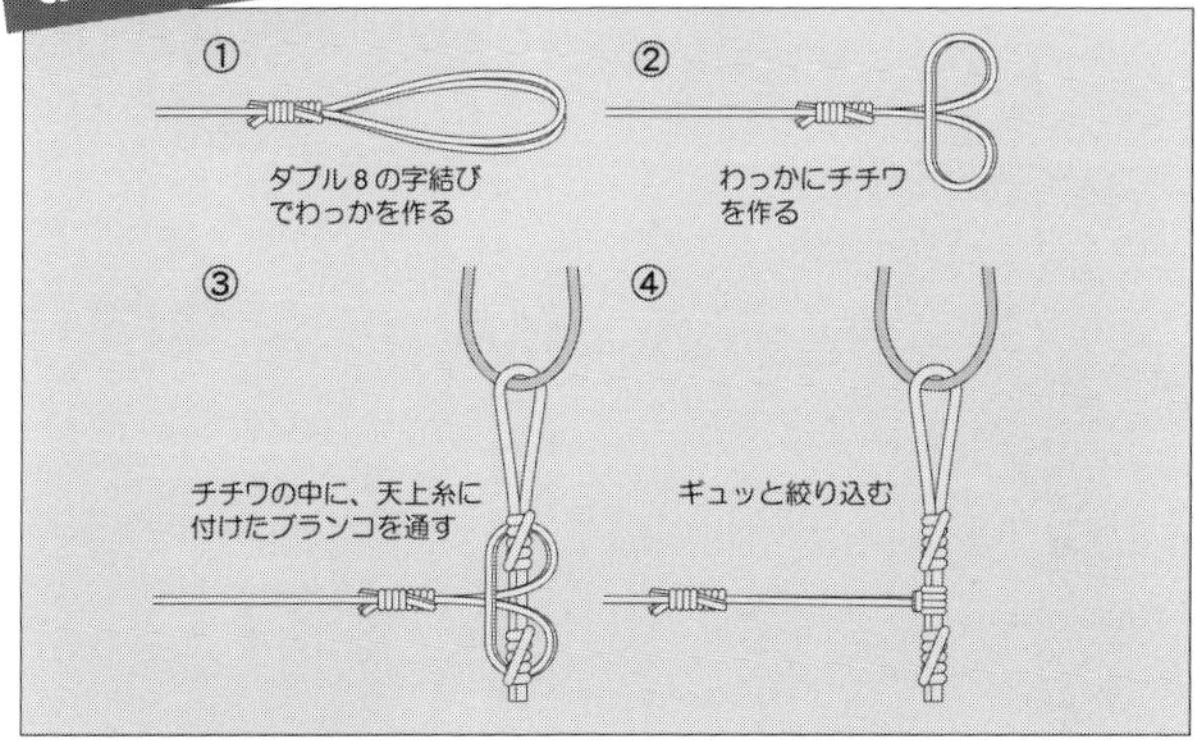
①
ダブル８の字結びでわっかを作る
②
わっかにチチワを作る
③
チチワの中に、天上糸に付けたブランコを通す
④
ギュッと絞り込む

CHECK POINT 02 ハナカン回りとの結節方法

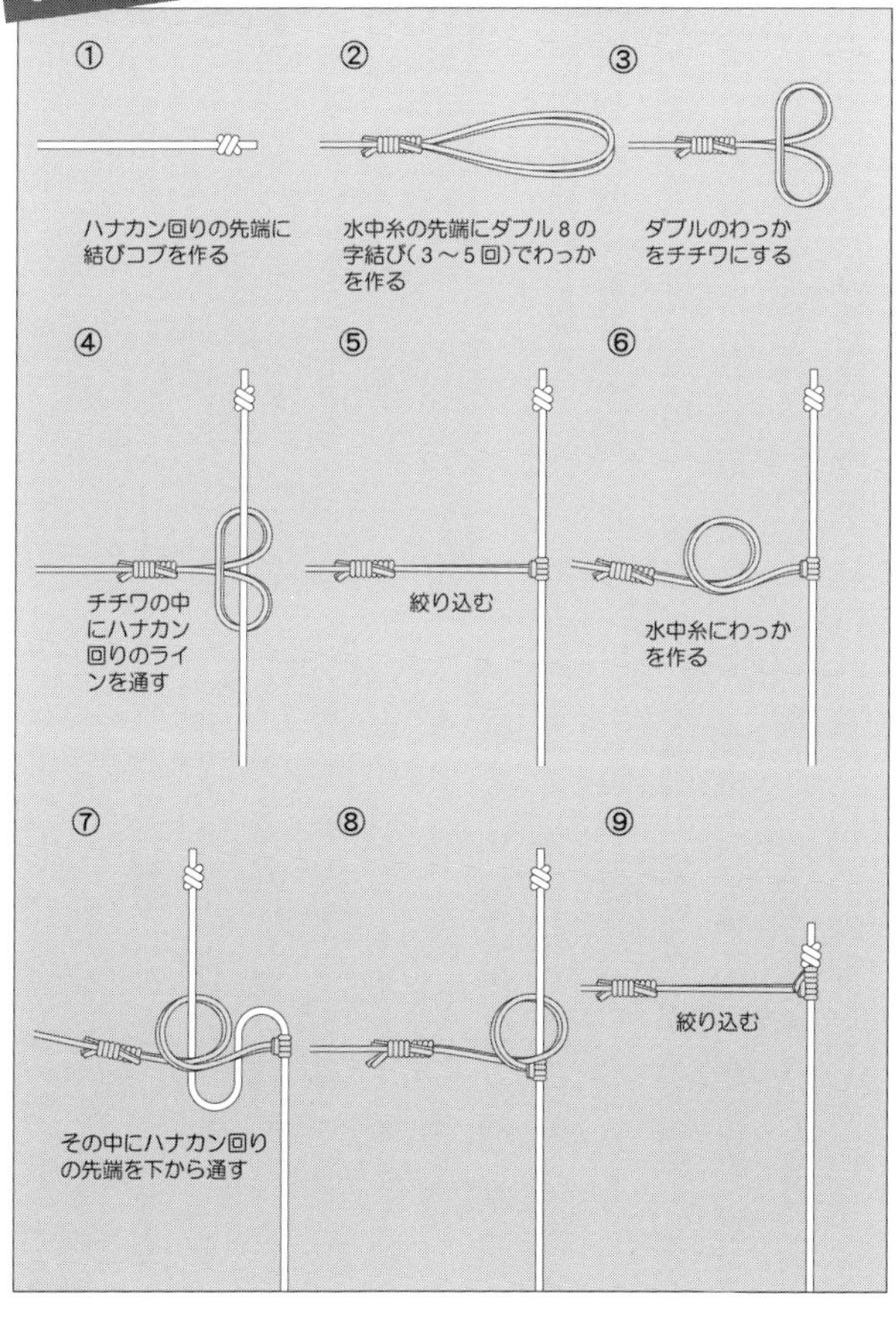
①
ハナカン回りの先端に結びコブを作る
②
水中糸の先端にダブル８の字結び（３～５回）でわっかを作る
③
ダブルのわっかをチチワにする
④
チチワの中にハナカン回りのラインを通す
⑤
絞り込む
⑥
水中糸にわっかを作る
⑦
その中にハナカン回りの先端を下から通す
⑧
⑨
絞り込む

仕掛けの長さ調整
全体の安定性を担う

仕掛け作りにチャレンジ!

天上糸

長さの調節機能を持った移動式の天上糸が現在の主流。ここで紹介するのは、この移動式。編み込み部分を移動させることで、全体の長さを調整する。水中糸と接続させるブランコは自作する。

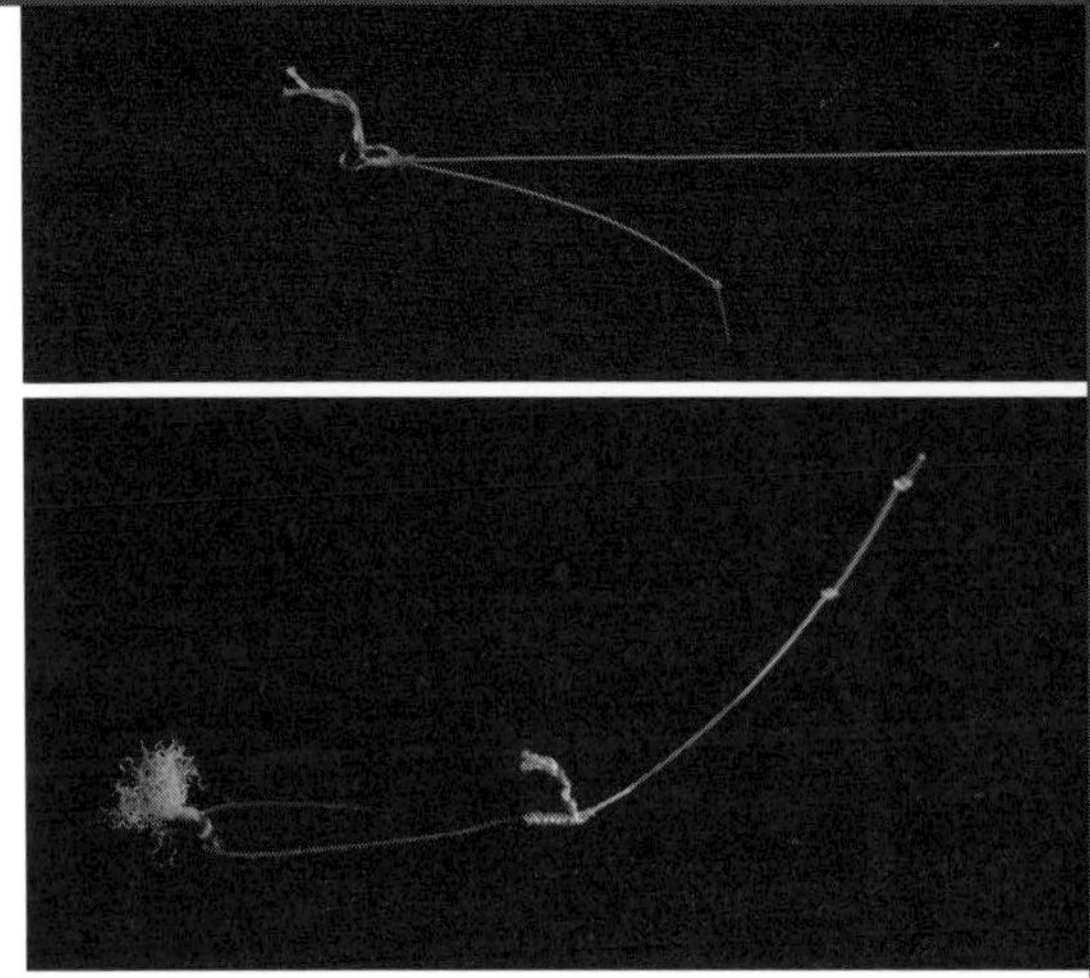

水中糸側だけでなく、穂先への連結部分も大切

天上糸は、もともと強くて張りのある糸を用いていた。仕掛けが穂先に絡むのを防止したり、木の枝などに触れたときの補強的な役割だけを持たせた糸だった。しかし、現在は天上糸に求める役割が、かなり異なってきている。天上糸に、仕掛け全体の長さを調節する機能を持たせるようになったのだ。これが移動式の天上糸である。

前述した張りのある糸を使った長さの調節ができない天上糸は、固定式と呼ばれている。ここでは、今や天上糸の主流になっている移動式の作り方を解説したい。

長さ調節の仕組みはいたってシンプル。PE0・6号を使って20回ほど編み込む。あまり強く編み込み過ぎても滑りが悪くなって糸を痛めかねないし、逆に緩いと、知らず知らずのうちにずれてきてしまう。編み込みの力加減はちょっとしたコツが必要だ。編み込んだら天上糸の先端(水中糸と接続する)側を折り返し、編み込みの端糸に結ぶ。このとき、事前に作ったブランコを糸に通すことをお忘れなく! これで水中糸側の編み込みが完成である。編み込んだ部分を移動させることで、天上糸全体の長さが調節でき、竿の長さ違いに応じて手尻合わせが可能になるのだ。

水中糸との結節はブランコが担

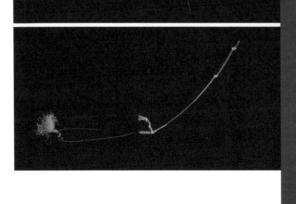

う。ブランコに水中糸を結びつける。このブランコは自作するのだが、ブランコの役を担う金属パーツも市販されている。ジョイントフック、と言うパーツだ。ここでの仕掛け作りの解説では、ジョイントフックは使わずに、自作ブランコを採用。ブランコの作り方は簡単で、左のイラストを参照していただきたい。

　さて、移動式の天上糸は長さ調節する水中糸側の作業が完了すれば終わりではない。竿の穂先と連結させる部分の作業も必須になる。糸を折り返し、ダブルラインにした状態で編み込む。編み込みの糸は、同じくPEの0・6号を使用。長さの調節機能を持たせた水中糸側の編み込みほど、その回数は多くなくてよい。5～6回編み込めばそれでよい。わっかになった部分を絞り込んで穂先に連結させる。

CHECK POINT 01 ブランコの作り方

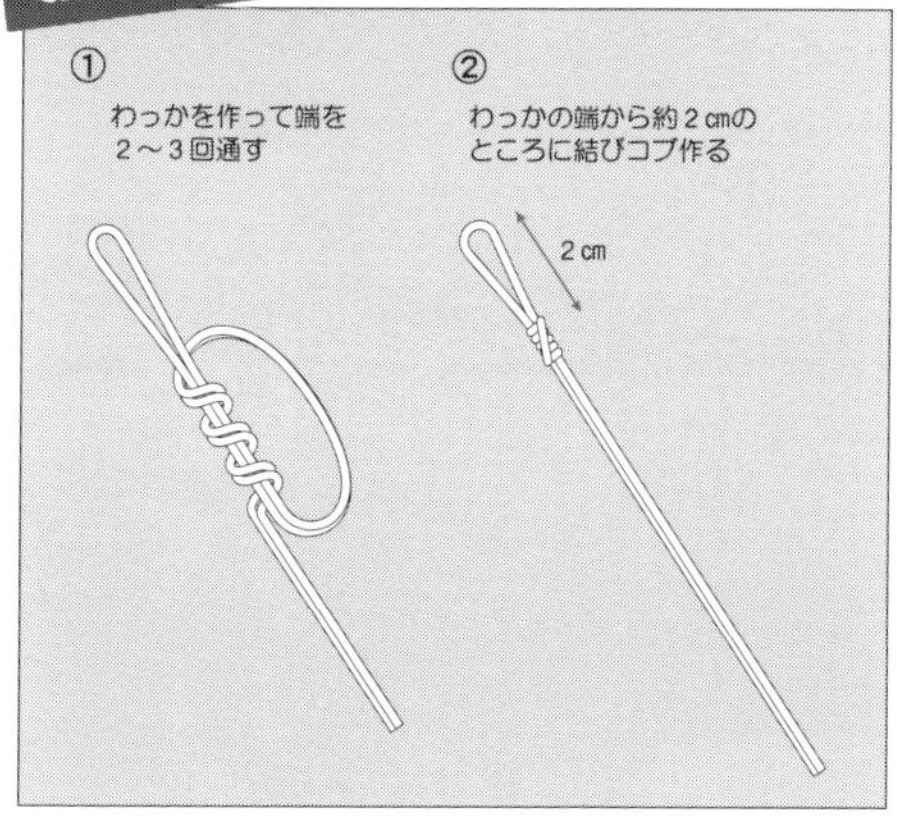
①
わっかを作って端を
2～3回通す
②
わっかの端から約2cmの
ところに結びコブ作る
2cm

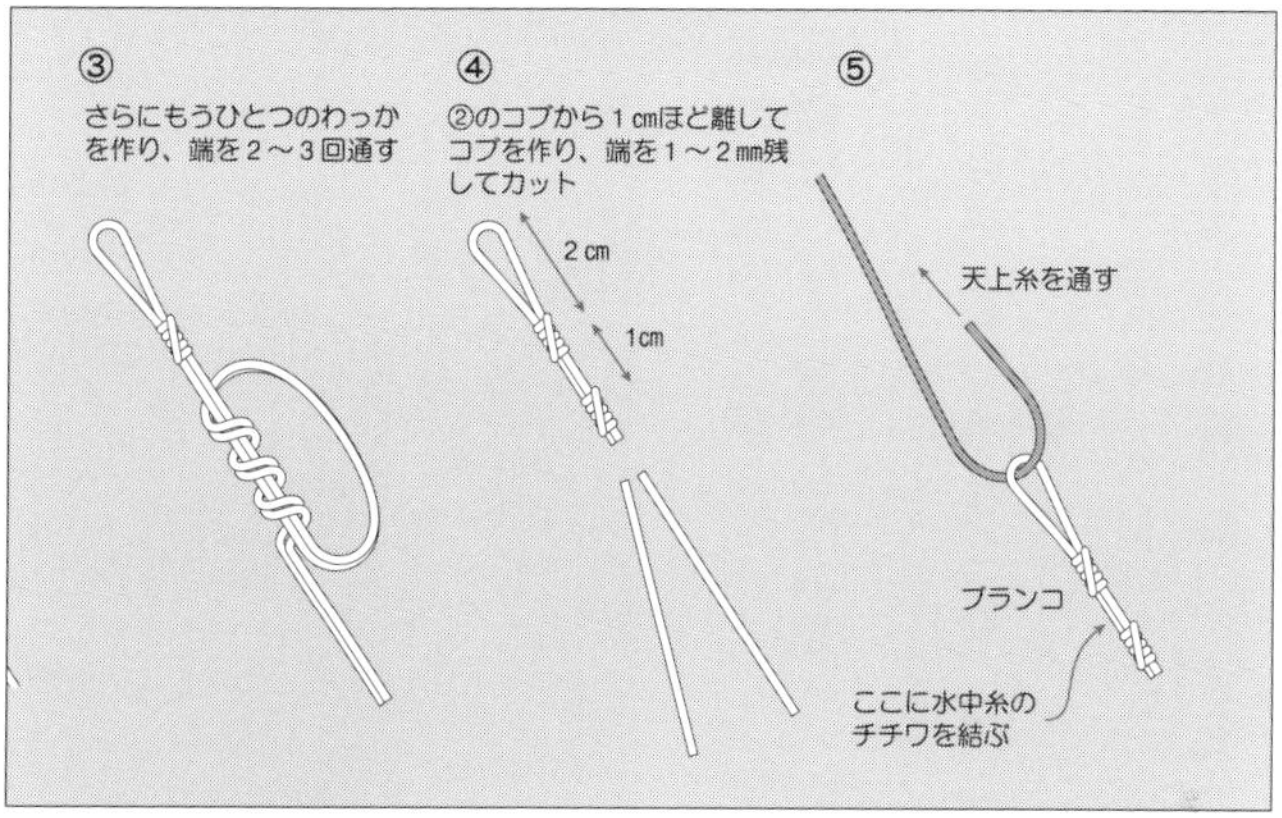
③
さらにもうひとつのわっか
を作り、端を2～3回通す
④
②のコブから1cmほど離して
コブを作り、端を1～2mm残
してカット
2cm
1cm
⑤
天上糸を通す
ブランコ
ここに水中糸の
チチワを結ぶ

CHECK POINT 02

金属製ジョイントフックも使ってみる価値あり

　水中糸との連結は、この仕掛け解説ではブランコを自作して使っているが、同じ役割を担う市販のパーツがジョイントフック。スイベルがついて糸ヨレを防いでくれるメリットもあるが、わずかでも軽量化したい！　という場合、通常は自作のブランコを使うようにする。一長一短あるパーツで、使うか使わないかは釣り人の好みによるところが大きい。

OWNER
極小
ダブル
W回転
フック
金属糸や極細糸のヨリを
効果的に防ぐ。
No.81058
OWNER
3本入／¥400

市販のジョイントフック。金属製で、糸で作ったブランコよりもわずかに重い

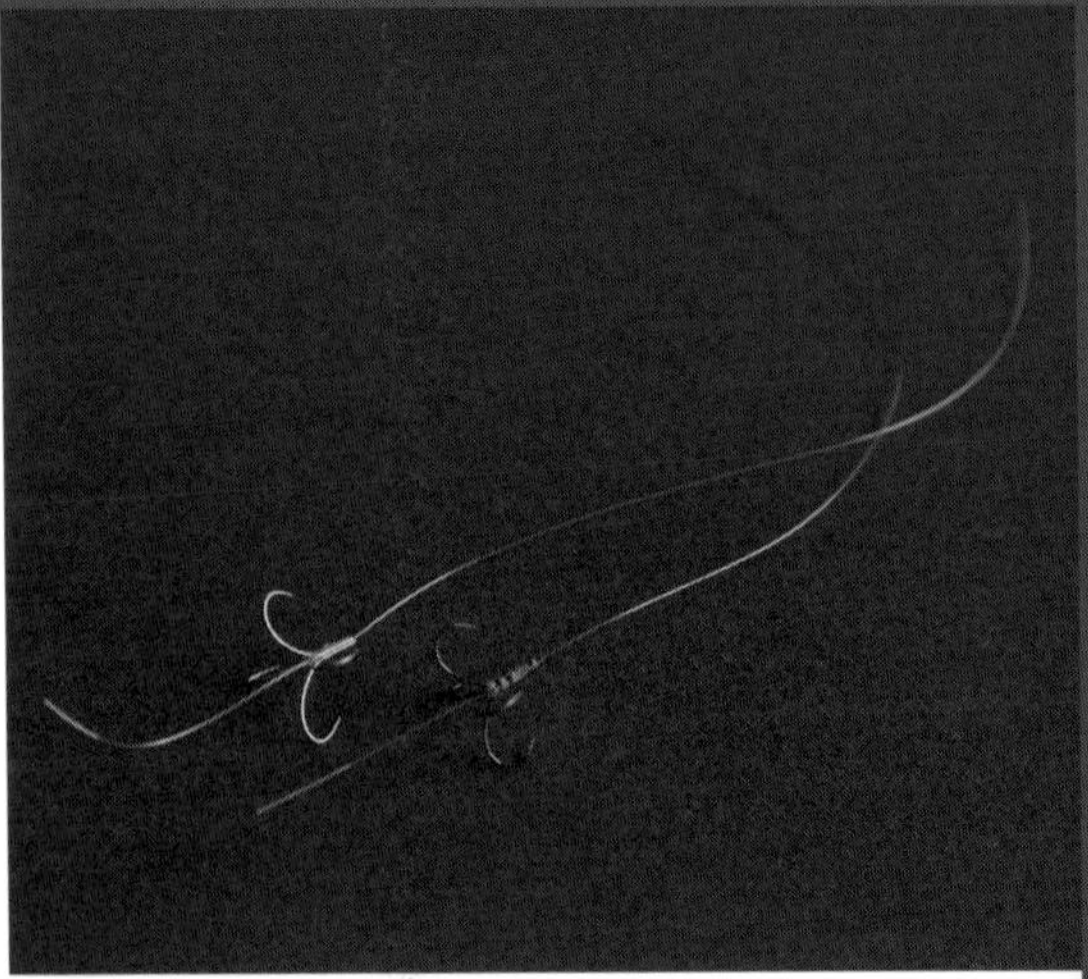

形状もさまざま
3〜4本イカリが基本

仕掛け作りにチャレンジ!

掛けバリ

魚の口に刺すのではなく、身体に掛けるから掛けバリ。他の釣糸に比べると圧倒的な刺さりのよさを実現したスレバリを使い、最もポピュラーな4本のイカリの掛けバリを自作してみよう。

市販品もあるが、掛けバリを自作してみる

ほとんどの釣りはハリにエサをつけたり疑似餌にハリをつけ、口に刺して魚を獲りこむ。しかし、友釣りの場合、喰わせてハリ掛かりさせるのではなく、身体に引っかけるのがハリの役目になる。喰わせて口に刺すのではなく、身体に掛けるので掛けバリなのだ。掛けるので、究極ともいえる刺さりのよさを実現させた専用のスレバリが、掛けバリに使われる。

CHECK POINT 01 掛けバリのバリエーション

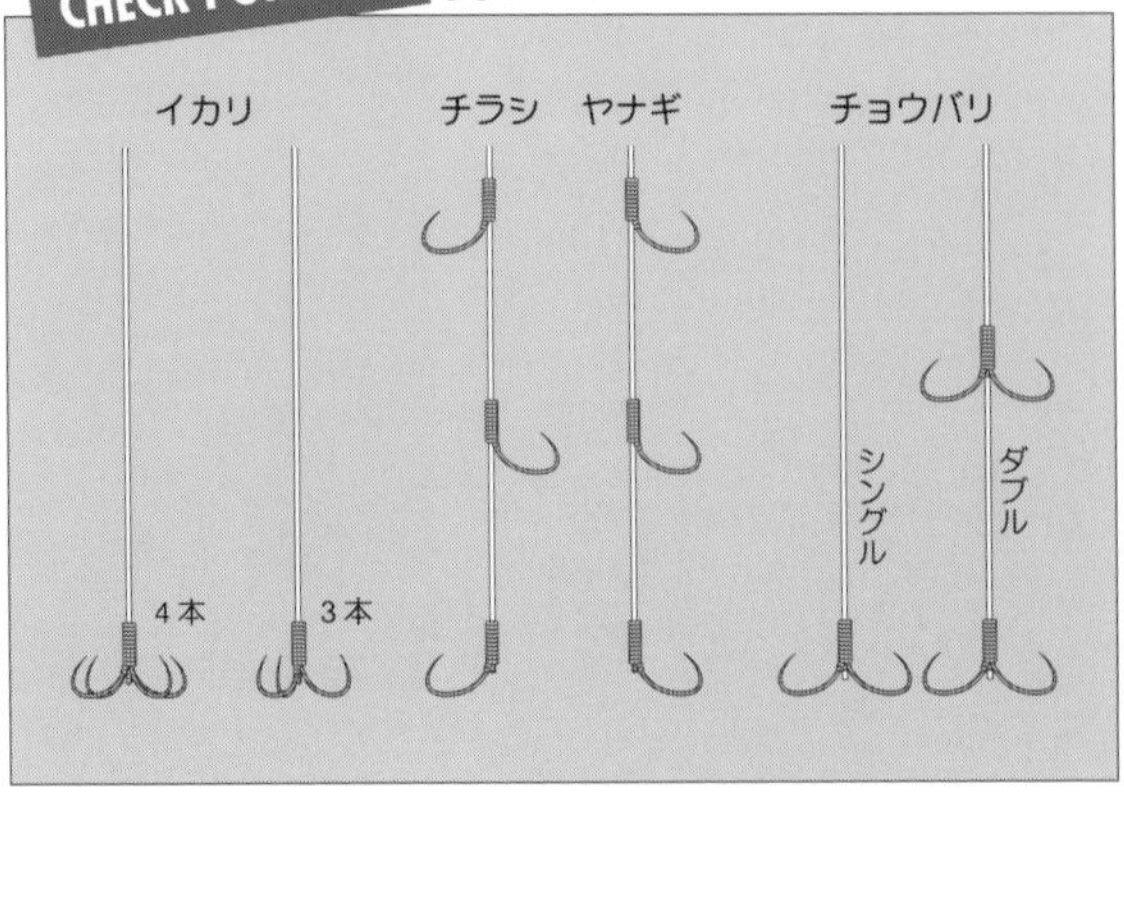

スレバリを使った掛けバリには、その組み合わせ方でいくつかのバリエーションに分けられる。『チョウバリ』『ヤナギ』『チラシ』『イカリ』が主なところ。それぞれを解説すると、2本のハリが左右180度に開いた状態になっているのがチョウ

バリ。これを2セット付ければダブル、ワンセットならシングルになる。

1本バリをハリスに2～3個セットしたタイプでポイントがすべて同じ方向を向いているのがヤナギ。互い違いにポイントの向きを変えているのがチラシになる。

そして、オーソドックスなタイプのイカリである。今回、作り方を紹介する掛けバリはイカリだ。これは3本、もしくは4本のスレバリを組み合わせたタイプ。3本のタイプはキープ力に優れ、4本のタイプは掛かりの早さがメリットになる。

掛けバリはすでに組まれた出来合いのタイプも多種多様に市販されている。しかし、天上糸からハナカン回りまで手作りしたのだから、せっかくなので掛けバリも自作してみてはいかがだろうか!?

CHECK POINT 01

専用ツールを使えば簡単

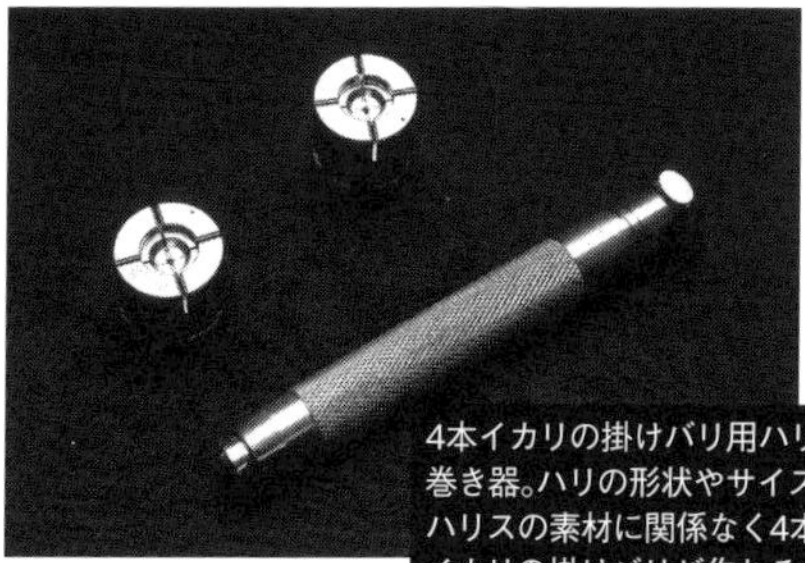

4本イカリの掛けバリ用ハリ巻き器。ハリの形状やサイズ、ハリスの素材に関係なく4本イカリの掛けバリが作れる

掛けバリ（イカリタイプ）を自作するときにオススメなのが、掛けバリ用のハリ巻き器だ。専用ツールが使わずともイカリバリを巻けないこともないが、これを使えばバラつきがなく、また失敗も少なくイカリバリを自作できる。イカリバリには3本と4本がある。掛けバリを自作することでハリスの号数、ハリの形状やハリ軸の硬さなど、自由な組み合わせができるのがメリットとなる。状況に応じたハリを準備しておけるのだ。

市販のスレバリ。サイズや形状などは多種多様で、自作だといろいろなパターンで組める

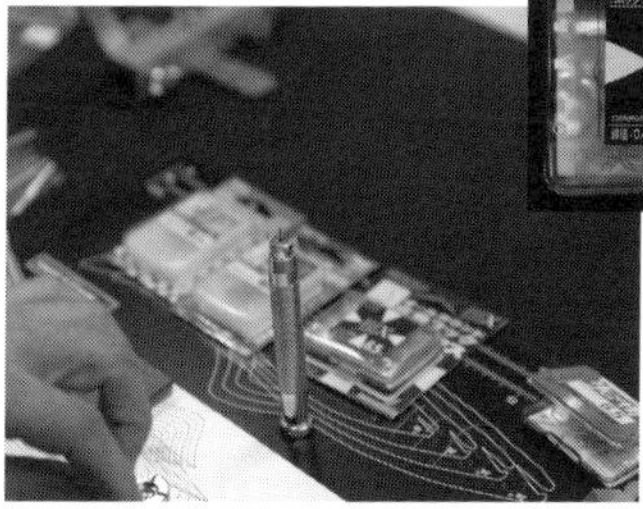

4本のスレバリをセットしたら、本体の下部からハリスを通す

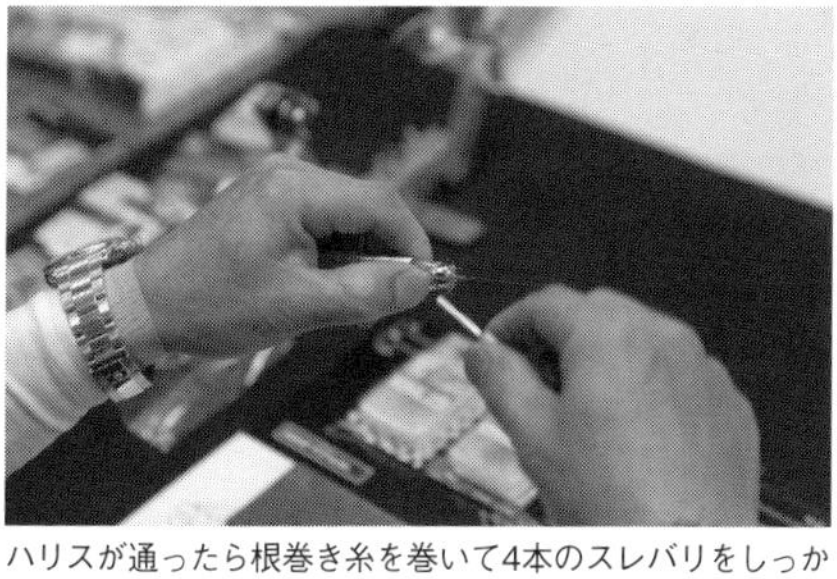

ハリスが通ったら根巻き糸を巻いて4本のスレバリをしっかりと固定

出来合いの掛けバリも号数を選ぼう

アユの友釣りの場合、釣り人の数だけ好みのハリが異なる。ハリのメーカーも真剣に開発を続けており、どのハリでも悪くはないが、プロ釣り師の中にも意見はそれぞれで、一般人は悩ましい。その上掛けバリはいやおうなく『消耗品』だ。ビギナーのうちはどのハリがいいか？　好みも定まらないため、ハリス付きの出来合い、3～4本イカリバリを購入しよう。サイズ（号数）は6.5号、ハリス号数は0.8号で十分だ。シーズン後半、アユのサイズが上がったらワンサイズ大きいもの、ハリス1.0号くらいがあってもよい。

仕掛け作りにチャレンジ!

水中糸(金属系)

ナイロン&フロロ&エステルと複合メタルの違い

より細くて強度が高いのが金属系の糸=複合メタルだ。単線メタルとも異なるが、これらを総称して金属系と呼ぶ。仕掛けの作り方は同じ要領となるので、金属系の水中糸を自作する場合はこれを参考にしよう。

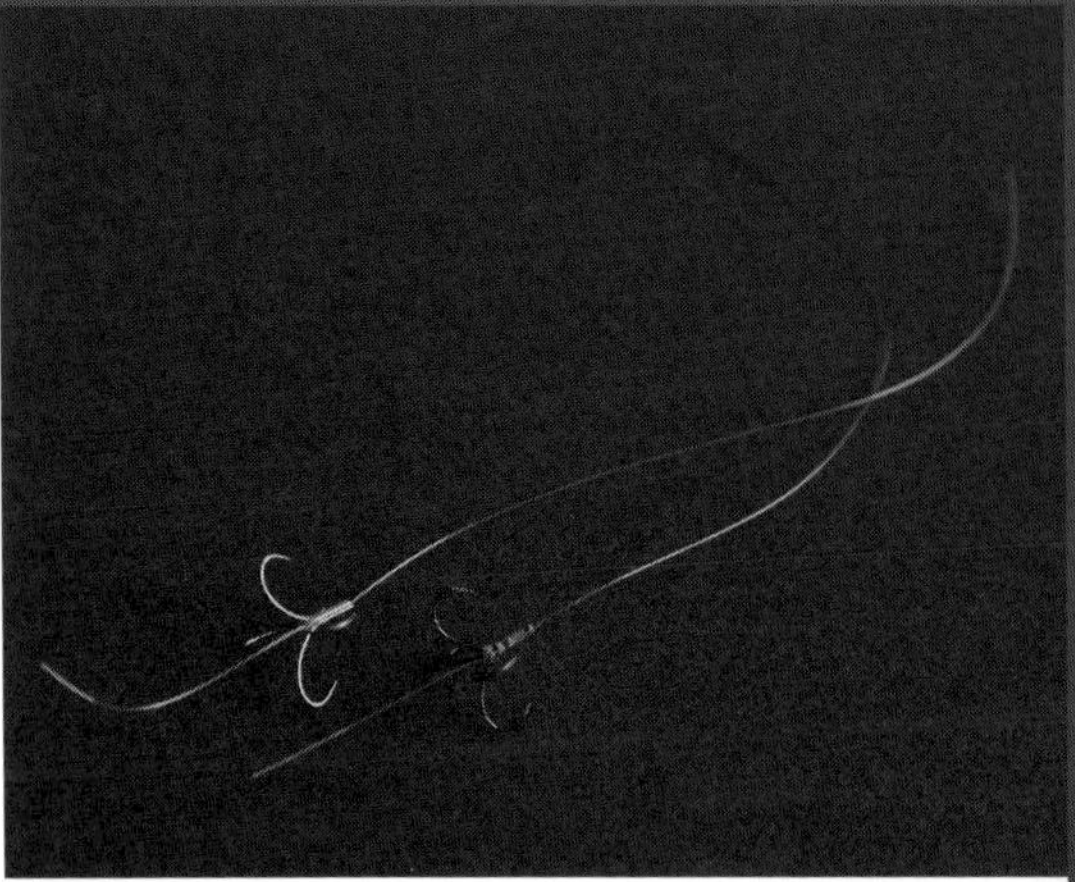

エステルで作った水中糸。このエステル、ナイロン、フロロの場合はツケ糸を用いなくても問題なし

ナイロンなどモノフィラ系と複合メタルの仕掛けは?

『泳がせ釣り』の場合はナイロン、フロロ、エステルがよい。これらのラインは比較的水の抵抗を受けやすく、オバセを作りやすい。オバセを使った『泳がせ釣り』では、ナイロンなどのモノフィラ系素材がマッチしている。

対して複合メタル系。こちらの特徴はナイロンなどに比べると非常に細く、比重も重い。この特性を生かしやすい釣り方が、竿を寝かせる釣り(ベタ竿)の『引き釣り』である。オトリを自発的に泳がせるのではなく、竿の操作によってオトリをコントロールする釣り方。糸に掛かる水抵抗を極限まで小さくしたほうが、オトリをコントロールしやすくなる。メタル系の糸は極細なので、水の抵抗を受けにくいのである。また、比重が重くオトリを沈めやすくもなる。

ようするに、泳がせ釣りにはナイロン、フロロ、エステル。竿を寝かせて釣る引き釣りには金属系の糸。これが水中糸をセレクトするときの基本になる。

水中糸にはもうひとつ、取り付けなくてはいけないパーツがある。それが目印。仮に目印を5個結び付けようとする場合、カラーも何種類かあり、特にその順番や配色に決まりはない。自分の見やすく確認しやすいカラーを選ぼう。結びつける目印の大きさも人それぞれだ。見やすさ重視ならばやや大きくてもかまわないし、風が強く吹いているようなときは、あまり大きくすると空気抵抗を受けやすくなるので、少し小さめにしてもよい。

目印は水深などによって、釣りをしながらその結ぶ場所を移動することが多々ある。そのため、水中糸に目印を付けるときは、あまりきつく結びつける（編み込む）と、目印の位置をスムーズに移動させにくくなるので注意。

また、複合メタルの水中糸の場合、この目印を移動させるときに『キンク（糸に摩擦が掛かりヨレてしまう現象）』させるとやっかいだ。下から上へ1回編み込んでからハーフヒッチ（かた結び）で程よい力加減で3回程度結ぼう。

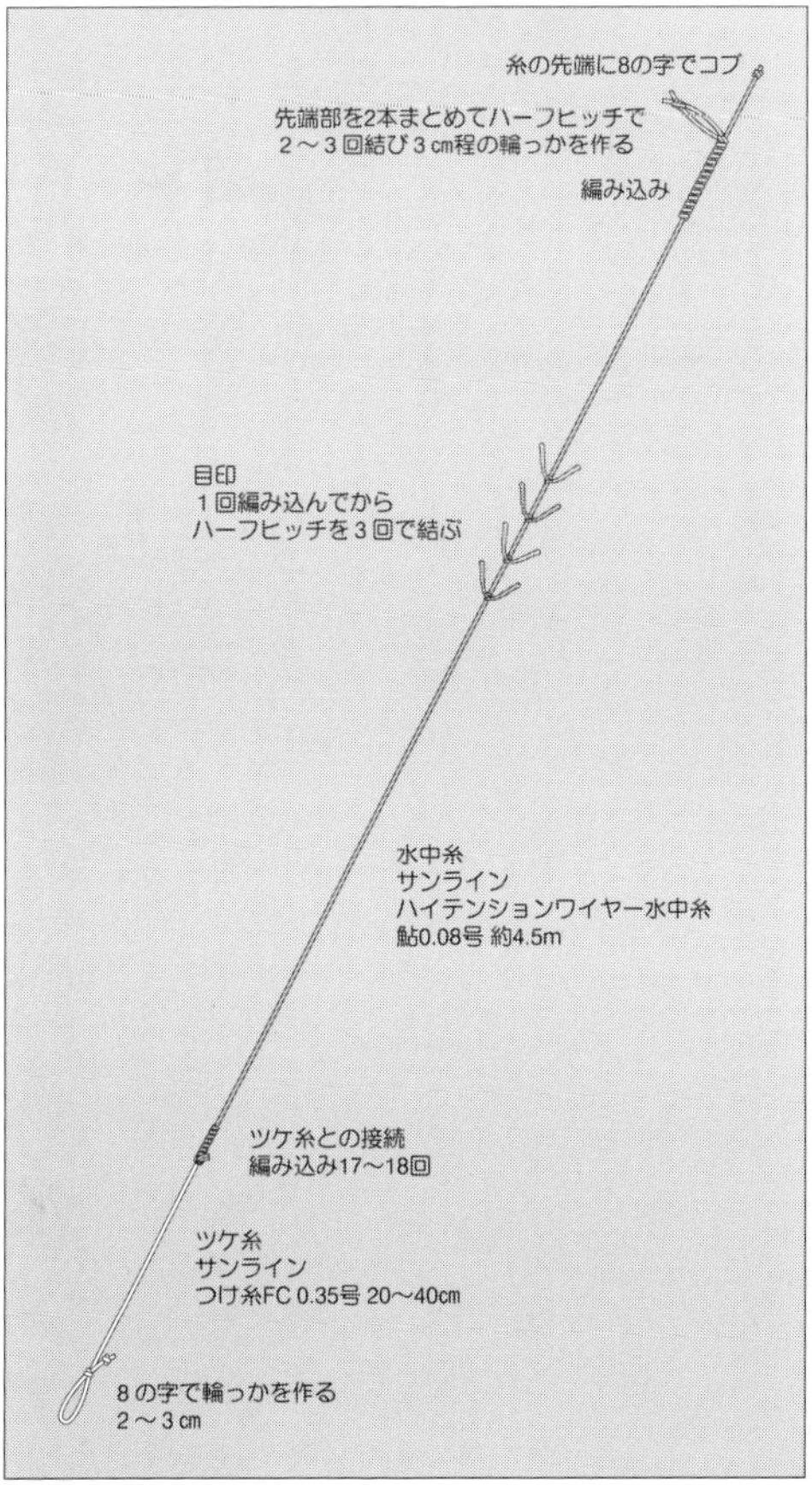

オーナーばり
プロ目印
撥水性が高く、水に濡れてもベターっとした状態になりにくい

サンライン
エステル鮎水中糸
金属に近い感度を持つポリエステル素材

サンライン
ZX複合メタル鮎
水中糸
さまざまなフィールドに対応する金属系の糸

サンライン
つけ糸FC
超高強力で根ズレに強いフロロカーボン素材

サンライン
パワード鮎　水中糸
ナイロン素材で泳がせ釣りに最適

メタル系水中糸に不可欠なのがツケ糸

天上糸側に ツケ糸なしのやり方

金属系の糸を使うときは、ツケ糸が別に必要になる。ナイロンやフロロ、エステルの水中糸の場合、このツケ糸は必要なく、天上糸とハナカン回りに直結させても強力が落ちるといった問題は発生しない。

ところが金属系の糸の場合、結び目をつけるとそこの強力が極端に弱くなる。この弱点をカバーするために天上糸やハナカン回りの糸と直接結びつけるのではなく、編み込みによって接続させないとならない。そのためにツケ糸が必要になる。

ツケ糸は天上糸側とハナカン回り側の上下に2カ所に用いることが多い。しかし、エキスパートの中にもハナカン回りの下側にだけしかつけず、水中糸の上側になる天上糸との間にツケ糸はナシ！　というパターンもある。天上糸と水中糸との接続はPEラインを編み込み、そのPEに輪っかを作ってチチワで結び付けるようにするのが一般的だ。

天上糸側にツケ糸を用いない理由は、感度を鈍らせたくない！　と言う考えからそうなってきたとされる。もちろん、ハナカン回り側にはツケ糸をセットし、ここの接続は、金属糸とツケ糸を2本揃えて、そこに巻

接続　天上糸＋水中糸

金属の水中糸に編み込み糸のPE0.6号で20回ほど編み込む。編み込んだらハーフヒッチで2〜3回結んで絞り込む。編み込み糸は左右を2本そろえて、編み込んだ部分より1〜2cm程のところをハーフヒッチで結び、輪っかを作る。この輪っかを天上糸にセットしているブランコにチチワ結びで接続すれば完了。複合メタルの水中糸の先端は8の字結びでコブを作り、編み込んだ部分が水中糸からすっぽ抜けてしまうのを防止する。

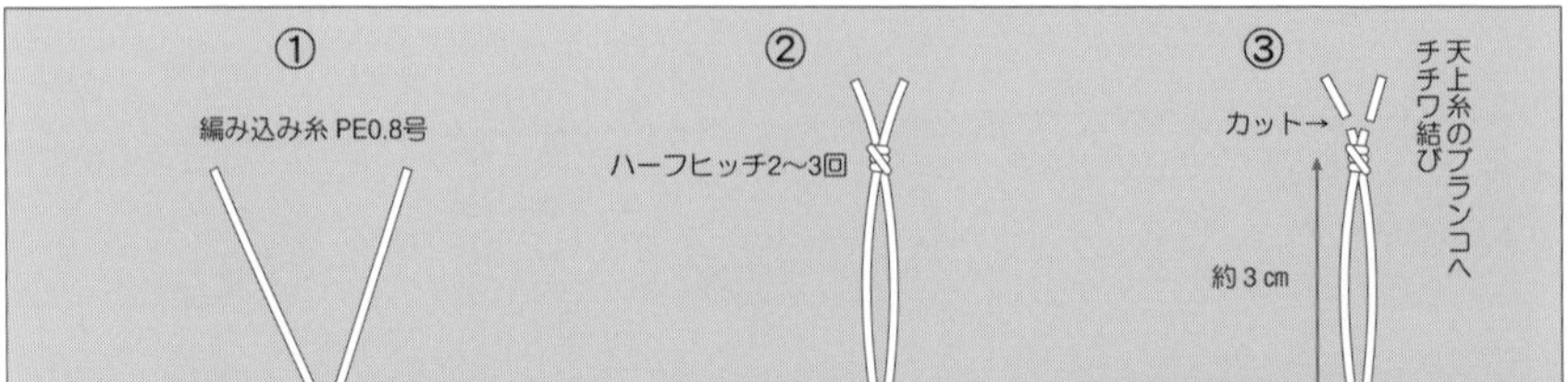

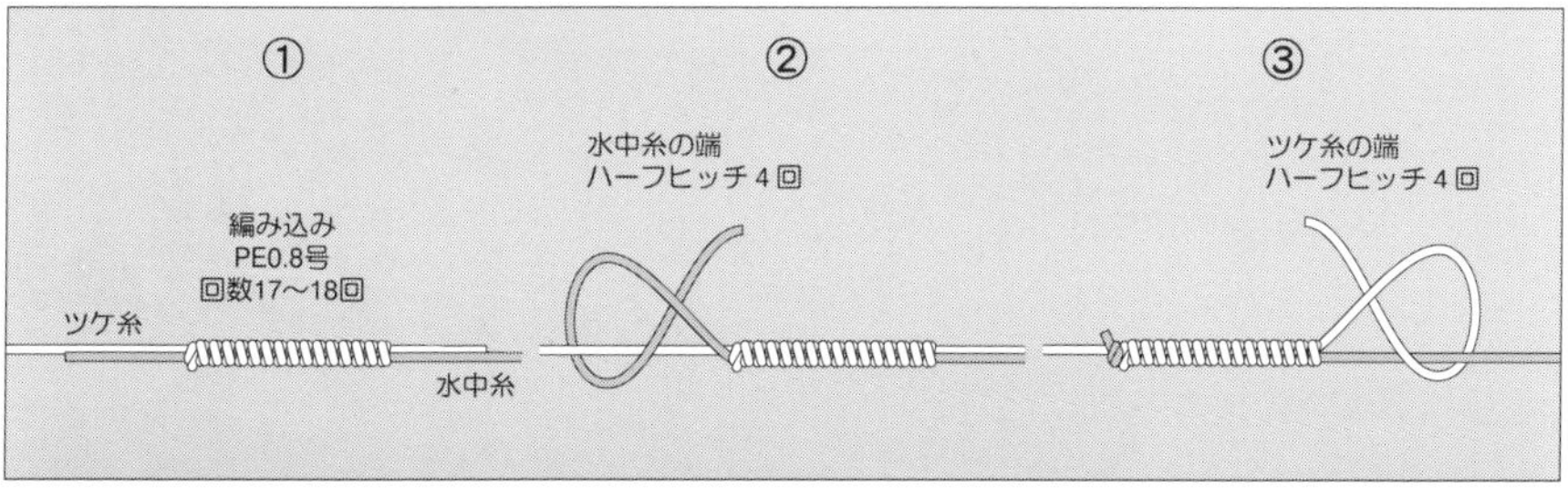

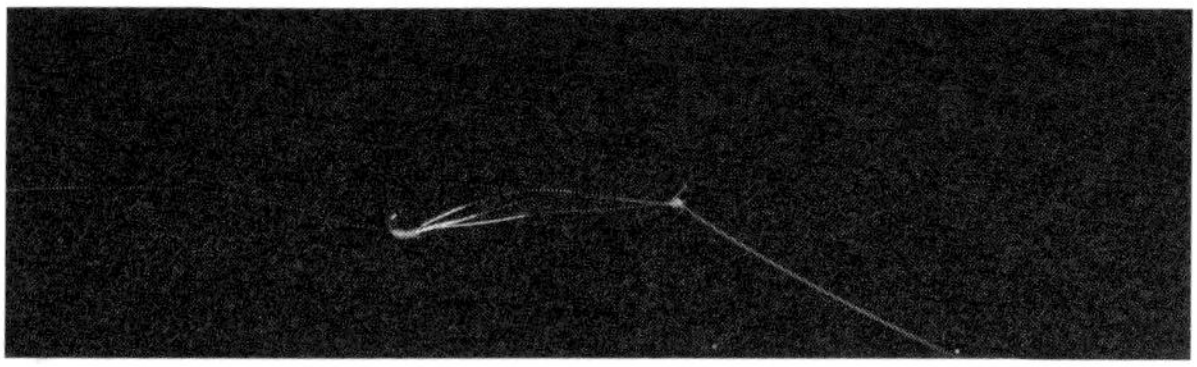

き糸で編み込んで接続する。
複合メタルなど金属系の糸の場合、他の糸と結んで接続することは基本できない。必ず編み込みを用いて接続するようになる。編み込みは丁寧な作業がキモとなるので注意しよう。

ツケ糸＋ハナカン回り

ツケ糸の先端に8の字結びで輪っかを作る。これを、チチワにしてハナカン回りの糸に結び付けて完了。この部分の接続は、意外と簡単だ。ツケ糸の長さは底石が大きい場所では20㎝くらいと少し短め。逆に石が小さく、底の付近の水流が速いところでは長めにするとよい。サイズ的には40㎝くらいは取るとよいだろう。

ワンポイントアドバイス

編み込みの角度は90度よりも狭め

編み込むときは、芯になる糸と編み込み糸の角度に注意。芯の糸と編み込み糸の角度が90度よりも少し狭い70〜80度くらいの角度で編み込んでいくと、密になった緩みにくい編み込みを作ることができる。仮に、強引に強く編み込んでも、芯になる糸を痛めてしまったりして本末転倒となる。力を入れなくても、角度を少し狭くして編み込むだけで、ズレにくくしっかりとした編み込みができる。

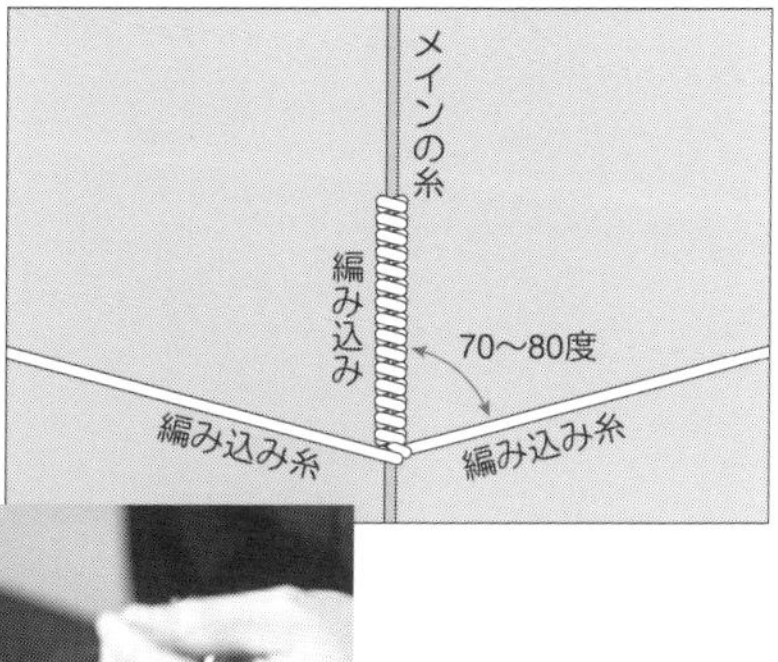

ハリスが通ったら根巻き糸を巻いて4本のスレバリをしっかりと固定

移動式ハナカン回り
瞬間接着剤で仕上げ

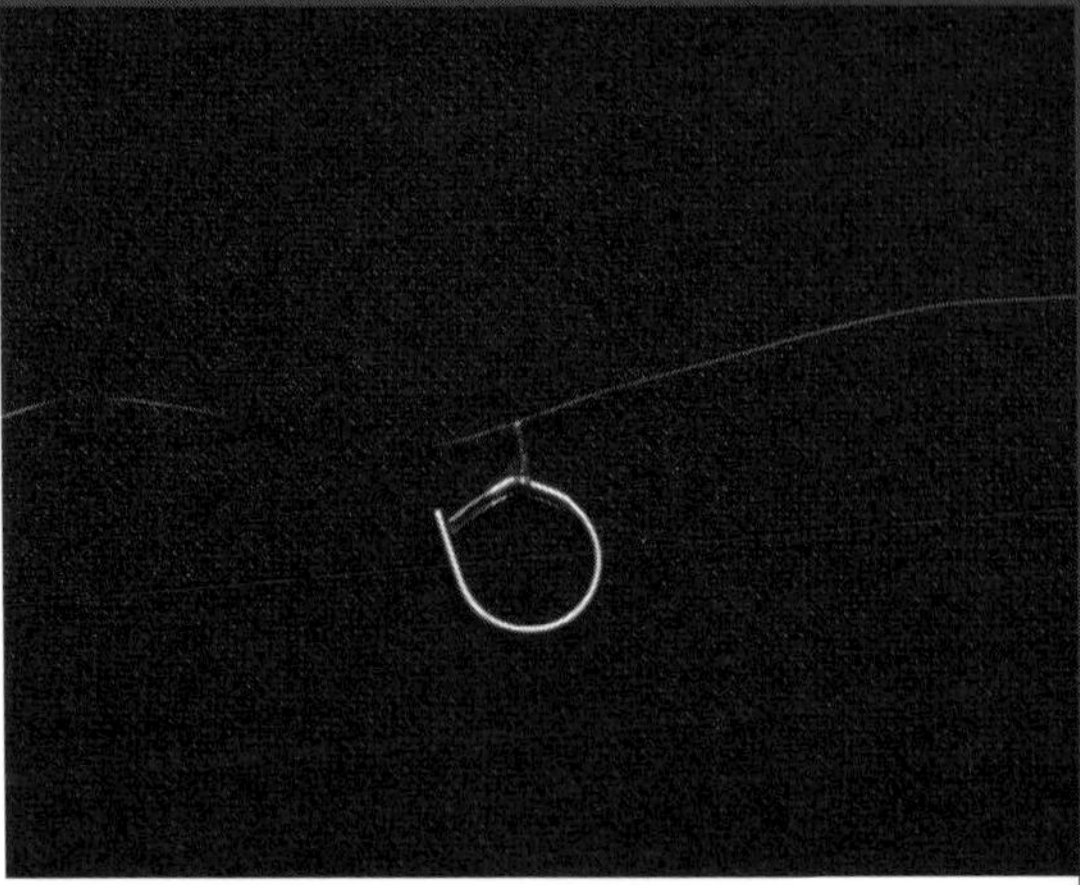
オトリアユの大きさに応じて、サカバリとの間隔を調整できるハナカン回り仕掛け

仕掛け作りにチャレンジ！

ハナカン回りPart2

より安定した強度と使いやすさが求められるハナカン回り。さらにはオトリアユの大きさに応じて調整できる『誘導式』が理想だ。アユ仕掛けパーツの中で頻繁に交換が要求される部分をさらにおさらいしよう。

しなやかなナイロンで全長は20～30㎝

ハナカンにはフック式とチューブ（ワンタッチ）式の2つのタイプがあり、昨今主流であるチューブ式をセレクトして実践してみよう。まずはこれをハリスに結び付ける。最初に編み込みの糸を20㎝ほどとってその先端を結び輪っか状にする。これをダブルラインの状態で左右に交互させながらハリスに巻き付けていく。ちなみにこれをプルージックノットと言う。

PEラインの編み込み糸をハリスに

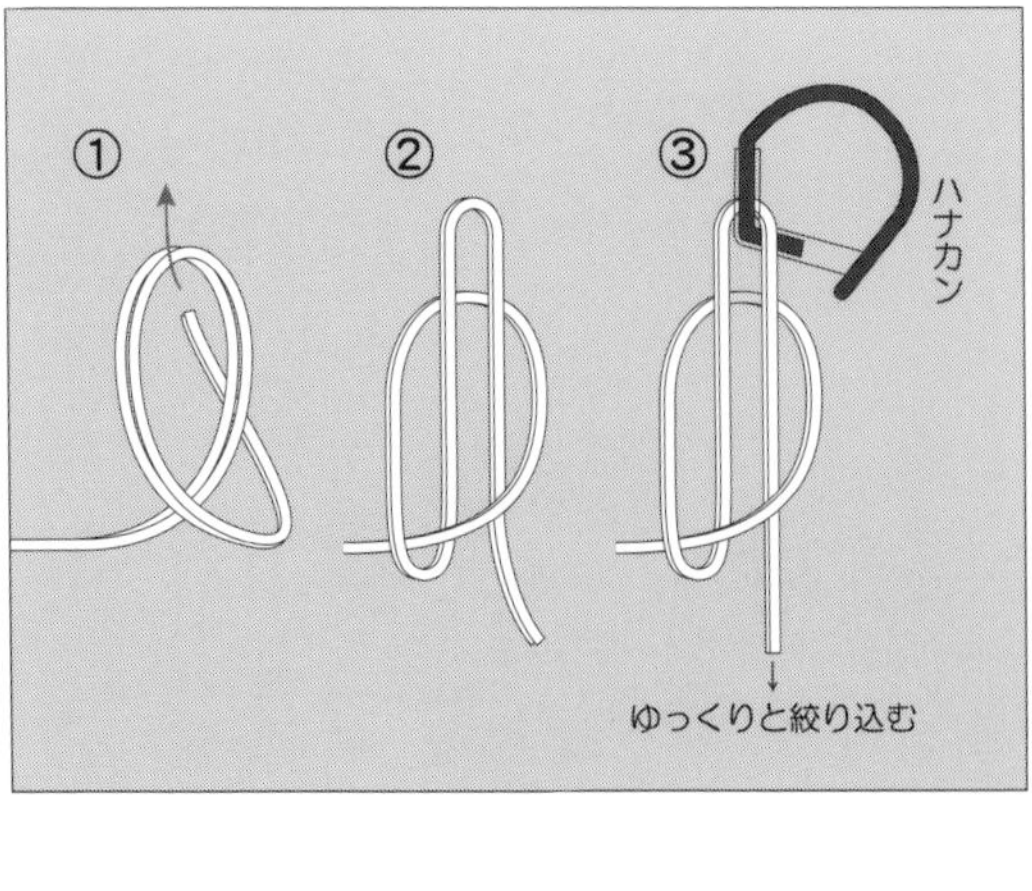

ハナカンのつけ方＝『首くくり』

ハリスに編み込み糸を巻き付け、4回ハーフヒッチで結んで4つのコブを作る。この4つのコブがハリスとハナカンの間の遊びを作る。最後に、余っている糸の部分にハナカンを結び付ける。この『首くくり』という結び方はイラストを参照。この結び方のコツは、結び目にハナカンをセットしたらゆっくりと絞り込んでいくことだ。

被せるように巻き付ける回数は7～8回。その力加減は微妙で、強すぎるとずらしにくくなるし、弱すぎるとユルユルですぐに動いてしまう。さらに巻き付ける力加減に関しては、何回か経験して覚えていくようにしたい。

巻き付けたらハーフヒッチを4回巻いてハリスとの間に少しのゆとりを作り、そこにハナカンを結ぶ。最後に瞬間接着剤を垂らし、きちんとハナカンが動くかをチェックして完成だ。

サカバリはメガネ式タイプとフック式タイプがある。実釣時には比較的使いやすいメガネ式の方が初心者にはオススメだが、ここではフック式を採用。まずは0・3号の根巻き糸でハリスに巻き付けていく。最初に10回巻き付けたら、ハリスを引っ張って絞り込む。このときに、余分なハリスを根元からカット。そして、さらに10回根巻き糸を巻き付け、とっくり結びで3回結んで固定する。仕上げとして、瞬間接着剤を垂らせば完成だ。

サカバリをセットするときはその向きに注意。どの釣りの仕掛けもハリはフトコロを下に向くようにセットするが、サカバリはフトコロが上を向くようにセットしなくてはいけない。仕掛け作りに慣れてくればそんなミスもしなくなるが、サカバリを逆に着けるミスはビギナーにありがちなのでご注意！

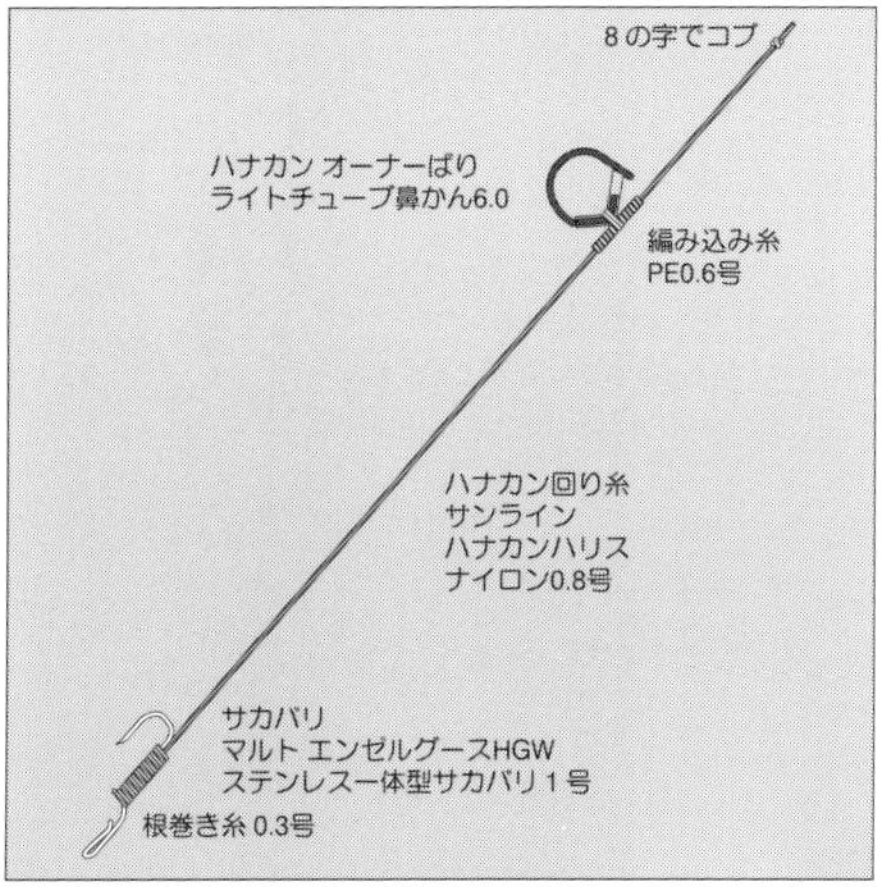

ワンポイントアドバイス
接着剤を使う前に水を垂らす

編み込み部分に瞬間接着剤を垂らすことで、糸の解れなどを防止できる。瞬間接着剤を使用するとき、それを垂らす前にスポイトを使って水をほんの少しだけ、編み込み部分に吸水させておく。水を吸わせて下処理してから瞬間接着剤をつけると、固まりすぎてバリバリにならず、程よいしなやかさを持たせて、編み込んだ部分を固定することができるのだ。

スポイトを使って少しだけ水に濡らしてから瞬間接着剤を垂らすと、仕上がりがよりよくなる

エンゼルグース　HGW ステンレス一体型サカバリ　ワイヤーは耐久性が高く大アユにも対応

オーナーばり
ライトチューブ鼻かん

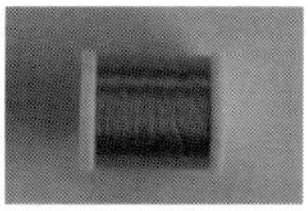
掛けバリや根巻き糸背バリで使う根巻き糸。しっかりと絞め込めるナイロン素材がオススメ

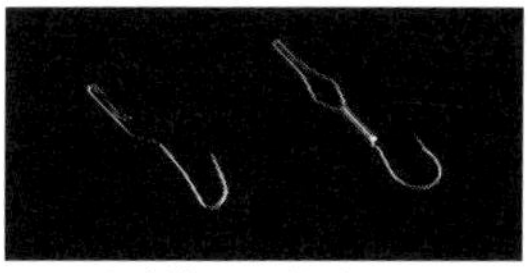
フック式（左）とメガネ式のサカバリ。使いやすさはメガネ式だ

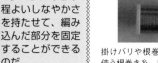

尺アユを狙う天上糸

仕掛け作りにチャレンジ！

大アユ仕掛け

一筋縄にはいかない『大アユ（尺アユ）』狙い。竿はもちろんだが、強靭な仕掛けとそのバランスが重要になる。シンプルかつ、こだわるところにこだわった仕掛けで夢の尺アユを目指そう！

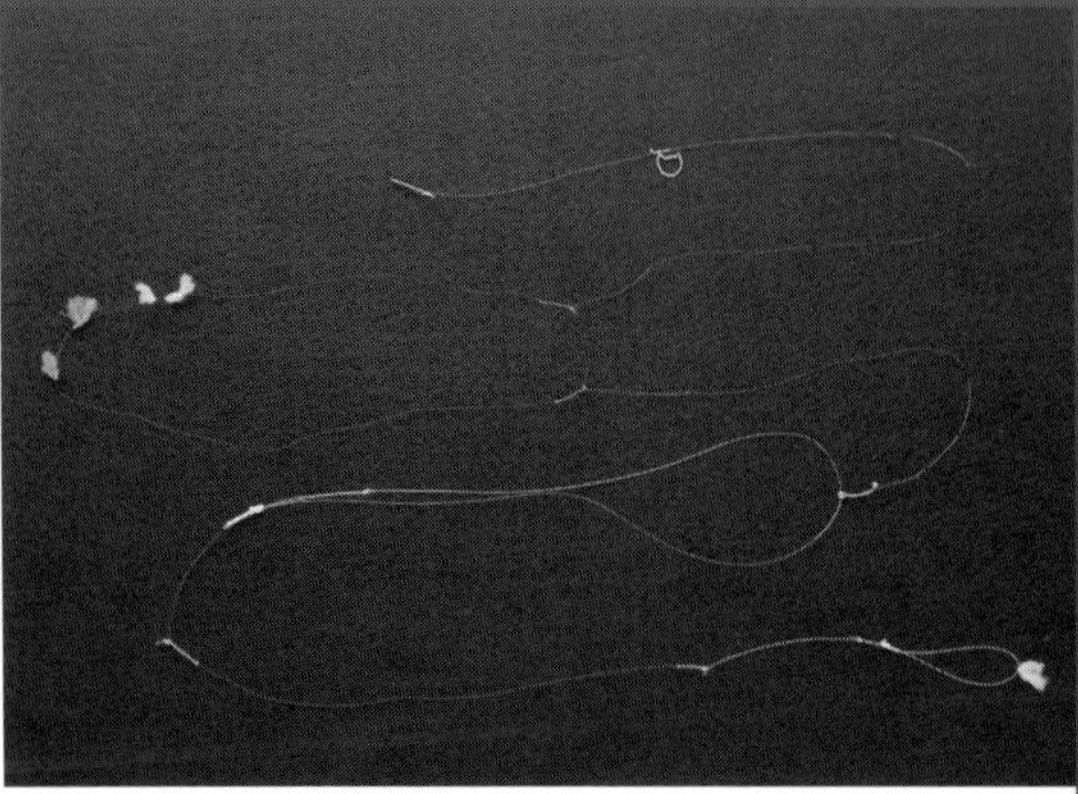

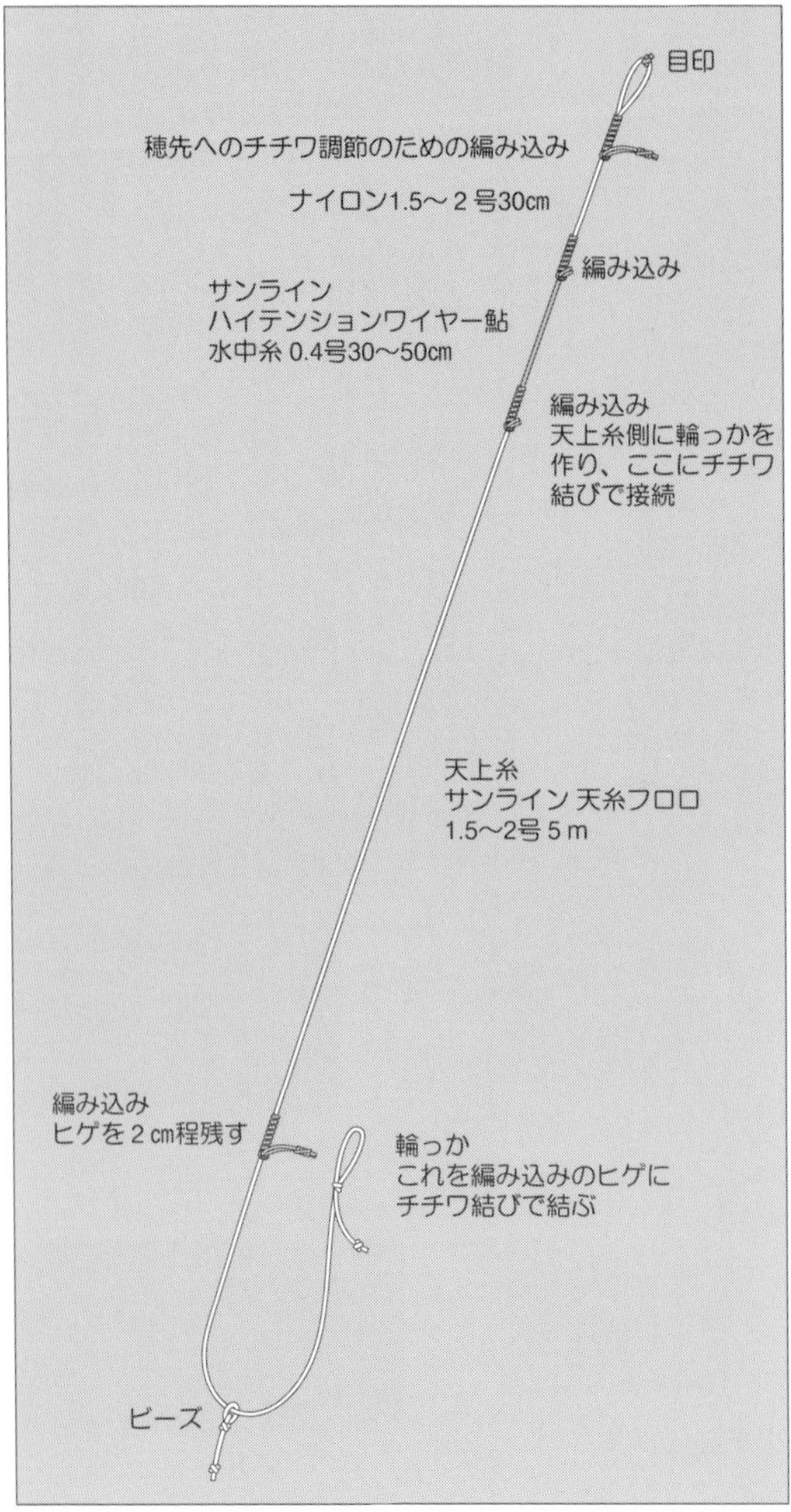

仕掛けシステム

大アユ（尺アユ）を狙え、なおかつ作りやすさを生かした仕掛けシステム。全体的に太めのラインを採用するのは、大アユに対応した仕掛けになっている。また、チチワ結びに使う輪っかや目印などは少々大きめとなる。武骨さを感じさせるが、大アユ仕掛けの大きな特徴といえる。一方で編み込みの回数は、『何回巻き付ける』といった明確な回数は決めず、マニュアル通りに作ることも大切だが、『丈夫ならだいたいこれぐらいでいい！』といった感覚も仕掛け作りには必要なこと。

金属系の糸の上下にナイロンラインを連結

少し特別な天井糸で、この部分は少し手間と言えるが、竿の感度がすごくアップし、ワンランク上のアユ竿を使っている感覚にさせてくれる天上糸を作る。このタイプだと、オトリのサカバリが外れた感触までビンビンに伝わってくる。

天上糸の一部に複合メタルラインの0・4号を採用して感度のアップを図っている。ここに使っている金属系の糸は30～50㎝で、それ以外はナイロンでOK。ナイロンの太さは、大アユに備えて1・5～2・0号と少し太めを使用し、複合メタルとナイロンの接続は編み込みで処理する。

金属糸よりも上側（穂先側）のナイロンの長さは20～30㎝。下側（水中糸側）のナイロンは約3ヒロの5m前後をとって、ビーズを使った通常の誘導式の天上糸のシステムにする。このビーズの部分に、水中糸を連結させれば完璧だ。

サンライン　ハイテンションワイヤーの0.4号。大アユの期待が大きいときは0.8号を使うこともある

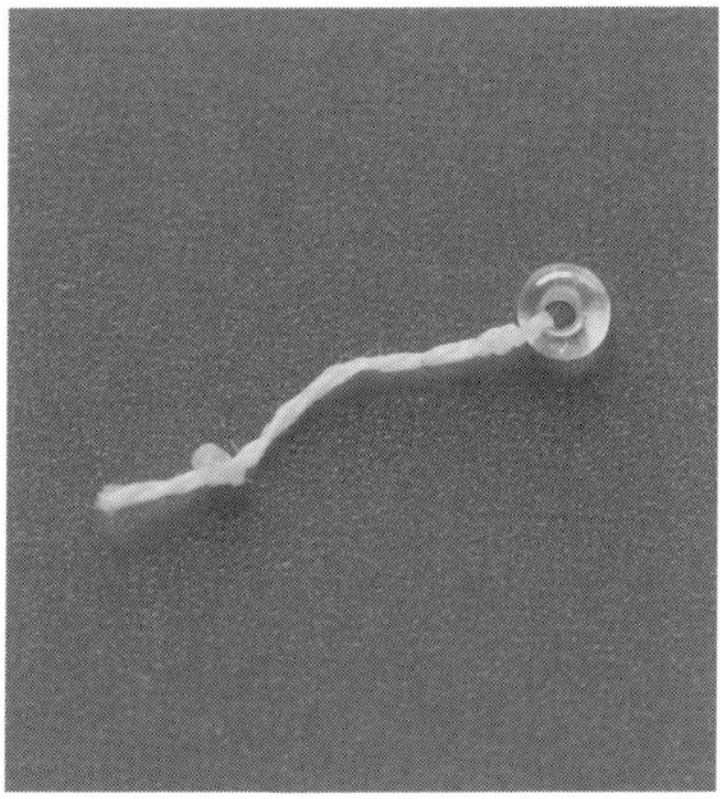
こちらが使用するビーズ。水中糸側に接続する

竿の感度が飛躍的に向上し、尺アユも十分に狙える天上糸で仕留めよう

ツケ糸と水中糸は、水中糸に編み込みを作って底にツケ糸をチチワで結ぶ

仕掛け作りにチャレンジ！

大アユ仕掛け～水中糸～

大アユ仕掛けのメインパーツ＝水中糸も0・2号以上、時には0・4～0・8号まで必要になる場合もある。上下にツケ糸を編み込みで接続し、目印を大きめに付ければOKだ。

ツケ糸の太さに合わせて、編み込み糸の太さも変える

大アユ狙いでの水中糸にはやはり0・2号以上を使用する。さらに超大アユが狙える状況ではこれを0・4号まで上げる。長さは2・5ヒロ、約4mは必要だ。ツケ糸はフロロの0.8号を使い、天上糸側とハナカン回り側の両端に付ける。ツケ糸の長さはポイントの状況によって変えていく。

大石が多い場所や岩盤では長めで30㎝程の長さをとり、底石が小さめの場所では約20㎝と短めにする。

複合メタル糸とツケ糸の接続方法は、本線（複合メタル）側に編み込み糸を強めに1回かた結びで結んでから1～1・5㎝の長さまで編み込んでいく。

編み込み糸は0・4号が基本だが、大アユ狙いでツケ糸を1号以上使う場合は、編み込み糸を少し太くする。ツケ糸が太くて編み込み部分が細いと抜けやすくなるから、ツケ糸の太さに合わせて編み込み糸も太くする必要がある。編み込んだあとはハーフヒッチ（かた結び）を4回ほど結んで終了。

ツケ糸はその先端に8の字結びで輪っかを作り、これを金属系糸の編み込みにチチワで結ぶだけ。この接続は天上糸側もハナカン回り側も一緒である。

ツケ糸を付け終わったら目印を付ける。目印の数や大きさは釣り人の

自由でOK。一般的には4～5つだが、少し大きめに付けるのが無難だ。大きすぎる場合は現場でカットすればよい。基本は『見えやすさ重視』を優先したい。目印の結び方は最初に3回編み込んでから、やや緩めのハーフヒッチで固定する。

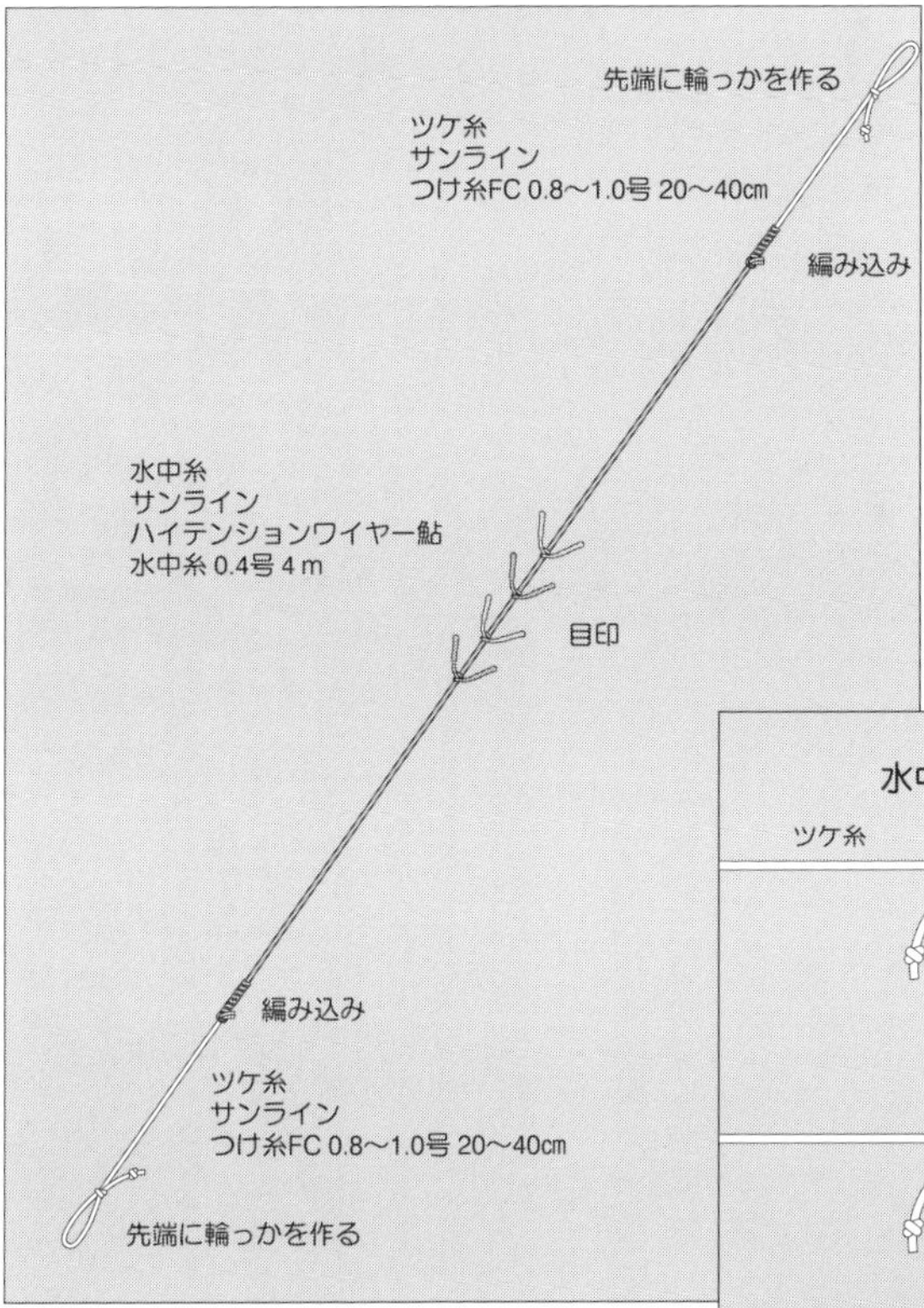

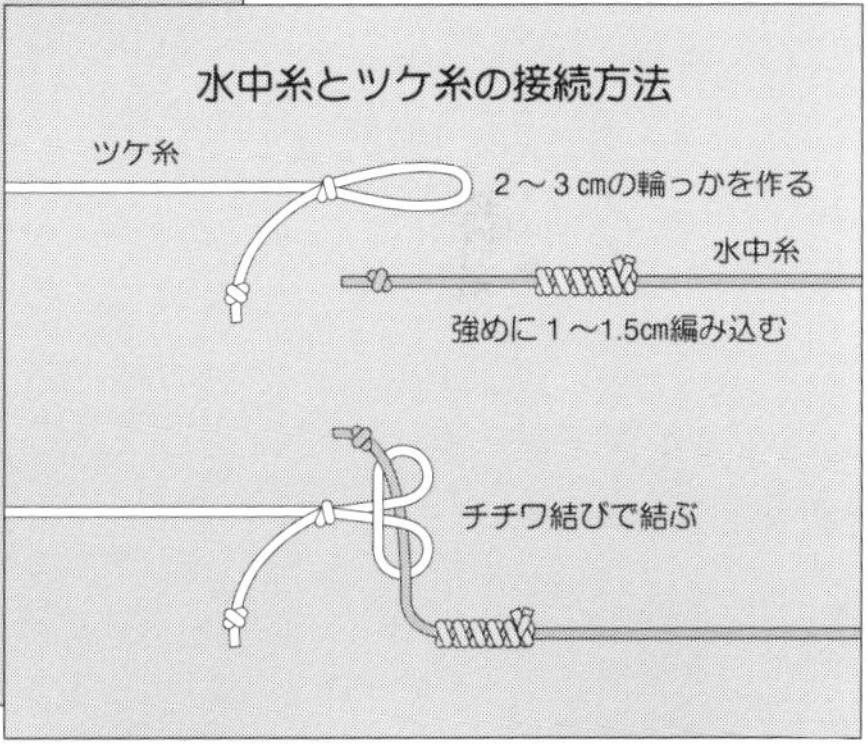

ツケ糸はフロロの0.8号以上

複合メタルラインの0.4号。大アユの期待が大きいときはさらに0.8号を使うこともある

複合メタルがヨレヨレにならない方法

作った仕掛けを巻き取るためのアイテムは必須。釣り人の多くが使用しているのが、発泡ペラの板のタイプ。金属系の糸をこれに巻き付けておくと、実際に使うときに糸がヨレヨレになって使い物にならない状態になることがある。このトラブルを防止するテクニックは、ペラの仕掛け巻きなら水中糸を巻き付けるとき、必ずテンションを掛けながら巻き込んでいく。テンションといっても、思いっきり引っ張った状態ではなく、緩まない程度の張り具合だ。こうしてペラに巻き付けておくだけで、糸はヨレヨレにならずに、トラブルを回避できる。当然、クルクル回す回転式の仕掛け巻きであっても、一定のテンションを与えて巻き取る方がよい。

作った仕掛けを巻き取るアイテムはいろいろ。ペラの板を使うときは、巻き込み方に注意が必要

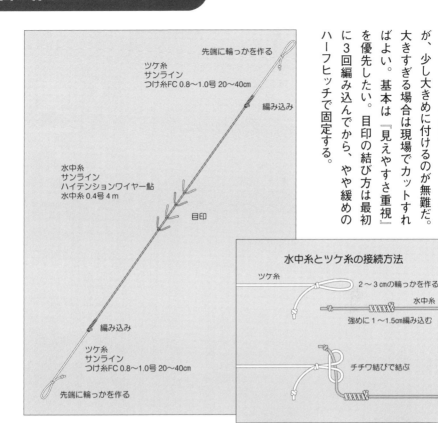

サカバリは虫ピン
ハナカン回り

仕掛け作りにチャレンジ!

大アユ仕掛け
～ハナカン回り・掛けバリ～

大アユ仕掛けのハナカン回りも、通常の繊細仕掛けからみると非常に無骨さを感じる。号数も太い。極め付けは市販のサカバリではなかなか対応が難しく、これは自作するというから驚きだ。参考にしてみよう。

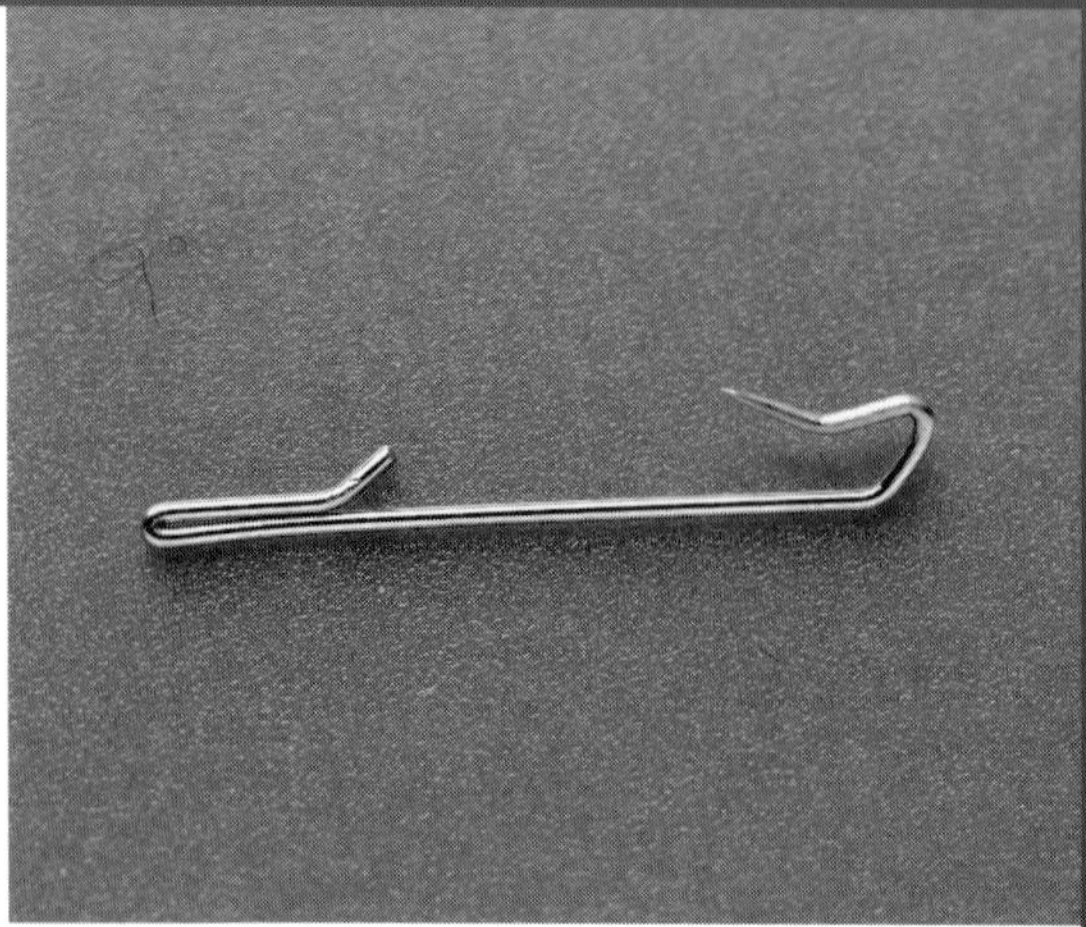
自作のサカバリ。大アユを狙うのに最高のパフォーマンスを発揮する

サカバリを自作してまで大アユはロマンの釣り

ハナカン回りのハリスはナイロンの2号か3号と、大アユ対応のためやや太めをセレクト。その長さも、尺アユに備えて35㎝ほどと長く取る。

ハナカンの取り付けは、PEの0・4号を使用し、これをハリスに巻き付けていく。ここではオーソドックスなセット方法で、特殊なことはしない。

ハナカン回りで特筆すべきが、サカバリを自作していること。昆虫標本用の虫ピンを使って自作する。虫ピンにはサイズがあり、大アユに適した太さが3号。2号だと柔らかすぎるし4号だとしなやかさがなく、3号の太さが大アユにベストマッチとされている。

虫ピンの加工は、先端を細く改良したラジオペンチで曲げていくだけだ。長さを合わせるのにカットした部分のバリを取る。また、ハリスとの馴染みをよくするため、表面にざらつきをつけるのに、ダイヤモンドヤスリも用意しておく。サカバリを自作したら、ハリスに根巻き糸で巻き付けていく。そして、最後に瞬間接着剤を垂らして完了となる。

多くのアユ釣り師は、天上糸や水中糸の編み込みにも瞬間接着剤を使うが、大アユ狙いではこのサカバリと掛けバリにもしっかりと瞬間接着剤を使用するようにしたい。

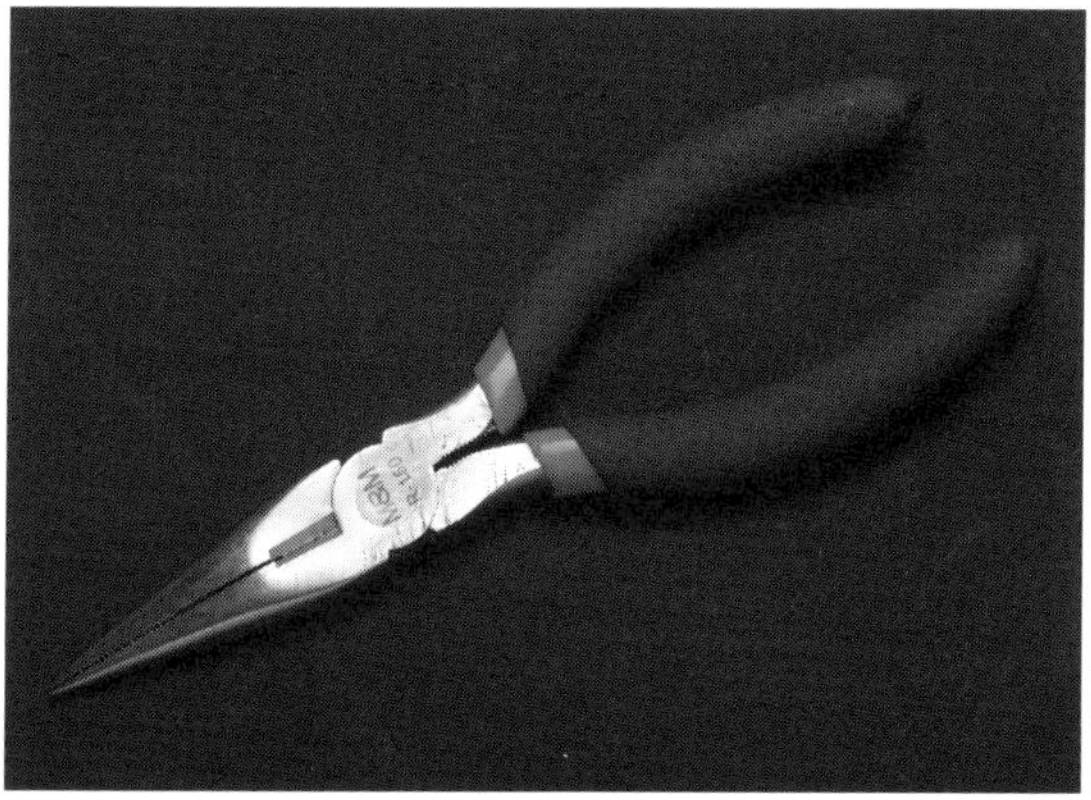

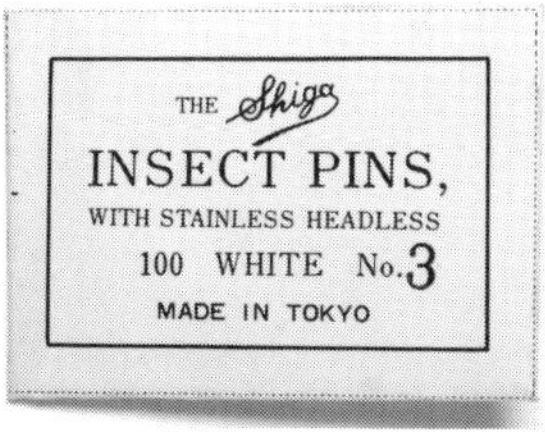

昆虫採集の標本用の虫ピン。サイズはいろいろあるが、3号の太さがサカバリに最適

市販のラジオペンチは、削って先端を細く改造する。先の細いラジオペンチが、自作サカバリを作る作業をしやすい

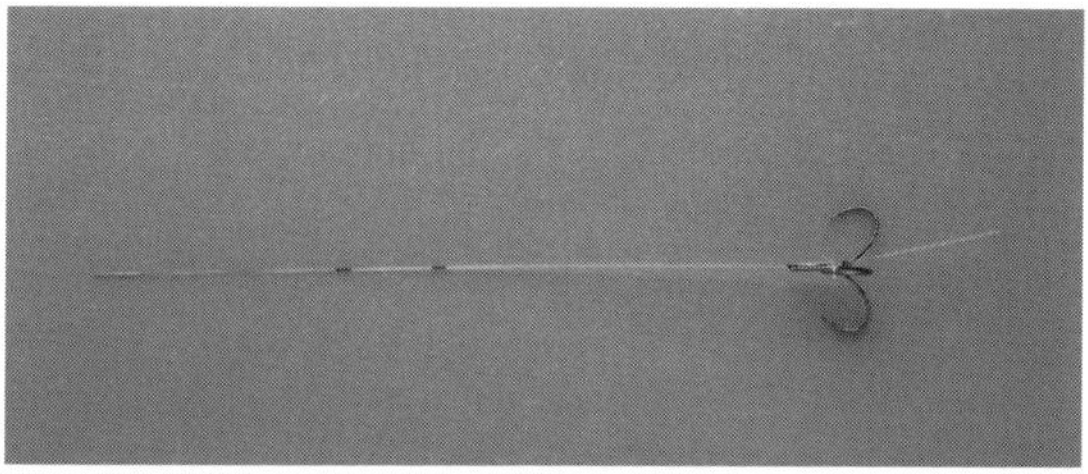

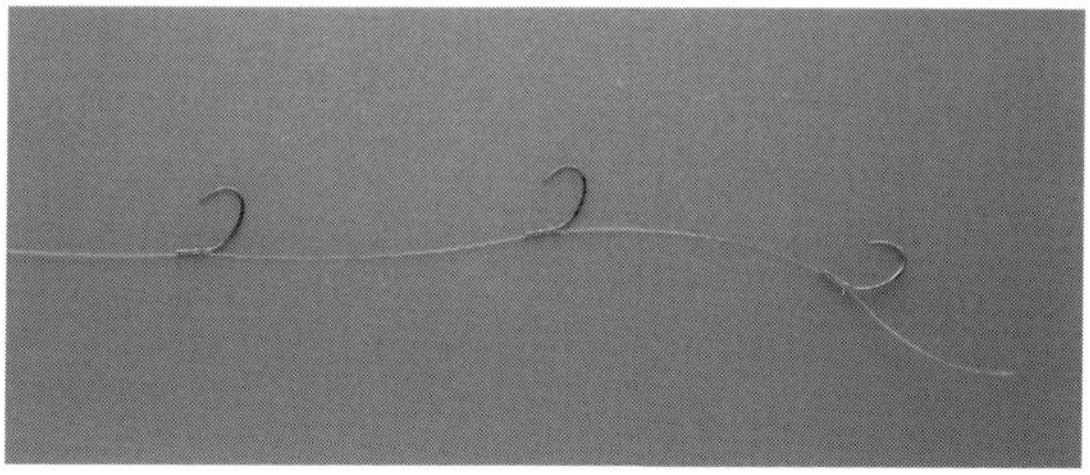

レインボーアユHタイプ。他のハリにはない、不思議なフックカラー

大アユ狙いの掛けバリ／チラシバリは全長21㎝程度

シーズン初期はナイロンハリス1.5号に6.5号か6号のハリを使った4本イカリを使用するケースが一般的。終盤では例えばがまかつ大鮎要という掛けバリの9号を使用。太軸で、尺アユが掛かっても安心の掛けバリのひとつだ。それ以外のシーズンでよく用いられるハリがタックルインジャパンのレインボーアユHタイプの8.75号か9.75号というサイズとこれまた一般的サイズからするとケタ違いに大きい。

タックルインジャパンのハリは、表記が中途半端なサイズに見られるが、バランスは非常によく、大アユ狙いの釣り師に好まれて使われている。

同社のレインボーアユを使うときは、8.75号ではナイロンハリス3号に3本イカリでセット。9.75号ではナイロンハリスの2～3号でチラシにして使用するのが得策だ。チラシの掛けバリだが、そのハリ間は7㎝と広くとる。全長ではおよそ21㎝にもなるが、大アユ狙いのための特別な掛けバリと言えよう。もし使っていてちょっと長いかな？　と感じるときは、下のハリをひとつカットして、2本のチラシで対応するようにすればよい。

伝統的に論争にもなる
エキスパートのハリ選び

仕掛け作りを考察する

いろいろな掛けバリ

はるか昔、今よりも情報伝達が遅かった時代、地域ごとに特別なアユの掛けバリがあったそうだ。現在でも確かにそれら掛けバリの種類は多いが、どのように考え、使ったらいいのだろうか?

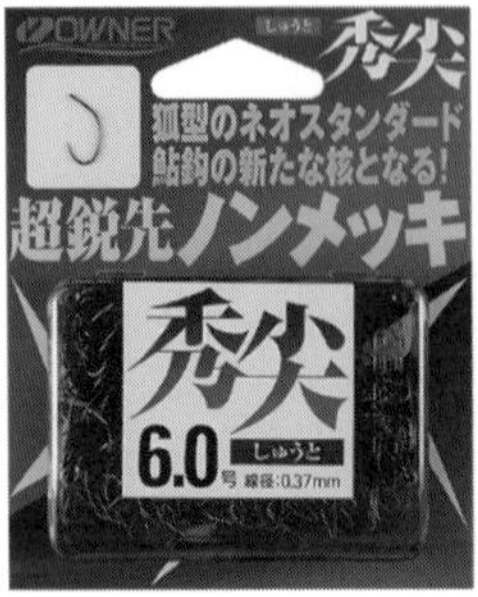

イカリバリとチラシ、ヤナギは?

掛けバリは本当にたくさんのアイテムが市場を賑わせている。しかも理解したり覚えやすいネーミングではなく、とっつきにくく、その名前からは全く想像できない形を表している。

現代のアユ釣りでは大きく分類して4種類のモデルからの派生といっていいだろう。つまり『キツネ型』『矢島型』『長良型』『球磨型』この4種からの軸の長さやハリ先の長さ、曲がりの角度が各社微妙に違うというもの。そしてベースはこれらだが、さまざまな商品名のハリとして販売されている。

興味深い事例で、現代より明治～大正時代、昭和初期の方がハリの種類がさらに多いという事実もありビックリする。現在では見かけない「たぬき」「伊豆袖」「入間」「トンボ」などといった、市場から消えて行った形状のハリもたくさんあるようだ。

また、ハリの形状以外にも「丸耳」「ギザ耳」タイプがあり「ギザ」はハリの軸にギザギザな加工がしてあり、ヤナギバリも3本イカリや4本イカリを作るときにはこのタイプじゃないとハリ巻きできないので、通常のモデルになっている。

ハリスを通し束ねて根巻糸で巻きつけて3本イカリや4本イカリ、ハリスにバラバリを1本ずつ根巻糸で巻きつけて2本ヤナギや3本ヤナギ、チラシと作るのにバラバリにギザギザ加工のこのタイプを使う。

そして「丸耳」は一体どんなときに使うのか説明すると、先ず「丸耳」タイプは通常のエサ釣り使うハリを結ぶ『外掛け結び』や『内掛け結び』などの丸耳に結びコブが引っ掛かるために結べる。だからこの丸耳タイプはヤナギかチラシしか使えないとなり、3本、4本イカリは作れない。

近年では完成品の3本、4本イカリもヤナギ、チラシバリも市販されている。最初から無理に自分でやろうとはせず、慣れてきてハリスの号数やハリの号数が理解できてから自作するのでも遅くはないだろう。むしろ、出来合いの掛けバリを買った方が安心感と時間をも買うことにつながる。

さらにイカリやチラシバリのハリスの号数を説明すると、6号の3本又は4本イカリでは1号〜1・2号が標準といえる。ハリスも太い糸が

好みなら6〜7・5号のハリの場合はナイロンのハリスでソフトタイプを選択し、1・5号がオススメだ。8〜8・5号には2号、9号以上は同じく「ナイロン」で3号大アユ用としてマッチする。

大アユ狙いの場合は掛けバリのハリスを必要以上に細くする必要はもちろんない。0・6号や0・8号をススメる名人もいるが、サカサバリがハリス止めタイプやフックタイプにしてもハリス自体が潰れて強度は低下しやすい。だからこそ、細いハリスだと野アユのアタックの強い、天然遡上のアユ河川では、サカサバリでハリスが切れている状態に気づかず、小1時間釣りをする羽目になることもあるのだ。

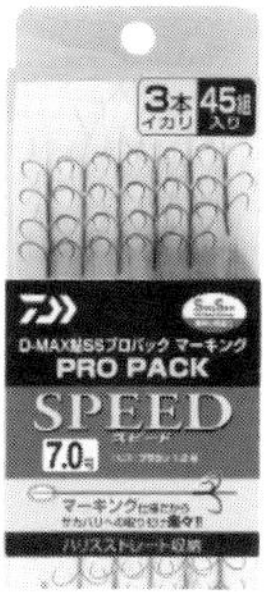

もっとも、初めてアユ釣りをする場合に買うハリは？　となれば完成品の3本、または4本イカリの6・5号のワンデイパックやバリューパックというネーミングで売られているもので十分だろう。

さらに、ヤナギやチラシもバリエーションとして購入しておくなら7・5号か8号のアイテムを選ぶとよい。イカリバリの号数よりチラシやヤナギはワンサイズ大きなものが効果的と覚えておこう。

そしてシーズン後半、念願の大アユにチャレンジ！　するならば、やはり9号や10号の3本イカリバリだ。ハリスは3号以下は厳しい。ヤナギやチラシは3本バリだと玉網の中で絡みやすく9号や10号の2本バリが扱いやすい。市販されているもので2本バリ仕様がない場合には1本切って2本にしてしまえば簡単だ。

アユの友釣りの醍醐味！

バラさずに楽しむやり取り！

もっともっとアユを釣りたい！　誰しもそう思うはずだ。長いアユ釣りの歴史があり、いい年もあればイマイチパッとしない……、そんな年ももちろんあるだろう。基本は６月に始まり概ね10月なかばごろまで、シーズンは長いようで短い。その限られた時間内に、思いっきりアユ釣りを楽しみたいなら、バラさずにしっかり取り込むこと、そしてアユがヒットした時の行動パターンを常にシミュレーションすることだ。

引き抜いて空中を飛ぶアユをタモでキャッチ

これだから病みつきになる！
初心者でも必ずハマるワケ……

初めは難易度が高い？　テニスやバドミントン選手なら上手にキャッチできそう？

アユ友釣りのクライマックスにして最も
エキサイティングな『見せ場』

安全に取り込むには？
アユの引きを楽しもう！

ドキドキの瞬間！

ヒットしたアユをどうするのか？①

アユ釣りにハマる人、のめり込んでしまう人は2通りある。それはわずか30㎝にも満たない小型魚が、びっくりするほどよく引くからだ。それともう一つはやはり『食味』であろう。そんな魅力溢れるアユがヒットした瞬間に落ち着いて対処する方法論は？

慌てずに掛かりアユとオトリを流心から誘導しよう

慌てず騒がず、まずは落ち着こう！

アユがなぜ引くのか？　もちろん、海の超大型魚＝例えばマグロなどの強烈な引きと比較したら、たかが25㎝の魚であるから、いとも簡単に上がってくる……と思われる。当然だろう。しかし、実際にアユのフィールドでは、大の大人がその小さい魚に振り回されてあたふたしている光景をよく目にする。

どういう理屈かといえば、まず、海の大型ゲームと違い、リールのないノベ竿に概ねその竿の長さ分の仕掛けしか付いていない。この射程距離の短さ……、といってもフィールドで9ｍの竿＋仕掛けは18ｍになるが、意外とリーチがあると感じたりもする。ところが、ある程度の大きさに成長したアユが、急流の流れに乗って一気に走り出すと18ｍはあっという間だ。それにオトリアユも付いている。基本、野アユがヒットすればオトリアユもびっくりして同じ方向ではなく、逆方向に走ろうとするのだ。このダブルのパワーで

この流れの中で掛けたらどうなる？　状況をよく理解してシミュレーションしよう

釣り人たちを翻弄させている。

仕掛けは、もちろん大アユを仕留めようと狙いを定めるなら、ある程度太く、強靭な組み合わせで挑むが、まさかマグロ釣りのような糸ほど太くはない。岩や石、場合によっては川のテトラなどに擦れれば、一瞬で切れる太さしかない。

だからこそ、まずヒットしたらグッと落ち着こう！　慌ててもしょうがない。アユの行く方向に竿を立てて粘るのが先決だ。20㎝以上に成長したアユなら、掛かった途端に流れの方、流れの方へ逃げようとする。これをいなしながら徐々に主導権を釣り人側に持ってくるのだ。川の流れは強く速い部分もあるが、その脇には必ず弱い流れがある。まずはその弱い流れにアユを誘導するようにしよう。

腰以上まで立ち込んだら、取り込みはより難易度があがる

身切れ、ケラレ、ロケット、どんぶり……

なんの用語かといえば、アユ釣りの失敗パターンを表す専門用語だ。身切れはもちろん分かると思うが、掛かりアユがヒットしたにも関わらず、掛かり所が悪いために強引に寄せたときに身を割いてしまいバレる現象。ケラレは逆にアユの表面の皮が硬くなるシーズン後半、掛けバリが刺さらずにスルッとズレてしまう現象で、これはバラす以前に掛からなかったということになる。ロケットはオトリアユはすでに水面付近に顔を出した状態だが、掛かりアユがまだ水中のとき、ハリが外れたり切れたりしてオトリのみが空中に飛んでくる状態を指す。どんぶりとは例えばハナカンハリスの根元、水中糸よりも上で糸が切れるなどし、オトリと掛かりアユを同時にロストする現象だ。

ケラレたりドンブリせずに、見事キャッチ

ネットイン！　どのタイミングで？
引き抜きができない状況は？

ドキドキの瞬間！

ヒットしたアユをどうするのか？②

ある程度流れのゆるい筋に誘導できた！　あとは抜くだけ！　となるが、ここも慌てるのは禁物！　まずは水中にいる掛かりアユを水面に浮かせるように竿を絞る、浮いてきたら一気に勝負をかける。

この水量の川でのやり取りは、ビギナーにはちょっとハードル高め

あまり高速で飛ばすとビギナーはキャッチミスしやすい

水中にいるアユは抜けない

引き抜きまでのタイミングが早すぎるとバラしたり、加えて仕掛けの破損も心配される。どうしても自分の立ち位置からアユを誘導できない……、あるいはこの下の急流に入られたら一貫の終わり……という状況下では、一か八かで抜いてしまうというのもないわけではない。

基本的に胸まで浸かるほど立ち込んでいるわけではないなら、自分が有利な位置に移動して掛かりアユ

を誘導する必要がある。そこからプレッシャーを与え続け、なんとか水面まで浮かせたら勝負有りだ。また潜られないように適度なテンションを加え続け、頃合いと距離を見計って一気に抜こう。

引き抜きは慣れないうちはスピードに注意だ。高速で引き抜くとタモでキャッチするのが難しくなるし、とんでもない方向へ抜いてしまえばキャッチできなくなる。スピードが遅すぎて、水面にバウンドさせてしまったとしても、竿で糸のテンションを保っていれば意外にもバレない。むしろキャッチミスして自分の後方に飛んでいってしまった掛かりアユは、テンションが抜けてバレてしまうのだ。

もちろん、大アユ狙いの引き抜き、取り込みの技法に、振り子抜き（九頭竜返し）などもあり、自分より後方にふわっとアユを落とし糸を手繰り寄せて取り込む技だが、深く立ち込んでない状況でこの技は使わない。

いずれにせよ通常の引き抜きは、オトリアユと掛かりアユの2尾が水面に浮いて抵抗を止めた瞬間からスタート。タモを竿を持つ逆手に用意し、頃合いを見計って（リズムをとってもいい）スローに抜くことが安全な引き抜きだ。

落ち着いてスッとタモを差し出す

ネットに収まる直前に竿下げ

オトリと掛かりアユの2尾を確実にタモに入れるため、この2尾がバラバラに飛んできたら片方しかタモに収まらないというケースもある。基本、オトリにはハナカンが付いているので、優先すべきは掛かりアユの方。これさえタモに収まればマイナスにはならない。しかし、いつもこの取り込みでは格好悪いし効率的でもない。この現象を回避するには飛んできたアユがタモの直前まで来たとき、持っている竿を少し下方に下げてやると、2尾がまとまってくれる飛んできたアユたちを重力で同じ高さにコントロールすると、同時にタモに収まるので試してみよう。

シーズン終盤の良型を取り込み成功！

大物がヒット！　最初はとにかく粘る！

寄せてすくう
無理に抜かない！

ドキドキの瞬間！

大きいアユはどうする？

一般的なサイズのアユをビシバシ抜きまくってこの動作に慣れよう。そしてシーズン後半、さらには平均サイズのいい河川に出向いたら、少々大きいサイズとのやり取りもマスターしよう。

想定するサイズを考慮

大きいサイズを狙いにいく……、さらには尺（30㎝）近いサイズのアユが掛かる可能性がある！　という釣行ならば、いずれにせよそれ相応の準備をしていかなければならない。事前準備なくして、そもそも大アユとのやり取り、あるいは取り込みなどは無理な話になる。

つまり、それに見合った竿、仕掛けの強度、号数が必要というわけだ。20㎝未満のアユをビシバシ抜けていたタックルで、25㎝以上がヒット！　なんとかうまくやり取りしてキャッチ！　ここまではいけそうだが、これが27～28㎝になるとどうしようもない。それらがいる河川であれば、太い号数の水中糸、ハナカン回り仕掛けとそれを扱える竿を組み合わせて対処したい。

さて、基本はタックルを事前準備するところから始まり、いざヒットしたあとはどうするか？　そのパワーをいなしたり、流れの中に突っ込もうとするアユをなんとか堪えて

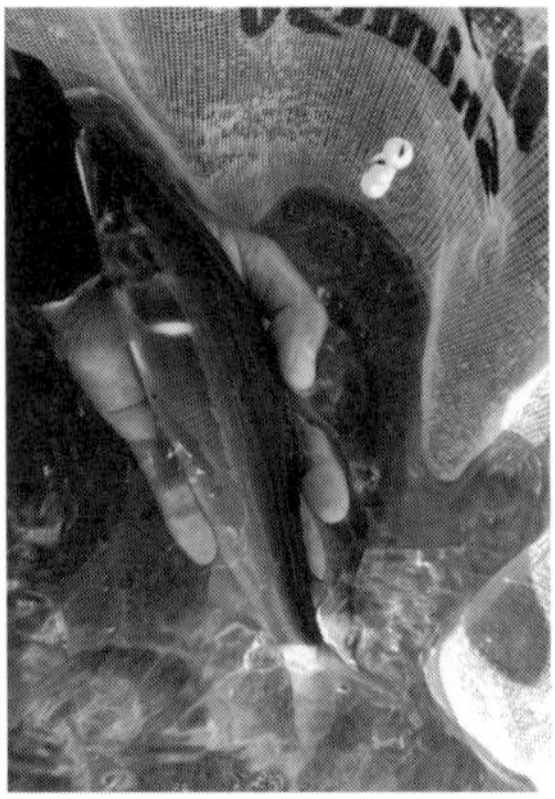

この体高まで育ったアユはパワーある引きを見せてくれる

大きいアユはどうする？

止めなければならない。やはり通常通り、流心のラインから少しでもいいので外してやる、流れの弱いところに誘導するのが先決だ。

竿は可能な限り立ててやる。上流方向を意識して構え、下手に下流側に竿を倒さない。その角度のままアユに走られたらもう止めようがなくなってしまう。流れの弱い部分で水深がある場合は、なるべく浅い場所をみつけて誘導する。膝下くらいの水深の場所が適しているが、そこまでアユを寄せたら糸をつかむ。もちろん、水中糸部分ではなく、ハナカン回り糸部分をしっかりつかもう。

タモは掛かりアユとオトリアユの下方、水中から差し込んでタモ入れする。ハナカン回り糸をつかんでも、決して空中に抜き上げないほうが無難だ。アユの下にタモが来ていれば、とりあえずは安心だ。

腰まで浸かった状況、大アユがヒットしたときに備え、周囲をよく観察しておく

大アユはどこでヒットするか？　流れの筋を丁寧にチェック

ケースバイケース、アユのパワーは計り知れない

河川の状況もそうだが、同じアユという魚でもパワーや遊泳力はまったく違う。寸法があってもあまり引かない個体もいれば、やや小さくても存分に暴れ回るアユもいる。どうしても水深のある場所で取り込まなければいけない状況、アユはその水深を利用してなかなか水面に浮かせられないだろう。その場合はある程度距離のあるところから振り子抜き、自分の背後に掛かりアユとオトリアユをそっと落としてやる。それで浮いたアユを引き寄せ、同じようにハナカン糸を手繰ってタモに収めよう。

奥の流心で大アユをヒット！　手前の浅瀬まで誘導して取り込む

大きさと網の目
水抵抗と使いやすさ

ドキドキの瞬間！

アユを取り込むタモはどうする？

タモ網は比較的高額商品。それでいて使用頻度、出番の多いアイテムだ。取り込み時はもちろん、何か小物をキープするときなどにも重宝する。そして腰に差してストックするが、流水抵抗を受けやすいという点がある。

取り込みに必要なタモ

網の部分がレース生地なら1万円以下でも揃うが、一般的で本格的なアユダモは2～5万円はザラに流通している。さらに網の目が1～1・5㎜と細かな物になれば、より高額なアイテムとなる。加えてスチールフレームや天然木の違いなど、材質によってもかなり値段の差が現れる。

網の目が細かいメリットは、イカリバリなどの掛けバリが網目に刺さったりしづらく、トラブルを軽減してくれる効果がある。さらに腰以上の水深に立ち込めばモロに水流の抵抗を受けるため、この場合には2～2・5㎜の網目の大きいほうが都合がよい。枠の大きさは36～39㎝とあり、中には30㎝程度と小径の流し玉網みたいな特殊なアイテム以外、36か39㎝の2択となる。最初に買うなら39㎝、網目は2～2・5㎜で選べばよいだろう。カッコよさだけを考えると、天然枠1本もの漆仕上げ1㎜網目というチョイスもあるが、無理に購入する必要はないだろう。

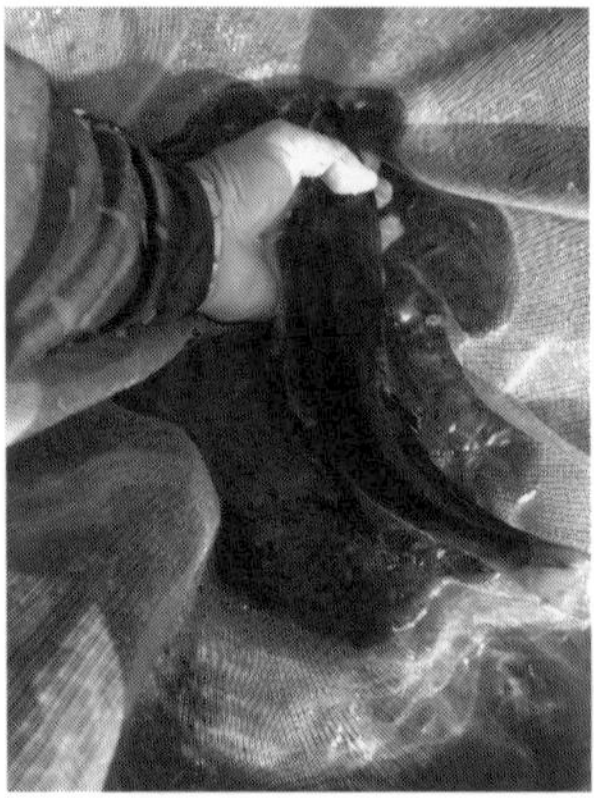

大アユでもしっかりと収まるサイズ感

手作りの木製枠のタモ

大きいアユもこの通りぎっしり入る！

水量があり、なおかつ流れの強い川で腰まで立ち込むと、タモはかなりの抵抗を受ける

急流の川で必要な玉網

急流に立ち込むための専用のタモ網＝いわゆる『流しダモ』と呼ばれる特殊な枠形の小さく網目の荒い腰に差さないタモも存在する。現在ではなかなか入手困難となっているが、基本的に太い紐で川の流れに流しっ放しにする。この流しダモは浦島本舗の物が有名で、現在は入手困難で在庫のある釣具店の物だけとなる。

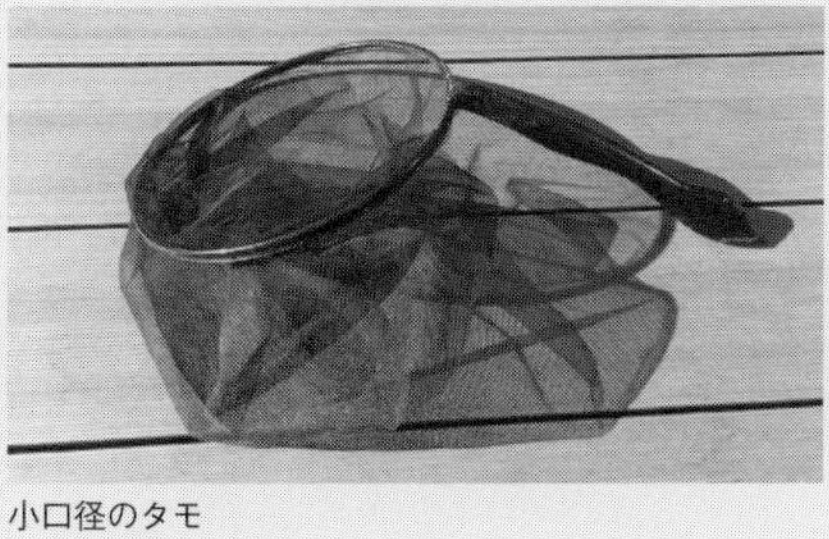

小口径のタモ

数を増やすには最初が肝心！

もっと数を釣るために

アユ釣りは循環！倍×倍のゲーム

アユの友釣りは循環の釣りとよく言われる。すなわちオトリとなるアユを釣って、それをオトリに使うからゲームが回っていく。すなわち数を釣る第一歩は、その日、最初の1尾が勝負になる。

最初の1尾こそすべて

オトリ店でオトリを購入し、いざポイントとなる河原へ向かう。まずはオトリを弱らせないように扱い、準備を済ませ釣りを開始。通常、オトリは予備を含めて2尾購入するのケースが多いが、そのオトリを弱らせる前に、なんとか野アユを掛けてオトリのチェンジを狙いたいのだ。

アユの友釣りは不思議なもので、オトリ店で購入した養殖のアユより、今まで川で泳いでいた野アユの方が断然他のアユを呼び寄せて（掛かって）くれるのだ。人間から見れば同じアユにしかみえないのだが、水中では養殖アユはやはり『よそ者』であり、川にいる野アユはやはりライバルであり、ナワバリに入ってきた侵入者！　攻撃せねば！　となるのかもしれない。

だからこそ、最初の1尾、養殖から野アユへの最初の循環が何よりも大切になる。もちろん、この最初の1尾が大事とは言え、これですべて安心！　というわけではない。この先も何が起こるかはその日の状況次

オトリアユで１尾めの野アユをキャッチするところから始まる

第だ。最初の野アユをキャッチして、そのまま波に乗ってテンポよくヒットを続け、10尾以上キャッチしていったら安全圏と言えるだろう。

その安全圏まで到達すると、意外や意外！ 結構簡単に数が伸ばせてしまうものなのだ。その日の川の流れ、それに対するアユのポジショニング、追いの状況などを素早く見極めることで、調子のいい日であれば10尾がいつのまにか20尾、30尾と伸びていくものだ。アユ友釣りは倍×倍のゲームとも言われる理由だ。

その日のパターンを見つけたらシメたもの

オトリをダメにしてしまったら

朝から簡単に最初の1尾が釣れれば、その日はいい釣果で終えられる……とは言え、いつもそうなるとは限らない。どうしても最初の1尾が掛からず、購入した2尾のオトリをいずれも使えなくしてしまったらどうするか？ 周囲に友人とともに釣行していて、たくさん釣れているなら『数尾貸してもらう』のも手だ。あくまでももらうのではなく、あとでアユを釣って返すという体で貸りるとよい。また、どうしてもそういった状況ではない場合、オトリ店に『おかわり』をしに買いに戻るしかない。

オトリアユのおかわりは避けたい

シーズンも終盤、オトリ店も休業

昨今のアユ河川で昔ながらのアユのオトリ店が廃業したり、休業したりするケースは多い。その河川に1軒しかオトリ店がない場合や、あっても午前だけとか、おかわりしたくても営業してないケースも多い。そういった場面で、なおかつ川のレギュレーションで許されるならば、アユルアーを使うという手もある。

シーズン終盤、あるいは時間によって、オトリ店も営業時間外がある。しっかり循環させよう

オトリとして弱らせないためにも

もっと数を釣るために

アユ釣りは循環！掛かり所も重要

オトリアユとして使うために、次のアユを掛ける。その循環が上手く行くと、本当に入れ掛かりになるのがアユの友釣りの醍醐味だ。ただその循環を途切れさせやすいのが掛かり所の悪い釣りのときだ。

理想的な背掛かり

オトリアユをポイントに泳がせていると、そこをナワバリとする野アユが、侵入者！　として認識し、追い払おうとオトリの背後から突進しようとする。魚は前にしか泳げず、体当たりするには頭から前傾姿勢で突っ込むので、オトリについた掛けバリにちょうど野アユの背中あたりに引っ掛かるケースが多く、この掛かり方を『背掛かり』という。

しかし、いつもこのいい掛かり方ばかりなるわけではなく、頭、口、尻尾、お腹など魚体のさまざま箇所に掛かってしまうことがあるのだ。頭やお腹など、アユの急所ともなる箇所に掛けバリが刺さってしまうと、そこから血が出て、次のオトリとして使い物にならないだけでなく、弱るとようよりはすぐに死んでしまうケースもあるのだ。

背掛かり以外の掛かり方をしてしまう理由に、掛けバリの位置関係が悪い……というのがある。基本はオトリアユの尻尾から1～2㎝、指1～2本分のハリスの先に掛けバリが出ているというのが理想だが、背掛か

りよりも後ろに掛かったりするなら長すぎ、口や頭に掛かるケースが多ければ短すぎ……というふうに、掛けバリハリスの長さを微調整することも必要だ。

いいところに掛かれば、次のオトリとして活躍してくれるし、掛かりが悪い場合のアユを無理にオトリとして使うと循環が悪くなるケースもある。その場合はストックがあるなら、掛かりの悪いアユは休憩とし、別のアユをオトリに使うといいだろう。

掛かりの悪いアユはいったん休憩させ、別のストックしてあるアユをオトリに使おう

シーズン初期ほど循環が難しい

待ちに待った解禁日！　6月1日だったり、昨今では全国的に5月中に解禁を迎えるアユ河川も増加傾向にある。当然だが、まだアユとして仕上がってない場合も多く、今言った『循環の釣り』が難しいこともあるのだ。いわゆる群れアユ釣りでは、追いっ気のある個体ではなく、まだ群れで行動するサイズ、時期のアユたちの場合は循環そのものが成立しにくいこともある。シーズン初期はその群れアユをみつけ、オトリをその群れの中に漂わせて数を釣る方法も得策になる。

キャプションキャプションキャプション

循環が大事なのはリズムを崩さないこと

もっと数を釣るために

掛かりアユをバラさないために

アユ釣りは循環の釣りであり、全ては最初の1尾、さらにはリズムに乗ってテンポよく続くときはまさに倍倍のゲームとなり、数が伸ばせる。しかし、リズムに乗れないとなかなか難しい釣りになってしまう。

バラす理由を考える

せっかくオトリアユに野アユがヒットしたのに、取り込む前にバラしてしまう……、引き抜きでミスというのもあれば、水中で何らかの理由でバレることもある。そこからリズムを崩して数が伸びない！　あるいは1日を通してダメダメな釣りになってしまうことはあるので、それらを考察してみよう。

まずはバラす原因だが、使用する道具、竿や仕掛けといったパーツが合っていないという理由が最も大きい。シーズン初期なのに大きいハリ、あるいはシーズン中盤以降なのに細い仕掛け、小さいハリなどだ。竿も総じて柔らかい竿の方がバラすリスクは軽減されやすいものの、アユが大きくパワーがある状況では、竿もある程度の硬さとパワーを持っていた方がベターだ。

また、仕掛けのチェック、どこかがトラブルを起こしていないか？例えば掛けバリハリスが柔らかい、あるいは硬い、キンクといって折れ曲がっていたり、傷ついていたりす

る場合は速やかに交換しよう。

そもそもだが、バラしが連発するときはまず掛けバリを交換、サイズや号数をもう一度考えたり、種類を変えてみるのが解決方法となる場合は多い。竿に関してはどうしてもビギナーのうちは複数本持っていないというケースもあるので、対処できる範囲での対応となるが、替穂先などがあればチェンジしたり、さらには竿の持ち方を変えてみるだけでバラシが減るというのもあるので、対応してみよう。

いずれにせよ釣れないときに同じことを続けても状況が変わらないのと同様、バラシが多い日はとことんバラすことになり得るので、何かしらの対策を立てて変更するのが重要となる。

川の水量やアユのサイズ、竿と仕掛けのバランスがよければバラシにくい

ザラ瀬の急流のポイントでバラさないためにも仕掛けと竿の組み合わせを考えよう

竿と仕掛けのバランス

硬い竿に上から下までキンキンに感度重視の仕掛け、水中の様子は手に伝わり、オトリの動く状況、野アユに追われている様子までよくわかる！　そんなセッティングでオトリを操作していると、いざアユが掛かり取り込みまで持ち込もうとするが、いいところバラしてしまう……。これはよくあるケースだが、仕掛けと竿はどこかに『パワーを逃す』部分があってもよい。硬い竿に対し、天井糸、水中糸にナイロンなどを用いたり、金属系のキンキンの仕掛けを使うならやや柔らかい穂先の竿に変えてみたりと、余裕があってタメの効くセッティングがバラしにくいバランスとされる。

このサイズになれば大アユ用のバランスでセッティングされた道具が必要

バラすほかにも根掛かりはやっかい！

もっと数を釣るために

オトリを根掛かりさせないために

アユの友釣りでやっかいなのは『根掛かり』だ。複雑な流れ、水深のある部分にオトリを根掛かりさせてしまったら、簡単に取れる場合はよいが、無理に回収しようとするのは禁物だ。

押しの強い急流での無理な根掛かり外しは避けよう

根掛かりのリスクを常に考慮する

アユの友釣りに限らず、魚釣り全般にとっても『根掛かり』は釣り人のモチベーションを下げる一番の要因とされる。アユの友釣りの場合は大切なオトリアユをロストする、さらには循環の釣りを狂わせてしまう重大事件と言えよう。

しかしながら、この根掛かりは避けられない事象でもあり、常に意識しておかないとリズムに乗れないし、さらにはダメージを引きずったまま、その日の釣りを行うことになるので、クヨクヨせずに気持ちを切り替えよう。

そして根掛かりしやすい状況というのがどういった場面か？　一般論から考えて注意したいのが、オトリアユが疲れて、川底で休んでしまっている状態のときに起こりやすい。つまり、自分ではオトリを泳がせているつもりでも、ある程度時間が経過したオトリは、流れのゆるい底のほうでお腹を付けて休んでいる状態になる。こうなるとそのオトリから出ている掛けバリが川の障害物に根

大石が多くゴツゴツした川底も、根掛かりには注意したい

雨後の増水後の引き水。上流の木やゴミが流されており、根掛かりの可能性が高い状況

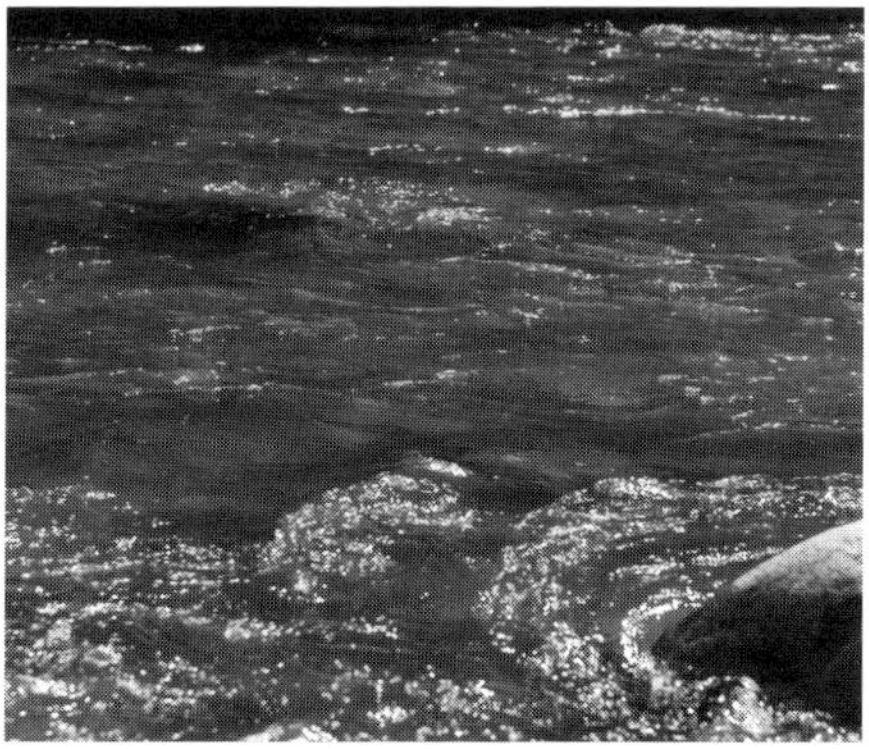
水深のあるトロ場の根掛かり外しは注意

掛かりしてしまい、さらにはオトリが暴れて仕掛けが大きく損傷したり、さらに根掛かりを複雑にしたりと被害が大きくなるのだ。

また、根掛かりの起きやすいケースとしてオトリがいわゆる『エビ』状態になったときも注意だ。エビになるとオトリは上手く泳げず、そのまま流れに飲まれてしまう。その先に何らかの障害物があればそれらに引っ掛かってしまうのだ。

根掛かりは避けられないと認識しながらも、よく根掛かりさせてしまうとすれば、この2点に関しては覚えておいて対処しよう。加えて、流れが強く水深もある場所でオトリを根掛かりさせてしまった場合、なんとかそれを回収しようと無理するのはよくない。川でアユ釣りにまつわる事故で、そもそもが根掛かりを外そうとしたときに起こることが多々あるからだ。

オトリアユは疲れると川底に沈み、お腹を付けて休んでしまう

根掛かり外しと対処法

流れの強いポイントの根掛かり、自分も立っているのがやっとという状況でなんとかオトリだけでも回収したい場合、水深が浅ければ手で探ってなんとか外せるかもしれないが、深くて手が届かない！　という場合に重宝するツールが、根掛かり外しだ。一応こういったアイテムをベストの奥のポケットに忍ばせておこう。これを使ったからと言って確実に回収できる！　という保証はないものの、あるとないとでは雲泥の差だ。いずれにせよこれらのアイテムを使う場合も安全を考慮して、無理は禁物ということを念頭に入れよう。

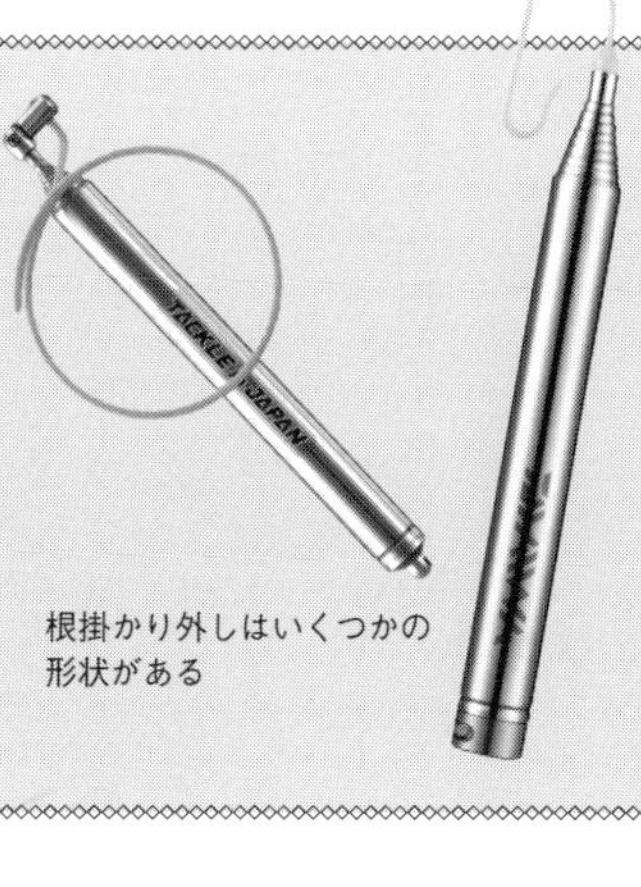

根掛かり外しはいくつかの形状がある

楽しい釣りはすべて安心、安全な装備から

もっと数を釣るために

安全を意識したグッズ タイツ&タビ

何か事故があってからでは遅い！　これはアユ釣りに限ったことではなく、すべてのレジャーに共通していえることだ。それでも川に浸かってするアユ釣りは、毎年のように事故が報告される。とにかく注意しよう！

増水時、川に入るときは細心の注意を！

基本装備は重要

アユ釣り師定番の装備品、身に着けるウエアを上から紹介すると、帽子、サングラス（偏光グラス）、アユベスト、中着はドライシャツ、そして下半身には専用のアユタイツ、そしてタビだ。先にも説明したが、タイツにはドライタイツ、またはスリムウエダーと呼ばれる、アユよりも渓流釣り向きのアイテムもある。

また、渓流のルアー釣りやフライフィッシングに用いる、いわゆるウエーダーで、少しゆとりのあるズボンタイプもあり、確かにこれで川に入ることは可能だが、正直アユ釣りには向かない。相当慣れている釣り人で、膝下程度しか川に入らないというなら、この渓流ウエーダーでもよいが、しゃがんだり、膝をついたりする場合にウエーダーを傷めるし、そもそも自分の膝も痛めてしまう。

アユ用のタイツ（ドライもウエットも）の基本素材はクロロプレーンやネオプレーンと言われる素材で、スキューバダイビングのウエットスーツとほぼ同素材。サーフィンのスーツも同様で、これでアユ釣りをする人もいたが、やはり専用と異なり使い勝手が悪い。

さて、問題なのは渓流用のゆとりあるズボンタイプのウエーダーでアユ釣りをし、深く立ち込んでしまうとどうなるか？　まずは水抵抗を非常に強く受けやすい。またウエーダーの中は空気があり、浮力も高いために足下も安定しない。足をすくわれると今度は体が沈み、足が浮く状態になって非常に危険だ。だからこそ、専用タイツを履いて足腰の安定をはかり、なおかつ滑って転倒した際も頭が上、足が下の状態を維持できるようにしたい。ウエットかドライか？　については シーズンや暑さ、寒さを考慮して使い分けたい。もちろん、もしものときに泳いでしまう……という前提ならばウエットタイプのタイツがより安全だ。

そしてアユタビだが、形状として2タイプ、先丸タイプと先割れタイプがある。先割れは文字通りタビタイプで親指のところで割れており2本指仕様となっている。先丸は普通のソックスタイプで、一般にはこちらが人気だ。ただ、年配の釣り人で、流れの強いポイントで踏ん張りが効くのは先割れ……という釣り師も多い。いずれにせよこれは好みに応じて使い分ければよい。

最後にこのタビの底のフエルト部分だが、ピン（金属）が打っているものと、フエルトだけ、あるいはフエルトを細かくキューブ状にスリットを入れたもの、さらには天然ウール素材のフエルト底など、選択の幅が広がっている。これも好みと言えるが、昨今人気で非常にグリップがよいと評判なのが、羊毛フエルトのタビだ。

専用装備は安全確保にも繋がる。しかし、油断は禁物

転倒したときのクッションにも

アユ釣り用のタイツはネオプレーンというスポンジ状の素材が使われ、ウエットタイプとドライタイプがある。この素材のよさは優れたクッション性が挙げられる。つまり、河原のゴツゴツした石の上を、ある程度の距離歩かなければいけない場合、細心の注意をしていても石のコケに思わず滑り、足を取られて転倒！　というケースが稀にある。そんな場面でもこのネオプレーン素材がショックを吸収してくれ、大きな怪我になりにくいとされている。自信過剰はよくないが、そういった面からも、専用装備で安全に川に向かおう。

話題の羊毛フエルトのタビ

快適な装備は人それぞれ。少しずつ自分にあったアイテムへアレンジしていこう

釣ったアユをいかに鮮度よく持ち帰るか

釣ったアユをキープ！ 無駄なく美味しくいただくには？

川魚であり、香魚と呼ばれつつ美食が楽しめるアユ。草食性の魚類であり、内臓ですら香りがよく美味しくいただける。そんなアユも乱暴に扱ってはまったく意味がない。美味しさをキープするためにはまず、生きている間にどう維持するか？　それを美味しく持ち帰るために氷締めにし、専用クーラーやクール宅急便を活用して持ち帰りたい。

せっかく釣れたアユ！ 無駄なく美味しくいただくには？

アユの背ごしは絶品中の絶品

数釣り日和！　大型を多数持ち帰るには

こんな良型はどんな食べ方がいいのか？

定番の塩焼きもプロの技はさすがに映える

基本は氷締め

海の魚、船釣りなどのターゲットのマダイ 、ヒラメ、青物などがそうだが、しっかりと血抜きをする必要がある。基本、雑食性の魚の内臓は匂いもキツく、傷みやすいために食さない。例えば釣魚として馴染みは薄いが秋の味覚サンマは、内臓を取らずに塩焼きにして食す珍しい海の魚だ。これはやはり動物性のものを食さない魚という理由で、内臓があまり臭くないからとされる。同じような小型回遊青物でも、アジ、イワシなどは動物性のプランクトンを食すので、内臓は美味しくないとし食されない。アユの塩焼きも基本内臓ごと食べるのは、川でコケを主食にする魚だからだ。

キズだらけ＆凹んでいてもなお優れモノ！

釣ったアユをいかに鮮度よく持ち帰るか

オトリ缶の使い分け

釣れたアユを持ち帰るために、まだ川で釣りをしている最中、あるいは遠征して2～3泊の釣行の場合はオトリ缶を多用して、川に活けてキープする必要がある。エキスパートの中には使用するオトリ缶にこだわり続けることもある。

オトリ缶の種類、素材と形状について考える

川ではさまざまな事件もある

エキスパートのオトリ缶は、2通りの用途で分けるという。1つ目のオトリ缶は、オトリを購入してからポイントまでの移動用。これは通常用途としてごくごく一般的なアイテムで問題はない。一方2つ目の使い方が特徴的だ。それは連泊の際、翌日のオトリを活かすために川に活けて置く用に積んである特別なアイテムだ。

いうまでもないが1つ目の用途の場合は、各社より発売されているプラスチック製のオトリ缶でOK。しかし、コレを川に活けて一晩浸けて置くとなるといろいろなトラブルが多発する。

オトリ缶を1つしか持たず川に浸けておくと、仮に夜中に川が増水などした場合、そのオトリ缶が流される……、そんなケースもあるし、常に心配しておかないとならない。また、移動もできず、その場の近くにオトリ店がない場合には立ち往生となってしまう。

河川のタイプによるが、上流にダムがある場合には、深夜に放水することがよくある。夏の夕立が自分の居場所ではなく、上流で降った場合も、一気に水位が増すのはよくあるのだ。そのようなときにオトリ缶が朝になったら陸の上……、中のアユたちは全滅！　なんてことも稀にあるのだ。

アユ釣り師は車中泊もよく行うが、河原近くなら深夜に引き上げに行く

オトリ缶の川の水の取り入れ口の形状が大切

プラスチック製のオトリ缶は軽量だが弱点もある

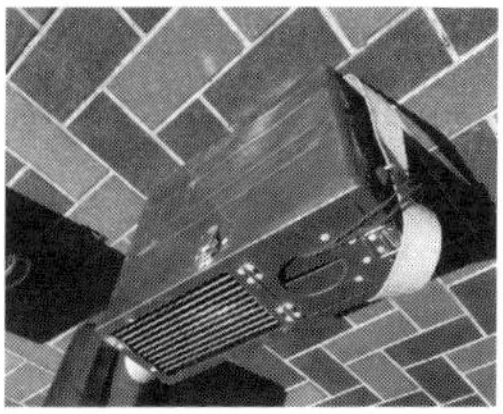

水の取り入れ口がステンレスの棒状になっているものがベスト。素材は真鍮製であると、夜間オトリアユを活かしておくのに好都合。川の水位の変化へもよく対応するし、翌日のオトリの元気さが違う！

ことも可能だが、ホテル泊などしている場合は戻ることもできず完全にアウトだ。だからこそ、こんな釣りをする場合はオトリ缶1つではどうにもならないことが多いため、川に活ける用のオトリ缶も用意するのが得策だ。

そして、川に活ける専用オトリ缶は、さまざまな種類を試した結果、角型の真鍮《しんちゅう》製もしくはステンレス製のアイテムが適している。

プラスチック製の物より、明らかに金属製のステンレスや真鍮、銅などの物のほうがアユの生存率が高いことは確かだ。水流の流れ込むところは棒状の針金タイプの物がオススメ。スリットタイプや丸穴タイプの物は水の流入量が少なく、オトリが少ない尾数でかつ翌日分のみなら問題ないものの、前日の釣れた分をすべて活かすとなるとかなり生存率が悪い。翌日まで生きていたとしても、イマイチ元気さが復活せず、アユの色も悪く釣りをしても釣れる気がしないのだ。

だからこそ、スリットタイプや丸穴タイプの物を使う際には、23㎝以下なら50尾程度。シーズン後半になって大アユ河川の25㎝以上ならば30尾程度までがよいとされる。さらにだが、オトリ缶はロープや縄などでしっかり結んで固定する。不用意に石を置いただけにしておくと、案の定オトリ缶が流された……となるため、必ず回収したいならば念入りに対処しよう。

真鍮のオトリ缶

角型の真鍮製、もしくはステンレス製のオトリ缶は、某専門メーカーから現在でも販売されているが、入水口が先に述べたような複数の『棒状』なったモデルが見当たらない。ゆえにやや古めかしいアイテムを中古釣具店やレトロな老舗釣具店で埃を被っているような在庫品を購入するしかない。もしも、新品在庫処分価格！　で買えるなら迷わず買いでよいだろう。

古くてもイイモノはいい！　中古タックル店で見つけたら即買い！

遠征先からアユを持ち帰るには？

遠征釣行でアユを持ち帰る場合

いわゆるアユの『フン（糞）抜き』は、アユは石のコケを食むが、それと一緒に小砂利も口にするため、内臓からそれら砂利を排泄するので、アユのフンは砂利混じりであることが多い。だからこそ、持ち帰るアユはしっかりフン抜きすることが肝心だ。フン抜きしないアユはそのままジャリっぽくなって食感を悪くしてしまう。

そのため、遠征の際には、釣ったアユをオトリ缶に入れ、一晩川に浸けてフン抜き状態にする……というパターンがある。ただし、これでは大幅な場所移動はできない。また、川が渇水気味だったり、水温の高い状態のときは、オトリ缶に60～80尾もキープしたら、いくら川に伏せていても数が多すぎだ。翌日には酸欠で全滅……という悲しい状況もあるのだ。

さらに、長期滞在で3泊以上となる場合、クーラーボックスに入れてあったとしても、釣ったアユのハラワタ（内臓）が割れてしまい、せっかくの天然アユの鮮度は落ちてしまう。だからこそ、翌日の釣りのためのオトリは適当数を残すことにし、おおむね翌日分＋α2～3尾余分が適当だが、それ以外を氷〆にし、北越産業というメーカーから販売されているアユ専用の1尾ずつ入るビニール袋があるので、それに詰める。

翌日の釣りのため、オトリを適正数残した後は氷〆にする

釣ったアユをいかに鮮度よくもち帰る

さらにオトリ缶が余分にあれば、水を満タンに張り、袋に入れたアユをそのまま水の張ったオトリ缶に沈めることで、水圧で余分な空気が抜け、真空パックとはいかないが、ピタッと袋が密着する。ビニール袋の入り口は縛ったりせず折るだけで大丈夫だ。

そして、袋詰めしたアユをクーラーボックスに並べ、上から氷を入れる。その状態のまま宅急便の営業所に直行し、段ボール箱を数に応じた大きさのものを選び購入。ある程度釣れているなら米10kgを入れる段ボール箱を購入してそれに詰める。段ボールに古新聞を1～2枚敷き、1尾用ビニール袋に入れたアユを段ボール箱に綺麗に並べていく。

並べ終わったらガムテープできっちりと梱包し、必ず『冷凍』で発送する。ここからが重要ポイントだが、発送先の住所は自宅ではなく、『自宅最寄りの宅急便の営業所宛』とする。

何故か？　といえば、自宅に発送すると自分はまだ遠征先、仮に受け取ってくれる家族がいたとしても誰が段ボール箱からアユを取り出し冷凍庫に入れなおしてくれるのか？　問題も発生する。

ゆえに、自分が帰宅後に営業所止めの宅急便を受け取り、専用ビニール袋の凍ったアユを段ボールから取り出し、2～3尾を真空パック用の専用ポリ袋にそのまま入れなおせば完璧だ。さらに本格的にするならば、業務用のチャンバー方式の真空パックの機械を使用し袋のまま真空パックにする。

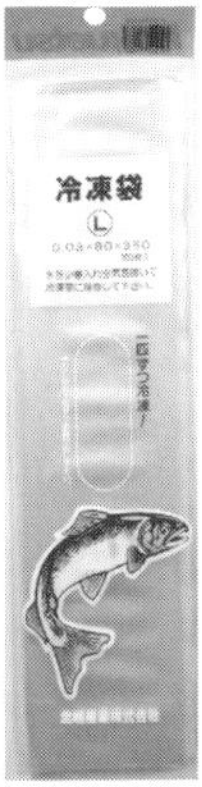

北越産業から販売されている冷凍袋が便利

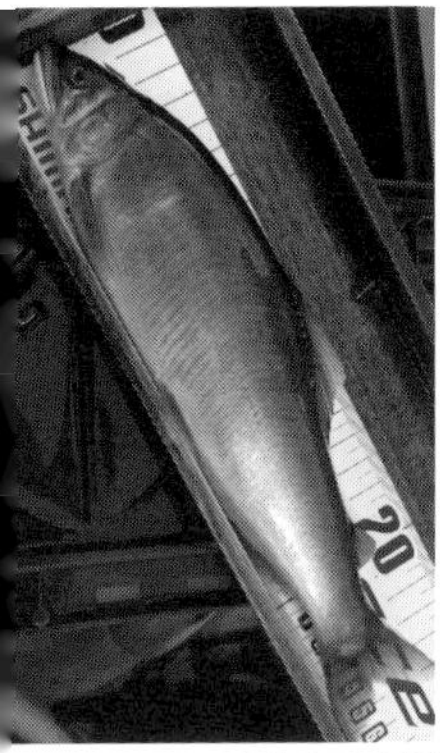
せっかく釣れた立派なアユを美味しくいただきたい

こうすることで釣れた当日のままの鮮度の冷凍アユがストックできる。なおかつ宅急便の冷凍庫でしっかりと凍らせてと言うのがミソで、要注意は当日発送はオススメしない。夕方早めに釣りを切り上げ、夕方の17時前とかに当日発送手配をしてしまうと、冷凍庫に入っている時間が短すぎて半凍結のまま自宅に到着してしまうことになる。営業所止めにしておけば、しっかりと長い時間冷凍庫で凍らせてもらえるため、帰宅後にゆっくり引き取りに行けばよい。

当日釣ったままの鮮度で冷凍アユをストックしよう！

いっぱい釣って美味しく持ち帰るキモ！

釣ったアユをいかに鮮度よく持ち帰るか

アユ釣りのクーラー

アユ釣りに限らず、クーラーボックスは釣った魚を美味しく持ち帰るために必要な重要アイテムだ。アユは釣って楽しく、その後食を存分に楽しめる魚。夏という季節が舞台のため、クーラーには神経を尖らせる釣り師が多い。

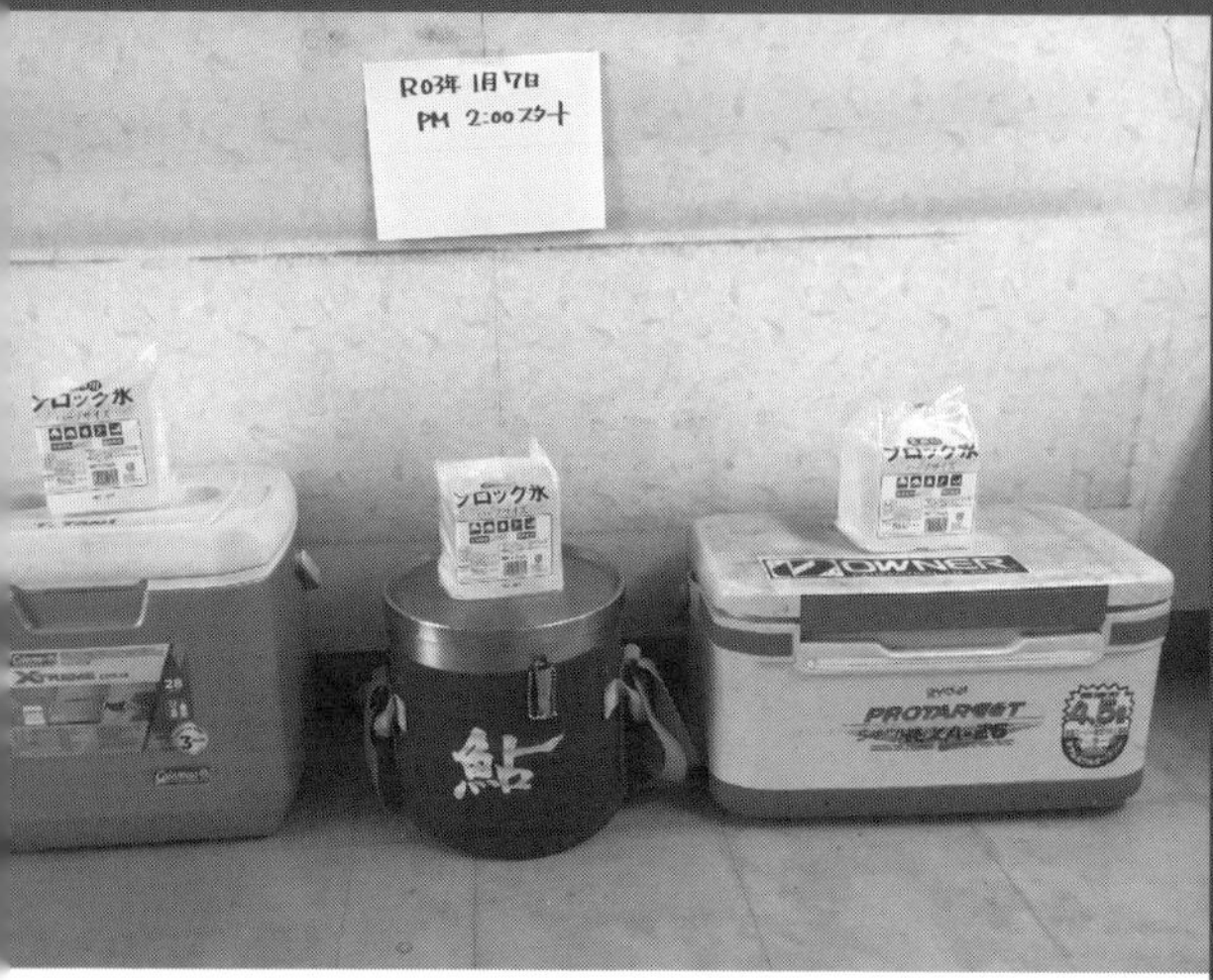

各社クーラー内には新品の氷を投入！

クーラーボックスの保冷力

クーラーボックスの実証実験とし、やや旧型モデルだが電動工具メーカーのリョービが以前、釣具事業を展開していたころの高級ブランド「スーパーヘキサ26Ｌ」、日本酸素「ステンレス製15Ｌ鮎」、キャンプブランドコールマン「エクストリーム26Ｌ」で実施した。

条件としては、同一容量が揃わず日本酸素のステンレス製に関してはモデルが8Ｌと15Ｌしか発売されておらず、26Ｌでの同一容量での実証は叶わなかった。今回は室温23度から25度、1貫目3・75kgの半分、通称半貫目＝1・875kgの氷単体で行った。氷をクーラーボックスに満タンに詰めた状態よりはもちろん保冷能力が下がるシチュエーションだ。

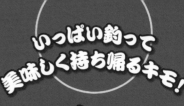

リョービのスーパーヘキサ26Ｌに関しては、購入してからの年月がかなり経過しているため、本体や蓋部分の気密性能に経年劣化もあるはずだ。購入当時の性能より劣っている場合も考慮すべきであろう。

3社のクーラーともに開始当初から24時間経過すると、かなりの保冷能力に差が出てきた。スーパーヘキサ26Ｌに関しては開始より27・5時間で完全に氷が溶けてしまった。順位をつけるなら既に24時間経過の段階で保冷能力1位は日本酸素のステンレス製15Ｌ。2位がコールマン「エクストリーム26Ｌ」、3位リョービ「ウルトラヘキサ26L」となる。

ここで驚きなのは経年劣化があるにせよ現役で使用している「スーパーヘキサ26L」は当時のメーカー希望小売価格31000円したもので、コールマン「エクストリーム26L」は5000円前後の価格。技術の進歩とコスパを考えれば最強なのでは？と感じる。

ステンレスクーラーは単純な1枚構造ではなく、ステンを2枚にして内部に空間もある

古いモデルとは言え、当時のフラッグシップクーラー。クーラーそのものの重量があるのは、保冷力を高めるための内部素材の詰め物の重さだそう

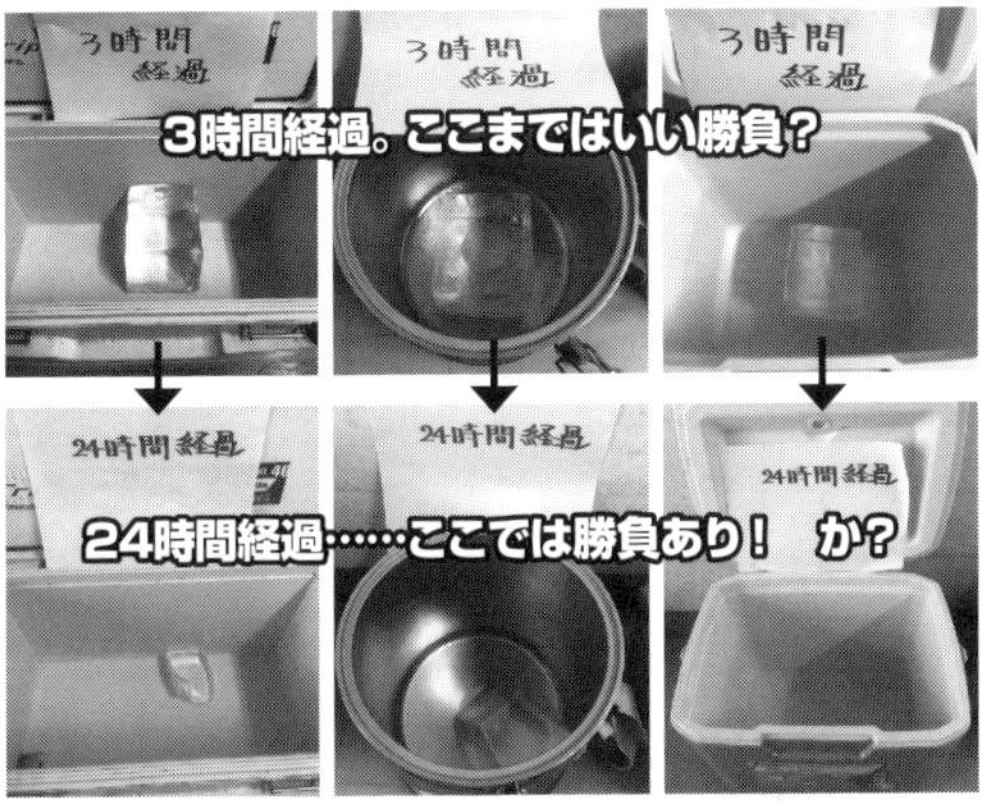

リョービクーラー危うし！　24時間で氷は最も解けてしまった

ステンレスクーラーはさらに氷を大きく残す

24時間経ってもコールマンクーラーは大健闘！　まだまだ氷は大きく残る

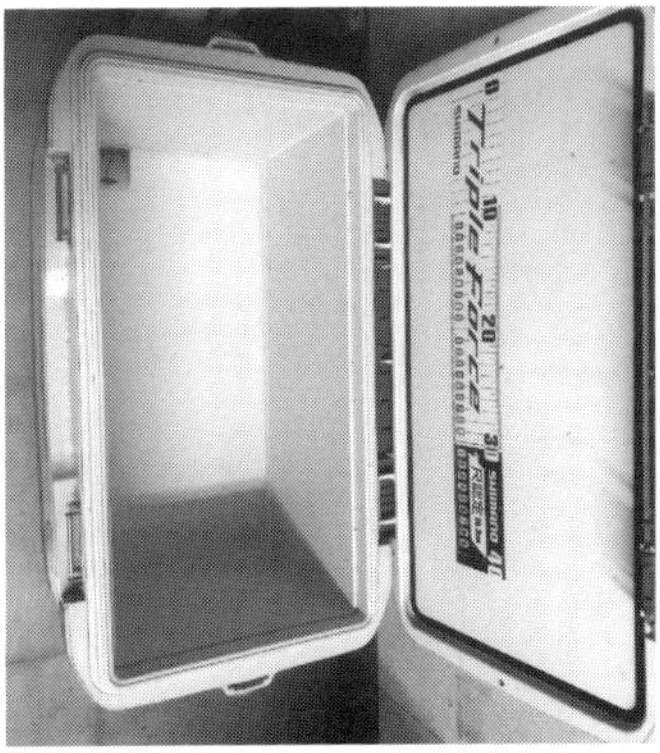

リョービヘキサは27.5時間でギブアップ！完全に氷は解けてしまった

総評

今回は若干古いモデルだが釣りメーカーのクーラーと、キャンプメーカーにステンレスの専門メーカーのクーラーを比較。最強となったのは日本酸素のステンレス製だが、形状が丸いため氷以外に食材や飲み物を入れる場合、余り詰め込むことができないという弱点がある。次にコールマン「エクストリーム26L」はキャンプ用ということで、2Lのペットボトルが縦に入る使い勝手のよさがポイントを上乗せしてくれる。さらに軽量かつ保冷能力はかなりの高スペック、そしてリーズナブルという点でコスパ最強といえる。

ステンレス製クーラーの実力

その後の確認で42時間後にはコールマンの「エクストリーム26L」も完全に氷が溶けてなくなっており、正確な完全に溶けた時間は不明。日本酸素のステンレス製はその後47時間、51時間とチェックし手のひらサイズにまで小さくなったが、その最後まで粘りをみせた。容量の差も、15Lと26Lでは差があるものの、持ち時間が51時間とは驚きの保冷能力と言える。

51時間の大差を付けて勝利！　ただ、ステンレスクーラーの丸形は食材を入れるには不利な形状だ昨今のトレンド入り！人気アイテムは使えるの？

釣ったアユをいかに鮮度よく持ち帰るか

アユ釣りでソフトクーラー

アユ釣り用のクーラーとして、昨今流行りのソフトクーラーボックスなるものは使えるのか？　キャンプブームということもあり、ホームセンターやディスカウント店でもかなりの種類を見かけるが……。

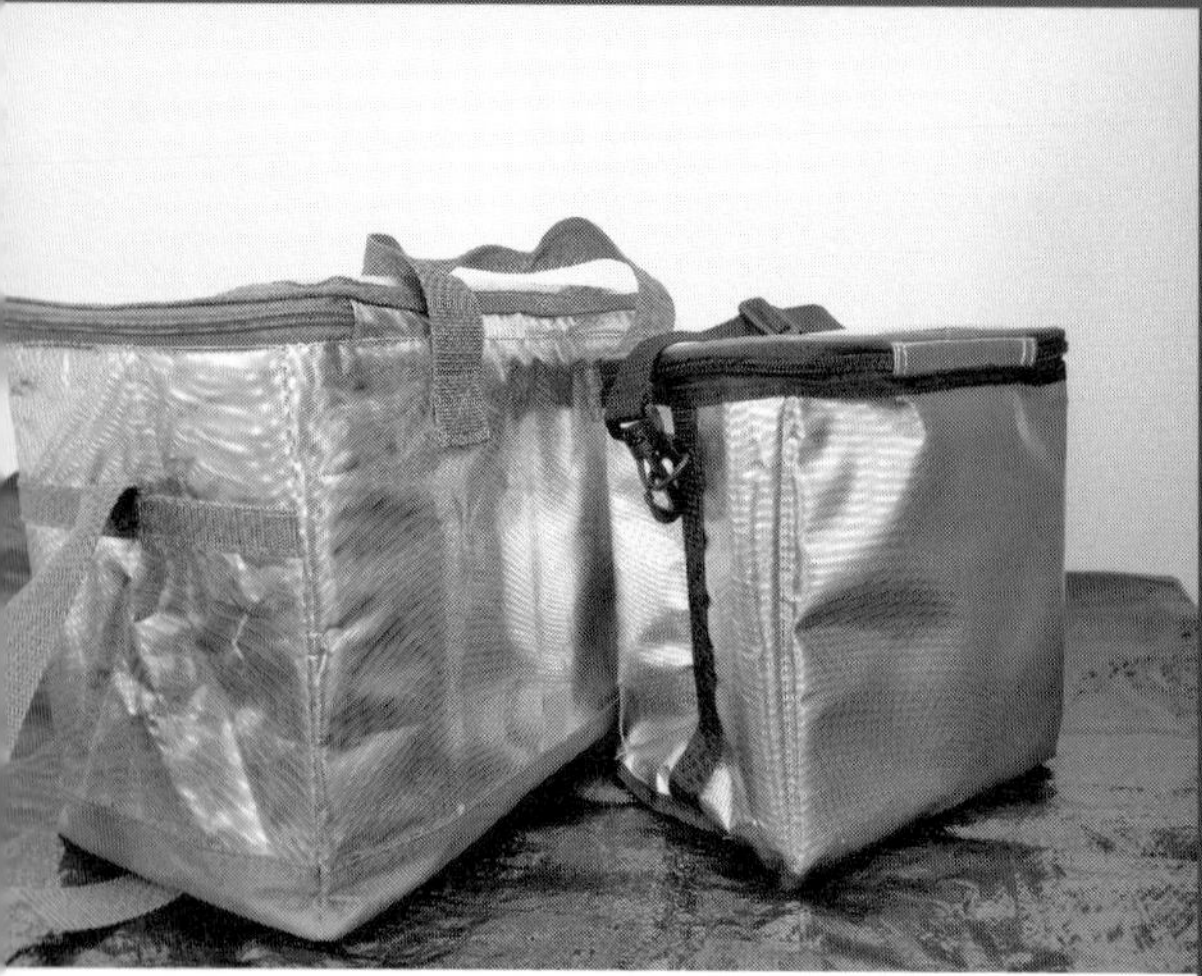

夏の暑い時期がアユ釣り本格シーズン。アユ師たちはクーラーにこだわるのも当然！

激アツ！ソフトクーラー市場

海釣りで大きな魚を釣りにいくときは、アユ釣りではあまり好んで使用されない26リッター前後の一般的なクーラー（ハードクーラー）が多い。これは当然と言えるが、アユ釣り用に使えるクーラーは、釣り具メーカーの高機能アイテムに勝るとも劣らないクーラーボックスがある。

そして最近ブームとなっているのが『ソフトクーラーボックス』というジャンル。しかしながら、これらはアイテムが多く、どれも保冷能力の高さを売りにしているものの、素材も各社特殊な『新ハイテク素材』とうたっており、下は1000円程度の物から上は1万円超えるものまでピンからキリまであるのだ。

1000円の物と上位機種が同レベルなら、あえて高い物を購入する必要はない。そこでまずはリサイクルショップやホームセンターで買えるアルミ生地のお弁当入れのような保冷バックがトップバッター。次に5層構造のハイテク素材で保冷能力抜群！と書いてあるサーモス製のアイテム。さらにはキャンプブランドロゴスの「ハイパー氷点下クーラー」で、いかにも凄そうな名前のアイテム。こちらの価格は1万円超えだ。さらにコールマンの「エクストリームアイスクーラー」と、さらに最上位機種のコールマン「アルティメットアイスクーラー」も入手して比較した。

しかし、これらを物色し調査するも、おそらくメーカーごとに比較が異なり、保冷力を表す数値はまちまちのようだ。さらに、ソフトクーラーに直に氷を入れてアユを保冷する……という使用方法自体、これらは想定外のようだ。しかしながら、従来のクーラーボックス同様、直に氷を入れて普通に使えるのか？　それとも不適合なのか？　試してみた。

ソフトクーラーの中に直に氷を入れる使い方は想定外だそう

これらが今回実験に使った高性能？　ソフトクーラーボックス

保冷能力と収まり具合

さて、実際の比較では入手した各アイテムの容量が揃えられず、大きさにより多少の保冷能力に差が出てしまうと思う。さらに実際に釣行で使用したときの状況を少し説明すると、いずれのアイテムも折りたためて場所を取らないので、車載の場合にはまず各社大変便利だ。折りたたむと一番収まりがよくカッコよいのは、ロゴスのハイパー氷点下クーラー。ソフトクーラーボックスと言ってもセミハードタイプと言え、収まりだけではなく型崩れもしにくくしっかりとした作りになっている。

形崩れしないソフトクーラーが使い勝手がよい

コールマンに関しては折りたたみの基本設計自体が少々強引だった。２種ともあまり収まりがよいとは言えない。そしてサーモスに関しては、素材自体もこのアイテムの中では一番柔らかくグニャグニャした感じで形自体が保てない。この際、いかにベルト自体がしっかりした強度があるのか？　基本柔らかい素材であるため、あまり重量のある物を入れると変形してしまうだろう。

ソフトクーラーでどれだけアユの鮮度が保てるのか？

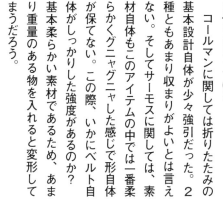

現地の釣具屋などでも調達できる発砲素材のクーラーに治められた美味しい海魚たち

各種ソフトクーラーの性能やいかに？

保冷機能も大事だが、ソフトクーラーに関してはセミハードでしっかりと形状を保てるか？　も重要なポイント。ロゴスハイパー氷点下クーラーが約40リッター。コールマンのアルティメットが35リッター、エクストリームも35リッターと少し大きすぎと思われ、購入するならば20～25リッターくらいのサイズがよいだろう。

実際に氷を満タンにしたら、持ち運びのときにはかなりの重量になる。肩ベルトを使用して持っても相当な重量だ。保冷剤を使用し、飲み物やお弁当をメインに収納、それらを冷やしながらキープする……という用途には向いている。しかし、今回はハードクーラーボックスのように使えるのか？　がテーマ。あくまでもハードタイプと同じ使用条件で検証しよう。しかしながら当然ソフトクーラーの外側は結露しまくる。車の座席に置けばびっしょり濡れてしまうことになる。

実証実験の結果、保冷能力が一番優れているのはロゴスハイパー氷点下クーラー。コールマンアルティメットとサーモスの保冷力はほぼ互角

しっかり保存して持ち帰ったアユはどんな料理にしても美味！

だった。エクストリームにおいては、若干だが他の3アイテムに保冷能力が劣るということがわかった。

結露に関してはどのモデルでもかなりでてしまう。メーカースペック通り、3日間ギリギリ氷が保てるようだが、さらに下敷き、中蓋等に保冷剤やウレタンマットを使用することにより、保冷能力がさらに上がると思われる。従来のハードクーラーボックスに負けない保冷能力があるのは間違いないだろう。使い勝手や折りたたみ性能による差が各社あり、これも好みも分かれるだろうが、セミハードで形がしっかりとしている事と保冷能力の高さから見てもロゴスのハイパー氷点下クーラーがイチオシだ。もっとも少し高すぎるので1万円以上の出費を考えたら、コールマンエクストリームのハードクーラーボックスが5000円程度で買えてしまうため、コスパ的にはそちらのほうに分がある。

しかし、シーズンを通して活躍したのはサーモスだ。保冷剤と氷やペットボトル氷を併用しながら、アユを〆る氷と別で飲み物やお弁当の保冷にも多く使用した。理由としてはサーモスが一番軽量ということで使い勝手おいて軍配が上がった。ソフトクーラーボックスの実証レポートを参考に釣れたアユを新鮮に持ち帰るようにしたい。

釣ったアユを美味しくいただき、味わいながらアユに感謝しよう！

ゼロから始める

鮎の友釣り入門

STAFF

編集　アングリングファン 編集部

カバーデザイン　田中あつみ

本文デザイン　田中あつみ

イラスト　和歌靖夫

2024年4月27日 初版発行
編集人　齋藤健郎
発行人　杉原葉子
発行所　株式会社 電波社
〒154－0002 東京都世田谷区下馬6-15-4
代表　TEL 03-3418-4620
　　　FAX 03-3421-7170
振替口座：00130-8-76758
https://www.rc-tech.co.jp/
印刷・製本／株式会社　光邦
ISBN　978-4-86490-254-0　C0076